物質と記憶

アンリ・ベルクソン
杉山直樹 訳

講談社学術文庫

目次

凡例

・本書は、Henri Bergson, *Matière et mémoire. Essai sur la relation du corps à l'esprit*, Paris: Félix Alcan, 1896 の全訳である。翻訳に用いた底本については、巻末「訳者解説」を参照されたい。

・ベルクソンによる原注は（1）、（2）の形で示し、当該段落の末尾に置いた。特殊な用語や背景を説明するための訳注は＊1、＊2の形で箇所を指示し、訳注本文は各章の末尾に配置した。なお、文意や文脈を補うだけの簡単な訳注は〔 〕の形で訳文中に挿入し、それ以外のものについても、〔 〕はすべて訳者による補足や付記であることを示す。

・原文におけるイタリック強調は傍点で示した。ただし、通例としてイタリックで書かれるラテン語の定型表現（*a priori* や *sui generis* など）については、かえって文意理解の邪魔にもなりうるため、傍点強調は省略した。

・ベルクソンの他の著作と同様、原書の右頁上部にはさまざまな小見出しが置かれている（ただし、本書では、それらは目次に収められていない）。実のところ、この小見出しについては、ベルクソン自身が書いたのか、少なくともオーソライズしたのか、という点まで含め、素性そのものがはっきりしない。他の著作でも本文頁上部の小見出しと目次に整理された小見出しが食い違っている場合もあり、一般にベルクソンはこの小見出しについてはかなり無頓着だったように感じられる。ただし、それでも読んでいく上である程度の目印になることは事実であるため、本書でも、いちおう小見出しの形で訳文に組み込んだ。ただし、原書の見開きに見える中でどの段落からその小見出しに該当するパートが始まるかについて正確な指示があるわけではなく、また内容からすれば配置頁自体がどう見ても不適切に思われる場合もある（これについては、訳注で指摘した上で訂正を試みた）。本書の「小見出し」に関しては、もともとこうした事情があることをご了解いただきたい。

物質と記憶——身体と精神の関係についての試論

第七版の序

　本書は、精神の実在ならびに物質の実在を肯定し、両者の関係を一つの正確に限定された事例、すなわち記憶力という事例に基づいてはっきり定めようと試みる。したがって、本書は、はっきり二元論の立場である。だが、他方、身体と精神を考察しつつ、二元論がいつも引き起こしてきた理論上の諸困難について、完全に消し去るとまではいかなくとも、少なくともそれらを相当程度まで緩和していきたいと考えてもいる。そうした困難があったせいで、二元論は、直接的な意識によって自然に示唆されるものであり、また常識によって実際に採用されているものでもありながら、哲学者たちのあいだでは、ほとんど評価されないありさまなのだ。

　当の諸困難は大部分、物質について人が拵《こしら》えるところの、ある場合には実在論的な、またある場合には観念論的な捉え方に由来する。本書の第一章が示そうとするのは、観念論も実在論も同じくいきすぎた主張であるということ、すなわち物質というものを、それについてわれわれがもっている表象に還元してしまう〔＝観念論〕のは誤りだが、しかし物質とは、われわれの中に表象を生み出しつつも当の表象とはまったく本性の異なるものだとする〔＝実在論〕のも同様に間違っている、ということである。われわれの立場からすれば、物質とは「イマージュ」の総体のことだ。そして、この「イマージュ」の語でわれわれが言わんとしているのは、観念論者が表象と呼ぶものよりは多く、しかし実在論者がものと呼ぶものよりは少ない存在、つまりは「もの」と「表象」の中間に位置する存在なのである。物質のこのような捉え方は、ごく単純に言って、常識のそれである。哲学的な思弁など知らない人に向かって、自分の前にある対象、見えるし触れることもできるものが実は自分の精神の中にしか、そして自分の精神にとってしか存在していないとか、バークリーのように、より一般的に精神というものにとってしか存在していないのだとか言えば、その人はずいぶん驚くはずだ。言われた相手は、ものはそれを知覚する意識からは独立に存在している、と言い張り続けることだろう。だが他方、対象それ自体はそこに見て取られるものとはまったく異なっており、目が現に捉えている色彩も、手がそこに見出している抵抗も実はもっていないなどと言うとすれば、当の相手はやはり同じくらい驚くだろう。彼にしてみれば、この色やこの抵抗は、ものの中に存在している。色や抵抗は、われわれの精神の側の状態のことではなく、われわれの存在とは独立別個の存在を実際に構成している要素なのだ。このように、常識にとっては、ものはそれ自体で存在しているものであり、しかも他方、われわれが見て取るがままにそれ自体、色彩豊かなもの[*1]でもある。これはイマージュだが、それ自体で存在しているイマージュなのだ。

　本書の第一章における「イマージュ」という語は、まさに以上のような意味で用いられる。われわれは、哲学者たちの論争をいっさい知らないような人の観点に立つ。そのような人は、ごく自然に、物質は自分が見て取る姿のままに実在している、と考えているだろう。そして、彼は物質をイマージュとして知覚しているのだから、物質とはそれ自身、イマージュなのだと考えるはずである。観念論や実在論は、物質についてその存在と現れを分離してきたわけだが、要するに、われわれはこの分離以前において物質を考察するのだ。いったん多くの哲学者がこの分離を行ってしまうと、もうそのあとでは、これを避けるのは難しいことになったのは事実だ。それでもなお、読者にはこの分離を忘れていただくよう、お願いしたいのである。本書の第一章を読まれる中で、われわれが主張するあれこれのテーゼに対して反論が心に浮かんでくることもあろう。だが、そんな場合には、当の反論が生じてくるのも、先の二つ〔観念論と実在論〕の観点のいずれかに身を置いているからではないか、と振り返ってほしい。われわれとしては、これら両者を超えたところに読者を導きたいのである。

バークリーがいわゆる「機械論的哲学者」[*2]に反対しつつ、物質の第二性質は第一性質と少なくとも同等の実在性を有していることを明らかにしたとき、哲学において一つの大きな進歩が達成された。ただし、そのためには物質を精神の内部に移し入れて単なる観念にしなければならないと考えたのは、彼の誤りであった。確かにデカルトは、物質を幾何学的延長と同一視してしまったために、物質をわれわれからあまりに遠いところに置いてしまった。しかし、物質を改めてわれわれに近づけようとするにしても、それをわれわれの精神そのものと一致させるところにまで進む必要はまったくない。バークリーは、そこにまで進んでしまったので、物理学の成功が説明できなくなってしまった。デカルトは諸現象間の数学的関係が現象の本質にほかならないとしていたが、それに対してバークリーは、宇宙の数学的秩序を一つの純然たる偶然事とみなすことになってしまったのだ。かくして、数学的秩序を説明し、われわれの物理学に堅固な基礎を与え直すために、カントの批判が必要になった。ただし、カントの批判がそれに成功するには、われわれの感覚と悟性の及ぶ射程に制限をかけるしかなかった。だが、デカルトが物質を押しやった地点と、バークリーが物質を引き寄せた地点のその中間、要するに結局、常識がそれを目にしている地点にそのまま物質を置いておくことにしていたら、少なくとも以上の点に関してはカントの批判は不要だったし、人間精神も少なくともカント的な方向で自分本来の射程を制限するよう促されることもなかったし、形而上学《メタフィジック》が物理学《フィジック》の犠牲にされることもなかっただろう。われわれ自身は、物質をまさにそうした地点に見ようと試みる。本書の第一章は、物質についてのこのような見方がどのようなものであるかを明確にする。第四章は、そこからいくつかの帰結を引き出す。

しかし、最初に予告したように、われわれが物質の問題を扱うのは、それが本書の第二章と第三章で論じられる問題に関連するかぎりにおいてでしかない。それが本研究の主題だ。すなわち、精神と身体の関係についての問題である。

心身関係は、哲学の歴史を通じて絶えず問われてきたとはいえ、実際のところ、その研究はごくわずかなものである。魂と身体の結合を還元も説明もできない一事実としてただ確認するばかりの諸理論や、身体は魂の道具のごときものだと漠然と語る諸理論をいったん除外してしまえば、心理‐生理学的関係についての捉え方として残されるのは、もはやほぼ「随伴現象説」の仮説か「並行論」の仮説だけなのだ。そして、これらのいずれも実際上は——というのは、つまり個々の事実の解釈においては——同じ結論に至る。実際、思考は単なる脳の一機能であり、意識状態とは脳状態の随伴現象なのだと考えようとも、あるいは思考の側の諸状態と脳の側の諸状態とは一つの同じ原文が二つの異なる言語に翻訳されたものだと考えようとも、原則として、まず次のことが認められているのだ。すなわち、仮に活動している脳の内部に入り込んで、大脳皮質を構成している諸原子の往来に立ち会うことができ、また他方、心理と生理の対応を教える解読鍵を手にしているとすれば、対応する意識の中で生じていることのいっさいの詳細を知ることができるだろう、というのである。

実際、これこそは実に広く認められているところであって、その点、哲学者も科学者も異なりはしない。しかしながら、先入見なしに検討された場合に、諸事実は本当にこの種の仮説を示唆するのかどうかは問われてよいはずだ。意識状態と脳のあいだに緊密なつながりがあること、そのことに異論の余地はない。だが、衣服とそれがかけられている釘とのあいだにも、やはり緊密なつながりはある。釘を抜けば、衣服は落ちるのだから。しかし、だからといって、釘の形は衣服の形を描いているとか、何らかの仕方で衣服の形を予想させてくれる、などと言うだろうか。これと同様に、心的状態が脳の一状態にかけられているということから、心理的系列と生理的系列のあいだでの「並行論」を結論できはしないのだ。哲学がこの並行論の論拠として科学のデータを持ち出そうとする場合があるが、そのとき哲学は紛れもない循環を犯してしまっている。連帯関係は事実だが、科学がこの事実を、一仮説（しかも、相当に不可解な仮説）にすぎない並行論が言うような方向で解釈するのは、意識していようとしていまいと、哲学上の理由によるのだから。そしてそうなるのも、科学はすでに一定の哲学によって習慣づけられ、並行論以上にもっともで実証科学の関心にも沿う仮説はない、と思い込むようになっているからなのである。[1]

（1）この点については、論文「心理生理学的誤謬推理（Le paralogisme psychophysiologique）」（*Revue de métaphysique et de morale*, novembre 1904）〔『精神のエネルギー』（一九一九年）に「脳と思考」として収録〕で、特により詳しく論じておいた。

ところで、問題を解決するための正確な指示を事実に求めようとすると、たちまち人は記憶力という土俵へと運ばれることになる。これは十分に予想できたことであって、というのも記憶は――本書でわれわれはそのことを示そうとするわけだが――まさに精神と物質が交わる点を表しているからだ。細かな理由は措こう。心理‐生理学的関係に何かしら光を投げかけてくれるすべての事実の中でも、正常状態であれ病理的状態であれ、記憶力に関係する事実が一つの特権的な場所を占めていること、これに異論を唱える者はいないだろう。それに関する報告資料がきわめて豊かである（さまざまな失語症について集められた観察所見の驚くべき蓄積のことだけでも思い浮かべてほしい）というだけではない。加えて、解剖学、生理学、心理学がこれほどうまく支え合ってこられたところは他にないのだ。先入見なしに事実という土俵の上で魂と身体の関係という古い問題に取りかかろうとする者には、当の問題はすぐさま記憶力の問いのまわりへと、しかもより特定された形で言えば、言葉に関する記憶力の問いを中心にして、いわば絞り込まれていくのが目にされるだろう。問題がもつきわめて曖昧な側面を照らしてくれる光は、疑いなく、ここから発してくるはずだ。

われわれが当の問題をどのように解決するつもりであるかは、やがて見られるとおりである。一般的な言い方をすれば、心的状態は、ほとんどの場合、脳の状態をはるかにはみ出ている、というのがわれわれの見解だ。脳の状態は、心的状態のごくわずかな部分、位置移動の運動に翻訳できる部分しか描いていない、ということである。一連の抽象的な推論として展開するような複雑な思考を例にとってみよう。この思考は、さまざまなイマージュ、少なくとも生まれかけのイマージュに伴われている。そして、これらのイマージュ自身が意識に表象されているなら、必ず一定の運動が素描ないし傾向の状態で描かれており、それを通じて当のイマージュがそれ自身、空間において演じられているはずだ。演じられるというのは、身体に特定の態度を刻み込み、イマージュが隠れた形で中に含んでいる空間運動的なところをすべて外に出す、という意味である。お分かりだろうが、われわれの意見では、展開していく思考に関して脳の状態がそのつど示しているのは、それだけである。仮に誰かが脳の中に入って、そこで生じていることを目にできたとしたら、以上のような素描され、準備されたさまざまな運動に関しては、いろいろと情報が得られもしよう。しかし、彼がそれ以外のことまで知りうるという保証は、いっさいない。たとえ超人間的知性をそなえていたとしても、また心理生理学の解読鍵を手にしていたとしても、対応する意識において生じていることについて彼に分かるのはわずかなこと、舞台上での役者たちの行き来だけから当の戯曲について理解できる程度のことでしかあるまい。

つまり、心的なものと脳との関係は、一定不変の関係でもなければ、単純な関係でもないのである。演じられる戯曲がどういった性質のものであるかに応じて、役者たちの動きが当の戯曲の内容について教えることは、多くなったり、わずかになったりするだろう。パントマイムであれば、ほとんどすべてが言われるだろうし、洗練された劇なら、ほとんど何も分かるまい。それと同じように、われわれの脳の状態が心的状態をどれほど含むかは、われわれが自分の心的生を行為に外化しようとするか、それとも純粋認識に内化しようとするかに応じて変化する。

かくして結局、精神の生には複数の音調があるわけで、われわれの心的生は、生への注意の度合いに応じて、ある時には行為に近づきつつ、またある時には行為から遠いところで、さまざまな高さで演じられうるのだ。本書を導くアイデアの一つはこれであり、またこれがまさにわれわれの研究の出発点となったのである。われわれが通常、心的状態の複雑化とみなしているものは、われわれの観点からすれば、自身の人格全体のよりいっそうの膨張だと見える。この場合、人格は、通常は行為によって小さく絞り込まれていたのが、自分を締めつけていた万力が緩むのに応じて自らを拡げ、分かたれないまま全体として、いっそう広い表面の上に自分を繰り広げているのである。また、通常、心的生それ自体の変調、人格の内的障害ないし病変とされているものは、われわれの観点からすれば、当の心的生をその運動的随伴に結びつける連帯関係のほうでの弛緩ないし異常であり、外的な生への注意における変質ないし減退であるように見えてくる。以上の主張は、語の記憶の〔脳内部での〕局在を否定し、この局在からするのとはまったく別の仕方で失語症を説明するという主張のほうとも合わせて、本書の最初の出版時（一八九六年）には通念に反するものと考えられた。だが、今日では、そうした扱いもずいぶんと減じたようである。当時すでに古典的なものとしてあまねく容認され、不可侵扱いされていた失語症の捉え方は、近年になって手厳しい批判の対象になっている。その理由は何よりもまず解剖学上のものではあるけれども、部分的には、当時からわれわれが示していたのと同種の、心理学上のものでもある。(1) また、ピエール・ジャネ氏はさまざまな神経症について非常に深く独創的な研究を行っているが、氏は近年その研究に導かれつつ、われわれとはまったく別の経路、すなわち神経症の「神経衰弱的」諸形態の検討という道を通って、心的「緊張」や「現実への注意」といった考えを駆使するに至っている。それらもまた、最初は形而上学的な見解とみなされていたのだった。(2)

（1）　ピエール・マリー〔Pierre Marie〕の諸研究、ならびにF・ムーティエ〔François Moutier〕『ブローカ失語〔*L'aphasie de Broca*〕』（Paris, 1908）（とりわけ第七章）を参照。失語症の問題に関するさまざまな研究と論争の詳細に立ち入ることはできないが、ダニャン＝ブーヴレ〔Jean Dagnan-Bouveret〕

の最近の論文「皮質下運動性失語症〔L'aphasie motrice sous-corticale〕」(*Journal de psychologie normale et pathologique*, janvier-février 1911) は挙げておきたい。
(2) ピエール・ジャネ〔Pierre Janet〕『神経強迫と神経衰弱〔*Les obsessions et la psychasthénie*〕』(Paris, F. Alcan, 1903) (特に四七四―五〇二頁)。

本当のところを言えば、それらの考えを形而上学的と呼ぶのも、まったくの誤りだったわけではない。心理学には独立した学として自立する権利があり、また形而上学にもそれがあることに異議はないが、われわれとしては、これら二つの学は互いに問題を投げかけ合うべきだし、またある程度まで問題の解決についても助け合えるのだと考えている。どうしてそうでないわけがあろうか――心理学が研究しようとするのが、実践の役に立つように機能しているかぎりでの人間精神であり、そして形而上学とは、有用な行為のために課されてくる諸条件から自らを解放し、純粋な創造的エネルギーとして自分を取り戻そうと努力する、その同じ人間精神にほかならないのであってみれば。これら二つの学が問題を立てる際の言葉をただ字面だけで読むかぎりでは互いに無縁に見える諸問題も、こうやって言葉の内的意味を深く探究してみれば、その多くはいわば非常に近縁のものであって、互いを通じて解決可能なものであることが見えてくる。われわれ自身、研究を始めた時には、まさか記憶の分析が、物質の存在と本質をめぐって実在論者と観念論者、機械論者と力動論者[*3]のあいだで争われる諸問題と何か結びついているとは思いもしなかった。しかし、この結びつきは確かに存在するし、それは内的なものですらある。そして、この点をよく踏まえるなら、重大な形而上学的問題も観察という土俵に移されるのであって、ここにおいて当の問題は、ただただ純粋な弁証論の闘技場における学派間論争を果てしなくかき立てるのをやめて、解決に向けて一歩一歩前進していけることだろう。本書のいくつかの箇所は錯綜するが、それというのも、哲学というものを以上のように考える場合には、どうしてもさまざまな問題が絡み合うことになるからだ。しかしながら、実在の錯綜そのものであるこうした錯綜の中でも、二つの原理を手放さないでおけば、そうそう迷うことはないだろうし、実際、それらはわれわれ自身にとっても研究の導きの糸になったのである。第一の原理は、われわれの精神の諸機能は本質的に行為に向けられたもので、心理学的分析は常にそれらの実利的な性格を目印にしながら進むべきだ、というものだ。第二の原理は、行為する中で身についてしまった習慣は思弁の領域にまで逆流し、そこにまがいものの問題を作ってしまうということ、そして形而上学はまず最初にこの種の人為的な曖昧さを一掃しなければならないという、このことである。

訳注

＊1　色彩豊かな（pittoresque）――本書を通じて、さまざまな感覚的諸性質に彩られた、という意味。デカルトが考えるような幾何学的世界や、一般に機械論が考えるような物質世界は《pittoresque》ではない。

＊2　機械論的哲学者（mechanical philosophers）――機械論が扱う運動や形、衝力といった「第一性質」だけが物質に属すると考え、色をはじめとするその他の「第二性質」は主観的なものだとする。バークリーにとっては、ホッブズやロックがその代表。内容的には、デカルトもこちらの立場になる。

＊3　実在論者と観念論者、機械論者と力動論者（dynamiste）――「実在論」と「観念論」については「訳者解説」を、また「機械論」については前注を参照されたい。「力動論（dynamisme）」というのは、物質の本質を（心的存在にも類似した）「力」に見る立場である。代表はライプニッツ。物質の本質を幾何学的延長に見る機械論とは対立する。ベルクソンの見立てでは、力動論は、物質に感覚的諸性質を帰す際に理論上の困難を抱えずに済む利点を有するが、物質の数学的ないし幾何学的な秩序については説明を与えにくい、という欠点をもつ。質的な存在としての「力」がその種の法則に従う必然性は、それ自体としては、ないからである（だから、神の介入と調整が必要になってしまう）。それに対して、機械論のほうには、物質におけるその種の秩序や法則を容易に説明できる、という利点がある。もともと物質は数量的・幾何学的なものだとされるからである。しかし、逆に、物質に感覚的諸性質を結びつけることができないという欠点がある。機械論が考える物質は、いわば無色透明な存在にすぎないからである（だから、延長や運動と諸性質との対応を神による設定や翻訳に委ねる必要が生じる）。いずれも極端な立場だ、というのがベルクソン自身の立場になる。詳しくは、本書第四章、および「形而上学講義」（『ベルクソン講義録』第二巻、合田正人・谷口博史訳、法政大学出版局、二〇〇〇年所収）を参照。

第一章　表象化のためのイマージュの選別について――身体の役割

現実的行動と可能的行動

さしあたって、物質に関する理論や精神に関する理論、外的世界とは実在なのか観念なのかという論争については何も知らない、ということにしてみよう。すると、私はイマージュを前にしている。あたうかぎり漠然とした意味で言っている。感官を開けば知覚され、閉ざせば知覚されないような、そういったイマージュのことである。これらのイマージュはみな、その要素をなす部分のすべてでもって、私が自然法則と呼ぶところの恒常的な諸法則に従いながら作用反作用を互いに及ぼし合っている。そして、これらの法則についての完全な科学があれば、それぞれのイマージュにおいて生じることはおそらく計算し予見できようから、イマージュの未来は現在に含まれており、そこに何も新しいことは付け加えないはずである。しかし、イマージュの中で一つだけ、私が知覚によって外から認識するだけでなく、情感[*1]によって内からも認識する点で他のイマージュからはっきり際立つものがある。私の身体である。それらの情感が生じる条件を検討してみよう。そこで私に分かるのは、情感は常に、私が外から受け取った振動[*2]と、私がまさにこれから行おうとする運動とのあいだに割り込んでくる、ということである。情感は、最終的な行動に対して、決定されきっていない何らかの影響を及ぼさずには済まないかのようなのだ。多種多様な情感を通覧してみよう。どうやら、それらはいずれもそれなりに、行為せよ、という一定の誘《いざな》いを含みつつ、だが同時に、いったん待ってもよいし、さらには何もしなくてよい、といった許可をも含んでいるようである。もっと詳しく見てみる。私が見出すのは開始されつつある運動ではあるが、それらはまだ実際に行われてはいないものだし、程度に差はあれ有用なある決心の指示ではあっても、選択を排除する強制などではない。あれこれの記憶を呼び起こして、互いに比較してみよう。思い出されるところでは、私は生物界の至る所でこの同じ感受性が現れるのを目にしてきたのであり、そしてそれはまさに自然が、空間内で自ら動ける能力を生物に与えた上で、その生物種に脅威となる一般的な危険を感覚によって知らせ、危険を逃れるために行うべきあれこれの用心についてはそれを種の個体それぞれに委ねる、その時のことだったように見えた。最後に、自分の意識に、情感において意識自身はどんな役割を引き受けているのかを問い尋ねてみよう。私の意識は、こう答える――実際、私は自分がその主導権をもつと思っている行動のすべてには、感情ないし感覚という形で立ち会っています。反対に、私の活動が自動的になり、もう意識などはいらないという宣言がなされれば、自分はもう立ち去って消えてしまうのです、と。かくして、以上のように見えていることはことごとく誤りだとまで言うのならともかく、そうでないのなら、情感的状態がやがて到達する行為は、ある運動が別の運動から演繹されるように先行の諸現象から厳密に演繹できるようなものに属してはいないのであり、そうであるからには、この行為は真に宇宙とその歴史に何か新しいことを付け加えるのである。見えているままの事柄に即することにする。自分が感じ、自分が見ていることを、私は端的にこう定式化しよう。私が「宇宙」と呼ぶところのイマージュの総体においては、ある特殊なイマージュ、その典型が私には自分の身体によって与えられるイマージュを介してでなければ、本当に新しいことは何も生じえない、という具合にすべては進んでいる。[*3]

さて、今度は、私が私の身体と呼んでいるところのこの特殊なイマージュがどのようにできているのかを、私の身体に類似した物体に基づきつつ、調べてみよう。私が目にするのはまず求心性神経であり、これは振動を神経中枢に伝達する。そして、次に遠心性神経であり、これは中枢から発して、振動を末梢に伝導し、身体の部分ないし全体を動かす。これら両者の本来の役割について、生理学者と心理学者に問い尋ねてみよう。彼らは、こう答える。神経系の遠心性の運動は身体ないしその諸部分の位置移動を引き起こすものであり、それに対して求心性の運動は、あるいは少なくともそのうちのあるものは外的世界の表象を生まれさせるのだ、と。これについて、どう考えるべきだろうか。

求心性神経はイマージュであり、脳もイマージュである。そして、感覚神経によって伝達され、脳の中へと伝播される振動もまたイマージュである。私が脳内振動と呼ぶところのイマージュは、もしそれが外のさまざまなイマージュを生み出せるというのなら、何らかの仕方で外のイマージュを含んでおり、この〔脳内部の〕分子運動の表象の中に物質的宇宙全体命題の表象が含み込まれているのでなければなるまい。しかるに、こう述べてみるだけで、命題が不条理であることなのはもう十分に明らかだろう。脳のほうが物質界の部分なのであって、物質界が脳の部分をなしているわけではない。物質界と呼ばれているイマージュを抹消してしまえば、あなたはそれとともに、その部分たる脳も、脳内の振動も、すべてないことにしてしまう。反対に、脳とその振動という二つのイマージュが消えたと仮定しても、そもそもの仮定からして、あなたが消したのはこの二つだけ、つまりはごく些細なもの、広大無辺な画面内の取るに足らない細部だけである。画面全体、つまり宇宙のほうは、すべてそのまま存在し続けている。脳のほうをイマージュ全体の条件にするというのは、まさに自己矛盾を犯すことである。そもそもの仮定から言って、脳はイマージュ全体の中の一部分なのであるから。したがって、神経も神経中枢も、宇宙のイマージュを成り立たせる条件になるわけがないのだ。

以上の点を、もっとよく考えてみよう。外的なさまざまのイマージュがあり、次に私の身体があり、そして最後に私の身体から周囲のイマージュにもたらされるさまざまな変様がある。外的なイマージュがどのようにして私が私の身体と呼んでいるイマージュに影響するのかについては、よく理解できる。それらは身体に運動を伝達してくるのだ。また、この身体がどのように外的なイマージュに影響を与えるのかも、よく分かる。身体はそれらに運動を返していくのだ。かくして私の身体とは、物質界全体の中にあって、他のイマージュと同様に、運動を受け取ったり返したりしながら作用している一つのイマージュであるわけだ。おそらくただ一点、私の身体は、受け取ったものを返すその仕方をある程度まで選択しているようだ、という違いはあろう。しかし、いったいどうやって一般には私の身体、より限定的には私の神経系が、宇宙について私がもつ表象の全体または一部分を生み出すというのだろうか。私の身体は物質だと言おうと、イマージュ〔いわゆる心像〕だと言おうと、そういった呼称はどうでもよい。物質だと言うのなら、それは物質界の部分なのであって、となれば物質界そのものは私の身体の周囲に、私の身体の外に存在していることになる。イマージュだと言うのなら、それはそこにあらかじめ想定されたものしか与えることができない。そして、そもそもの仮定からすると、それはただ私の身体というイマージュなのだから、そこから宇宙の全体を引き出そうとするのは馬鹿げていよう。したがって、私の身体、諸対象を動かすことをもともとの役割とする対象は、行為の中心[*4]であって、表象などは一つとして生み出せはしないのである。

しかし、私の身体が周囲を取り巻く諸対象に新しい本当の行為を及ぼす能力をもったものであるのなら、それは周囲の対象に対して一つの特権的な位置を占めるはずである。一般には、どんなイマージュも、他のイマージュに対しては、いわゆる自然法則に沿って一定の、計算すら可能な仕方で影響を与えている。そうしたイマージュは選択する必要がないだろうから、周囲を探索したり、まだ単に可能なだけの複数の行為を前もって試してみたりする必要もないだろう。しかるべき時が来れば、必然的な行為がおのずから行われるだけだ。しかし、私の目下の想定では、私が私の身体と呼ぶイマージュの役割とは、他のイマージュに本当の意味での影響を及ぼすことであり、それゆえにまた、実際に物質界で可能な複数の行動のあいだで自ら決定することなのだった。しかも、これらの行動はおそらく身体が周囲のイマージュから得られる利益の多少に応じて示唆されてくるだろうからには、周囲のイマージュは何らかの仕方で、それらが私の身体に向けている面において、私の身体のほうがそれらから引き出しうる利益を描き出しているはずである。そして事実、私が観察するところでは、外的対象は、私の身体がそれに近づいたり遠ざかったりするのに応じて、その大きさや形、さらには色までも変えるし、匂いの強さや音の大きさも距離に合わせて増減するものであるし、最後に言えば、当の距離というものそれ自体が、私の身体からの直接の作用から周囲のイマージュのそれぞれがいわば保護されている度合いをまずもって表すものだ。私の見晴らす地平が遠くに拡がるのに応じて、私を取り巻くイマージュは、より単調な背景上に描かれ、私にとってどうでもよいものになっていくように見える。反対に、この地平を近くに引き寄せてみれば、そこに含まれる諸対象は、私の身体がそれにどれほど容易に触れて動かせるかに応じて、それぞれはっきりと立ち並んでくる。このように、諸対象は私の身体に向かって、まるで鏡がなすごとく、身体がなしうる影響を映し返しており、私の身体のほうからの可能性の大小に応じた順序で配列されている。私の身体を取り巻く諸対象は、それらに対する私の身体の可能的行為を反映している。

今度は、他のイマージュには手を触れずに、私が私の身体と呼んでいるイマージュにわずかに変化を加えてみよう。このイマージュの内部で脳脊髄系の求心性神経をすべて切断した、と考えてみるのだ。何が起こるだろうか。メスを何回か入れれば、神経繊維のいくつかの束は断ち切られる。しかし、宇宙の残りの部分は、そればかりか私の身体の神経以外の部分も、以前のままだろう。かくして、施術による変化はごく小さな、取るに足らないものではある。しかし、実際には「私の知覚」の全体がすっかり消滅する。というわけで、何が生じたのかをもっと詳しく検討してみよう。宇宙全般を構成するさまざまなイマージュがあり、次に私の身体に近いイマージュがあり、そして最後に私の身体そのものがある。私の身体というこのイマージュにおいて、求心性神経の通常の役割とは、脳と脊髄に運動を伝達することである。そして、遠心性神経のほうは、この運動を末梢に送り返している。だから、求心性神経の切断が生み出せる結果として本当に理解可能なのはただ一つ、末梢からやって来て、中枢を経て、また末梢へと至る流れを途中で切った、ということ以外にはない。そしてそれによって、私の身体は、事物の取り囲むただなかにありながら、それらに作用するために必要な運動の質も量も諸事物のほうから汲み出すことができなくなったのである。以上は、行為に関わること、ただ行為にのみ関係することだ。それでいて、消滅するのは私の知覚なのである。ということは、つまり私の知覚はイマージュの総体の中で、まさに私の身体の潜在的ないし可能的な行為自身を影ないし反映像のように描き示している、ということではないか。ところで、メスがごく取るに足らない変化をそこに加えたイマージュのシステムとは、一般に物質界と呼ばれているものである。また他方、今消滅したのは、物質についての「私の知覚」である。かくして、暫定的に次の二つの定義が得られる。私が「物質」と呼ぶのは、イマージュの総体のことであり、「物質の知覚」と呼ぶのは、それらのうちでもある特定のイマージュ、つまり私の身体の可能的行為に関係づけられたもののことである。

表象

以上の関係をさらに探究してみよう。私の身体を、求心性神経と遠心性神経、ならびに神経中枢を込みにして考えてみる。外的対象が求心性神経に振動を与え、それが中枢に伝播していくこと、中枢はきわめて多様な分子運動の舞台であること、そしてそれらの運動は外的対象の性質と位置に左右されること、こうしたことはもう分かっている。対象そのものを変化させたり、対象と私の身体との関係を変えたりすると、私の知覚中枢内部の運動ではすべてが変化をこうむる。しかしまた、「私の知覚」においてもいっさいが変化をこうむる。であるからには、私の知覚は当の分子運動に応じたものであり、それに左右されているわけだ。しかし、どのように左右されているのだろうか。あなたがたは言うことだろう、知覚は分子運動を翻訳しているのだ、結局のところ私が表象しているのは脳実質〔大脳の灰白《かいはく》質・白質のこと〕の分子運動以外のものではないのだ、と。しかし、いったいこんな言い方にいささかでも意味があるのだろうか。というのも、神経系というイマージュ、その内部にある運動のイマージュは、そもそもの仮定からして物質的なある一対象のイマージュであるのに対して、私が表象しているのは物質的宇宙の全体なのだから。もちろん、人はここで困難を回避しようとするだろう。人は脳を示して、これは本質上、物質的宇宙の他の部分と同種のものだと言う。そう言うからには、もし宇宙がイマージュであるのなら、脳もやはりイマージュなのだ。それに続けて、人はこの脳の中の運動が物質界全体の表象を創造ないし決定するのだと言おうとする。ただし、物質界というイマージュは脳内振動というイマージュを限りなくはみ出しているものなので、当の分子運動は、さらに運動というもの一般は、もはや他と同様のイマージュなどではない、といったふりをすることになる。それはイマージュ以上か以下の何か、いずれにしてもイマージュとは本性を異にするものであって、表象はそこからまがうことなき奇跡によって生じてくる、と言い始めるのだ。かくして物質は表象と根本的に異なるものになってしまうのだから、われわれは物質そのものについてはいかなるイマージュももてない。また、そうした物質に対立する形で立てられるのはイマージュをいっさい含まない意識であるが、われわれはそんなものについては、いかなる観念も作れない。そして最後には、意識を内容で満たそうとして、そうした形式なき物質からそうした素材なき思惟への不可解な作用なるものがでっち上げられることになる。しかし、実際には物質の運動はイマージュとしてごく明晰なものであって、この運動のうちに、そこに見えるのとは別のものをさらに探し求める理由などありはしない。唯一困難があるとすれば、それは〔脳内の分子運動という〕ごく特定のイマージュから無限に多様な表象をどう生み出させるかということになろうが、しかしそもそも人はなぜそんなことをしたいのだろう。誰もが認めるように、脳内振動は物質界の一部分なのであり、したがってこの振動というイマージュは表象のうち、ごく小さな片隅を占めているだけではないか。——それでは、結局、脳内のそうした運動は何なのか、そうしたごく一部のイマージュは全体の表象においていかなる役割を演じるものなのか。——疑念の余地はない。それらは、私の身体内部にあって、外的対象からの作用に対する私の身体の側での反作用をすでに開始しながら準備していくことを本来の役割とする運動なのだ。運動自身もイマージュなのだから、それらにイマージュの創造はできない。だが、それらは、持ち運ばれる羅針盤のように、ある特定のイマージュ、すなわち私の身体が、周囲のイマージュに対してどういった位置にあるのかをいつも示してくれる。表象の総体においては、これらの運動など些細なものにすぎない。しかし、表象のうちでも私が私の身体と呼ぶ部分にとっては、この上ない重要性をもっている。自分がなしうる潜在的な行動を絶えず素描してくれるものだからだ。かくして、脳がもつと言われる知覚能力と、脊髄の反射的機能とのあいだには、程度の差異があるのみで、本性の差異はありえない。脊髄はこうむった刺激を実際の運動に変換するのに対して、脳はそれを単に生まれかけのさまざまな反作用へと続けて引き延ばしていく。だが、いずれにおいても、神経実質の役割は、運動を伝導し、組み合わせ、あるいは抑止することである。では、どうして「宇宙についての私の知覚」は脳実質の内的運動に左右されるものであり、それらの運動が変われば自分も変化し、それらが消されれば自分も消滅するように見えるのか。

この問題が難しいものになる理由は、何よりまず、人が灰白質とその諸変様を、ただそれだけで完結していて宇宙の残りの部分から切り離せるようなものと考えていることにある。唯物論者も二元論者も、根本のところでは、この点に関して同じ意見である。彼らは脳物質の一定の分子運動を、それだけ別個のものとして考察する。その上で、ある者はわれわれの意識的知覚を、それらの運動を追いかけて痕跡を照らす燐光《りんこう》[*5]だとみなす。また別の者は、われわれの知覚を意識の中で展開させはするが、当の意識は脳皮質の分子の振動を絶えず意識なりの仕方で表現しているのだとする。どちらにしても、知覚はわれわれの神経系の状態をこそ描く、あるいは翻訳している、と考えられているのだ。だが、神経系は、それを養う身体なしに、身体が呼吸する大気なしに、大気が包む地球なしに、地球がまわる中心にある太陽なしに生きている、と考えられるものだろうか。さらに一般的に言えば、孤立した物質的対象を想定すること自体が一種の背理を含んでいるのではないか。というのも、物質的対象は、その物理的諸特性を他の対象と取り結ぶ諸関係に負っており、そのさまざまな規定のいずれも、ということはつまり存在そのものすら、宇宙の総体において自分の占める場所に負っているのだから。となれば、われわれの知覚はただ単に脳という塊の分子運動にばかり左右される、と言ってはならない。知覚はそれらの分子運動に左右されはするけれども、それらの運動自体もまた物質界の残りの部分に不可分な形で結びついている、と言うべきなのだ。そうなると、問題はわれわれの知覚は灰白質の変様にどのように結びついているのかという点にはとどまらない。問題は拡大され、しかもいっそう明晰なタームで立てられることになる。まず一方では、宇宙についての私の知覚と私が呼んでいるイマージュのシステムがある。このシステムは、ある一つの特権的なイマージュ、つまり私の身体のわずかな変化によって根底からすっかりひっくり返される。この特権的イマージュは中心を占めており、これに従いながら他のすべてのイマージュは整えられている。これによる運動の一つ一つに応じて、すべてが万華鏡をまわした時のように変化するわけだ。また他方で、以上と同じ諸々のイマージュではあるが、まずは自分自身に関係づけられたイマージュがある。それらは確かに相互にも影響を与え合っているが、結果はどこまでも原因と釣り合っている。私が宇宙と呼ぶのは、これである。以上二つのシステムが共存していること、同じイマージュが宇宙においてはいちおう相対的には不変なのに、知覚においてはもはやこの上なく可変的であること、これをどう説明すべきだろうか。実在論と観念論のあいだで、そしておそらくは唯物論と唯心論のあいだで係争中の問題は、われわれの考えでは、次のようなタームで立てられる。同じイマージュが二つの異なるシステム、すなわち一つには、イマージュそれぞれが自分に即しつつ、周囲のイマージュから現実的作用をこうむるのに応じて正確に定まった形で変化するようなシステム、もう一つには、すべてのイマージュがただ一つのイマージュに即しつつ、その特権的なイマージュの可能的行為を反映するのに応じてさまざまな形で変化するようなシステム、これら二つのシステムに同時に入りうるのはいかにしてか。

イマージュは、どれをとっても、あるイマージュに対してはその中にあり、あるイマージュに対してはその外にある。しかし、イマージュの総体については、それがわれわれの中にあるか外にあるかを言うことはできない。内在性も外在性も個々のイマージュ間の関係でしかないのだから。宇宙はわれわれの思惟の中だけに存在しているのか、それとも思惟の外に存在しているのかと問うのは、仮に譲ってそういう言い方が理解可能だとしたところで、やはりそもそも解きようのないタームで問題を言い表すことである。これでは不毛な論争に陥るばかりだ。思惟や存在、宇宙といったタームは、必ずや陣営ごとにまったく別々の意味で理解されることになるからである。論争に決着をつけるためには、まず戦いが行われる共通の土俵を見出さなければならない。そして、いずれの側につくとしても、われわれは事物をイマージュという形でしか把握していない以上、問題はイマージュとの関連で、そしてその関連でのみ立てなければならない。ところで、どんな哲学上の学説も、同じイマージュがはっきり異なる二つのシステムに同時に入れることに関しては反対していない。第一のシステムは科学〔*science*〕に属するもので、そこではイマージュは各自が自分だけに関係しており、一定の絶対的な値を保っている。第二のシステムは意識〔*conscience*〕の世界であり、そこではすべてのイマージュが、中心にあるイマージュ、つまりわれわれの身体に従って整えられており、それらは身体のさまざまな変化に追随している。こう見れば、実在論と観念論のあいだに立てられる問題は非常に明晰なものとなる。これら二つのイマージュのシステム相互の関係とはいかなるものか、ということだ。そして、主観的観念論とは第一のシステムを第二のシステムから派生させようとするものであり、唯物論的実在論とは第二のシステムを第一のシステムから引き出そうとするものだ、という点も容易に理解できる。

実在論と観念論

実際、実在論者が出発点とするのは、宇宙、すなわち相互の関係を不動の諸法則に支配されているイマージュの総体である。そこでは結果は常に原因と釣り合ったままであり、また中心というものがないというのがその特性であって、すべてのイマージュは果てしなく続く同じ一つの平面上に繰り広げられている。しかし、このシステムとは別に知覚というものが存在していることを、実在論もやはり認めざるをえない。この知覚というシステムにおいては、先ほどと同じイマージュすべてがそれらのうちのただ一つのイマージュに関係づけられ、それを囲むようにしてさまざまに異なる諸平面に並べられ、この中心をなすイマージュのわずかな変化によって、総体として姿を変えられる。観念論者は、まさにこの知覚のほうから話を始める。観念論者がまず前提とするイマージュのシステムにおいては、一つの特権的イマージュ、すなわち自分の身体があり、他のイマージュはこれに従って整えられる。だが、観念論者も、現在を過去に結びつけ未来を予見しようとした途端、この中心的位置を捨て、イマージュすべてを同一平面上に置き直し、それらのイマージュはもはや彼の側に応じてではなくイマージュ自体によって変化するのだと想定し、それらを結局、どの変化もその原因を厳密に計測させてくれるようなシステムの部分をなしているかのように扱うことを余儀なくされる。そうして初めて、宇宙についての科学は可能になる。そして、この科学が現に存在し、未来を予見することに成功している以上、科学の基礎となる仮説は恣意的な仮説などではない。第一のシステム〔知覚〕は、現在の経験に与えられている唯一のものである。だが、過去と現在と未来の連続性を肯定するただそのことだけからして、われわれは第二のシステムがあることも信じているのだ。このように、観念論においても実在論においても、人は二つのシステムのうちの一方を措定して、他方のシステムをそこから導出しようとしているわけである。

だが、この導出においては、実在論も観念論も目的に到達できない。というのも、イマージュの二つのシステムのどちらも他方のシステムには含まれておらず、それぞれは完結しているからである。中心をもたず、そこでは要素がそれぞれ自分の絶対的な大きさと値を有しているシステムを前提する、とあなたが言うのなら、どうしてそれが第二のシステム、すなわちイマージュのどれもが一つの中心的なイマージュのいっさいの変転に従属しつつ定まらない値しかとらないシステムを自分に付加するのか、私には理解できない。というわけで、知覚を生み出すためには、随伴現象としての意識という唯物論的仮説のごとき、何らかの機械仕掛けの神[*6]を呼び出さねばならなくなる。最初に措定したような、それぞれ絶対的な変化に従っているイマージュすべての中から、われわれがわれわれの脳と呼んでいるイマージュを特に選び出し、このイマージュの内的諸状態に奇妙な特権を与え、どうやってかは知らないが、自分を二重化して、自分以外のイマージュすべての、今度は相対的で可変的な複製を生み出せる、といった話にするわけである。もちろん、その次の段になれば、そうやって生まれた表象には何らの重要性も与えず、そんなものは脳内部の振動運動が背後に残していく燐光にすぎないというふりをすることになる。脳実質や脳内部の振動運動が、表象を構成するイマージュのただなかに埋め込まれていながらも、それらとは別の本性を有するものでもありうるかのような次第である。こうして、実在論は必ず知覚を一つの偶発事に、ということは一つの不可解な謎にしてしまうのだ。しかし、以上とは逆に、ある特権的な中心の周囲に配置されて、この中心のごくわずかな移動に応じて根本から変様してしまう不安定なイマージュの体系をまず前提するというのなら、あなたは自然の秩序というもの、すなわち自分が現にいる地点や手始めにする開始点には左右されない秩序を、最初から排除することになる。この秩序を再び立てられるようになるには、あなたもまた機械仕掛けの神を呼び出し、恣意的な仮説を設けて、事物と精神のあいだに、あるいはカントふうに言えば、少なくとも感性と悟性のあいだに、何か分からない予定調和を想定するしかないだろう。この場合、偶発事になるのは科学であり、不可解な謎になるのはその成功である。——このように、あなたにはイマージュの第一の体系から第二の体系を導出することもできなければ、第二の体系から第一の体系を導出することもできない。そして、実在論と観念論という対立した二つの学説は、結局、同じ土俵に置き直されてみると、向きは反対だが、同じ障害に突き当たってしまうのである。

ここで両学説を掘り下げてみると、それらには一つの共通した要請があることが見出されよう。それをわれわれは、こう定式化しておく。知覚はまったく思弁的な関心をもつ。知覚とは純粋認識である。いっさいの議論の争点は、科学的認識に対する形で、この〔知覚という〕認識のほうにどういう地位を割り当てるべきか、というところにある。一方〔実在論〕

は、科学から求められる秩序のほうを前提し、知覚とは混乱した暫定的な科学でしかないとする。もう一方〔観念論〕は、まず知覚を措定して、それを絶対視し、科学のほうを実在の記号的な表現とみなす。しかしいずれにとっても、知覚することとは、何よりもまず認識することなのだ。

しかるに、この要請こそ、われわれが異議を唱えるものである。動物の系列において神経系の構造をただ表面的にでも検討してみれば、このような要請は否定される。しかも、こんな要請を受け入れてしまえば、物質、意識、そして両者の関係をめぐる三重の問題は、根本から曖昧なものにされるしかないのだ。

実際、モネラ[*7]から高等な脊椎動物までの外的知覚の進歩を一歩一歩たどってみればどうか。見られるのは、単なる原形質の塊の状態にあっても、生命体はすでに刺激を受けとめ、収縮を行えること、生命体は外的刺激の影響をこうむりつつ、それに対して機械的、物理的、化学的な反作用で応じることだ。さらに、有機体の系列を昇るにつれて、生理学的作用が分化していくのが見られる。神経細胞が現れ、多様化すると同時に集合を作り、神経系をなしていく。また、それと同時に、動物は外部からの刺激にいっそう多様な運動で反作用を行うようになる。しかし、受けた振動が実際に遂行される運動へとすぐさま引き延ばされない場合でも、それは単に好機を待っているだけのことに思われるし、印象[*8]は周囲の変化を有機体に伝達するが、この印象はとりもなおさず、その変化に適応するよう有機体を決定したり、あるいは適応の準備を行わせたりするものだ。高等な脊椎動物ともなれば、とりわけ脊髄に座をもつ純粋な自動運動と、脳の介入が必要な意志的活動との区別は、確かに根本的なものになる。だから、人は、受けた印象はこれまでのように運動へと花開くのではなく、今度は認識へと精神化するのだ、などと思い描いたりもするわけである。だが、脳の構造を脊髄の構造と比べてみれば、脳の諸機能と脊髄神経系の反射活動のあいだにあるのは複雑さの差異だけであって本性上の差異ではないことは明らかである。実際、反射作用では何が起こっているのか。刺激興奮によって伝えられた求心的運動は、脊髄の神経細胞を介して、ある筋肉運動を決定する遠心的運動へと直ちに反射される。他方、脳神経系の機能とは何か。末梢の振動が、脊髄の運動細胞に直接伝播されて筋肉に必然的な収縮を行わせるのではなく、まず脳髄へと昇り、その上で反射運動に介入していたのと同じ脊髄の運動細胞へと降りていくとする。では、このまわり道によって末梢の運動は何を得たのか。何を探しに、脳皮質のいわゆる感覚細胞へと赴いたのか。事物の表象に姿を変えられる奇跡のごとき力をこの運動がそこから汲み取るなどというのは私にはさっぱり理解できないし、この先も理解できることはあるまい。そもそも、すぐ見るように、そんな仮説は無用だと私は考えている。しかし、次のことなら私にもよく理解できる。皮質のうちでも感覚性皮質と呼ばれる部位の細胞、すなわち求心的神経繊維の末端の樹状突起とローランド帯〔今日では中心溝と言われる〕の運動細胞とのあいだに介在する細胞のおかげで、受けた振動は脊髄のあれこれの運動機構へと随意に届くことができ、かくして自分の結果を選択できるようになっている、という点だ。そうした細胞は、それらの数が増えればそれだけ、おそらくさまざまな仕方でつながり合えるアメーバ状突起を数多く伸ばすだろうし、末梢からの同じ振動を前にして開きうる経路もより多数かつ多様なものになって、結果として同じ刺激興奮が選択しうる運動神経系の数も増えていくだろう。したがって、われわれの考えでは、脳とは一種の中央電話局にほかならない。その役割は「連絡をつける」こと、あるいは連絡を待たせておくことだ。脳は受け取ったものに何も付け加えたりしない。だが、さまざまな知覚器官がその末端を脳にまで伸ばし、かつ脊髄と延髄のすべての運動機構がそこに正規の代表者を置いているのだから、脳は紛れもなく一つの中枢をなしている。そして、この中枢では、末梢からの刺激は一定の運動機構につながれはするが、それは選択を経たものであり、もはや無理に強いられたものではない。また他方、脳実質の中では、末梢からの同じ一つの振動に対して膨大な数の運動経路がすべて一斉に開かれることも可能なので、この振動は脳において無限に分割されつつ、無数の、ただしまだ単に生まれかけの運動的反作用となって消えていく、という可能性ももつことになる。かくして脳の役割とは、ある場合には、取り集めた運動を一定の選択された反作用の器官に伝達することであり、またある場合には、この運動に運動経路の全体を開き、運動が含みもっている可能的反作用のすべてをそこに描けるようにして、この散逸において運動自体が分析されるようにすることである。別の言い方をすれば、われわれの見るところ、脳とは受けとめた運動に関しては分析の器官であり、実際に行われる運動に関しては選別の器官なのである。しかしどちらの場合でも、脳の役割は、運動を伝達し、分割することに限られている。そして、脊髄におけるのと同様、皮質の高等な中枢においても、神経諸要素は認識のためには働いていない。それらは複数の可能な行為を一気に素描するか、またはそれらの中から一つの行為を組織することしか行っていないのだ。

イマージュの選別*9

これはつまり、神経系は、表象を作成することはおろか、それを準備することに役立つような装置などいっさいもっていない、ということである。神経系の機能とは、さまざまな刺激を受容すること、さまざまな運動装置を組み立てること、与えられた一つの刺激に対して、できるかぎり数多くの装置を提供することだ。神経系が発達するのに応じて、空間内のいっそう多くの、そしてまたいっそう遠くの点が、ますます複雑化する運動機構に関係づけられていく。こうして、神経系がわれわれの行為に委ねてくれる幅は大きくなっていく。神経系がいっそう完全になるというのは、まさにそういうことだ。ところで、動物の系列のはじめから終わりまで、神経系が構成されるのは、必然からいっそう離れた行為を目指してのことなのだとすれば、神経系の発達に合わせて進歩する知覚もまた同様に徹底して行為に向けられており、純粋認識などは目指していない、と考えるべきではないか。そして、そうであるなら、この知覚がますます豊かさを増すこと自体、ただ単に、諸事物に対するふるまいにおいて生物の側の選択に委ねられる非決定分が増えることだけを表しているはずではないか。だから、この非決定性を真の原理として、そこから出発することにしよう。この非決定性がひとたび措定されるなら、そこから意識的知覚の可能性ばかりか、その必然性までも導出できないものかどうか、調べてみよう。言葉を換えれば、まず物質界と呼ばれている互いに緊密につながり合ったイマージュのシステムを前提として、このシステムの中のあちらこちらに、生命体によって表される現実的行為の中心を想定してみようということだ。それらの中心それぞれの周囲には、中心の位置に従属し、中心とともに変化するイマージュが配置されるのでなければならない、と私は主張する。したがって、私としては、意識的知覚は生じなければならないし、さらに加えて、この意識的知覚がどのように出現するのかを理解することも可能だ、と言いたいのである。

　まず注目すべきは、一つの厳格な法則が、意識的知覚が及ぶ拡がりと、生物が自分の自由にできる行為の強度とを結びつけている、ということだ。もしわれわれの仮説が正しければ、この知覚は、生物体が受容した振動がもはや必然的な反作用へと続いて引き延ばされなくなる、まさにその時に出現する。有機体がまだ発達していない場合、振動が生じるためには、関心を引く対象との直接の接触が確かに必要になるだろう。そしてその場合、反応はほぼ待ったなしのものになる。かくして、下等な種においては、触覚は受動的であると同時に能動的でもある。餌を認知することとそれを捕まえること、危険を感知することとそれを回避しようと努力すること、この両方が触覚の役割になるのだ。原生動物が伸ばすさまざまな突起や、棘皮《きょくひ》動物の管足《かんそく》は、運動器官でもあり、また触覚器官でもある。腔腸《こうちょう》動物〔クラゲやイソギンチャクなど〕の〔こちらを刺してくる〕蕁麻《じんま》性器官は、知覚の道具であると同時に防御の手段でもある。つまりは、反応が即座でなければならないのに応じて、それだけ知覚も単なる接触に似たものにならざるをえないのだ。そしてこの場合、知覚と反応のプロセス全体は、機械的衝撃に必然的運動が続くのと、ほとんど区別されない。しかし、反作用がより不確定になり、躊躇にいっそうの余地を残すようになるにつれて、動物の関心を引く対象の作用が動物の側に感知される際の距離も増大していく。動物は視覚や聴覚によって、いっそう多くの事物と関係するようになり、いっそう遠くからの影響までこうむるようになる。そこでの対象が動物に利益を約束するものであるにせよ、危険によって脅威となるものであるにせよ、約束と脅威はその期限を延期していく。したがって、ある生物が自分の自由にできる独立分、あるいは生物の活動性を取り巻く非決定地帯と言ってもいいが、これは、その生物がどれほどの数の事物にどれほど遠くから関係できているのかをアプリオリ[*10]に見積もらせてくれるものだ。この関係が何であろうと、すなわち知覚の内的本性がどういったものであろうと、知覚の広さはそれに続く行為の非決定性の厳密な尺度になっているという点は認められるのだから、そこから次の法則を述べることができる。行為が時間を自由にできるのと厳密に比例して、知覚は空間を自由にできる。

しかし、有機体とそれに近かったり遠かったりする諸対象とのこのような関係が、どうして意識的知覚という特別な形をとるのだろうか。われわれは先に、有機体の中で生じていることを検討した。われわれが目にしたのは、さまざまな運動が受け渡されたり抑止されたりしていること、運動が実際に遂行される行為に変換されたり、あるいは単に生まれかけの行為に分散させられたりしていることだった。それらの運動が関係するのは行為であり、そしてただ行為だけである、とわれわれには思われた。表象化のプロセスなどにまったく関わりはないのだ。そういうわけで、われわれは行為そのものと、それを取り巻く非決定性のほうを考察したのである。この非決定性は神経系の構造の中に含まれているもので、神経系が構成されたのも、表象のためなどではなく、この非決定性のためだったと思われる。この非決定性を事実として認めてみると、そこからわれわれは知覚の必然性を結論することができた。ただし、ここで言う知覚とは、生物とその関心を引く諸対象の遠近さまざまな影響とのあいだでの絶えず変化する関係のことである。では、どうしてこの意味での知覚が意識であるのか。そして、なぜその意識はあたかも脳実質内の運動から生まれるかのようにすべては進むのだろうか。

この問いに答えるために、意識的知覚が生じる条件を、まずは非常に単純化しよう。実際上は、記憶の染み込んでいない知覚など存在しない。感官の直接的な現在の与件に、われわれは過去の経験の細部を無数に混ぜ込んでいる。ほとんどの場合、そうした記憶のほうが現実の知覚に取って代わってしまい、そうなると知覚のうちでわれわれが保持するのは、何らかの標識、過去の古いイマージュを想起させるただの「記号」ばかりとなる。このことと引き換えに知覚は便利かつ素早いものになるわけだが、ここからは実に多様な錯覚も生じてくるのである。そこで、われわれの過去がすっかり染み込んだこのような知覚の代わりに、すでにしっかり成熟してはいるが、現在のうちに閉じ込められ、外的対象に合わせて自分をかたどる仕事にひたすら没頭して、他の作業はいっさい行わない意識がもつような知覚を考えても構うまい。恣意的な仮説を立てている、個人的なあれこれの偶然的要素を消し去って得られるそんな理念的な知覚はもう何ら実在に対応しない、と反論されるだろうか。しかし、われわれがまさに示したいのは、個人ごとの偶然的諸要素はこの非個人的な知覚の上に接《つ》ぎ木されるのだということ、事物についてのわれわれの認識の土台そのものにはこの非個人的な知覚が存在していること、そしてこの知覚をきちんと捉えず、記憶力がそれに加えたりそこから差し引いたりするものからはっきり区別しなかったために、知覚というものが一種の内的で主観的なヴィジョン、より強いという以外には記憶と何ら異ならないようなヴィジョンにされてしまったということなのだ。以上が、われわれの第一の仮説になるだろう。しかし、当然、それはもう一つの仮説を引き連れてくる。実際、いかに短いものと想定しても、知覚は常に一定の持続を占めるのであり、したがってそれは複数の瞬間を互いのうちへと引き延ばす記憶力の努力を前提としている。そればかりか、またあとで示そうと思うが、感覚的性質のいわゆる「主観性」は、われわれの記憶力が行うところの、言うならば実在の凝縮にとりわけ由来するのである。要するに、記憶力こそが、直接的知覚という基盤をさまざまな記憶の層で覆い、かつ多数の瞬間を凝縮するという二つの形をとりながら、知覚の中で個々の意識の側から提供される主な部分、すなわちわれわれの事物認識の主観的側面を作っているのだ。われわれは考えをはっきり示すためにこうした提供分は無視するわけだが、そのせいで、自分で選んだ道を適切な限度のはるか先にまで進んでいくことにはなる。しかし、あとでまた引き返して、特に記憶力をもう一度話に組み込み、われわれの結論のいきすぎたところを修正すればよいだけのことだ。というわけで、以下は単に図式的な叙述と見てほしい。そこで言われる知覚とは、さしあたって私の具体的で複雑な知覚、つまり私のさまざまな記憶でいっぱいにされ、また必ず一定の持続の厚みを示しているような知覚ではなく、純粋な知覚、事実上というよりは権利において存在する知覚のことである。すなわち、今私のいる場所に存在し、私が生きているそのままに生きてはいるものの、ひたすら現在に没頭しており、どんな形の記憶力ももたないことで物質について直接的かつ瞬間的なヴィジョンを手にできる存在ならもつような、そんな知覚だと考えていただきたいのだ。では、以上の仮説に身を置いて、意識的知覚がどう説明されるのかを考えてみよう。

意識を導出する、などと言えば、非常に大胆な企てになるだろう。しかし、実はそんな企てはここでは不要である。というのも、物質界を措定したことでイマージュの総体はすでに前提として用意されているからであり、そもそもそれ以外のものを用意することなど不可能だからである。物質についてのどんな理論も、この必然性からは逃れられない。物質を運動している原子に還元すればどうか。そうした原子は、もはや物理的諸性質を剝奪されているとしても、やはり可能的な視覚や接触との関係、すなわち明かりのないままでの視覚や実質的手応えのない接触との関係からしか規定されない。原子を力の中心へと凝縮したり、連続的流体の中で展開する渦へと溶かし込んだりすればどうか。そうした流体や運動、力の中心といったものもまた、無力な触覚や実効性なき衝力、色を消された光との関係からしか規定されない。それらも、やはりイマージュなのだ。確かに、イマージュは現に知覚されていなくとも存在でき、表象されないままでも現に存在できる。そして、存在《プレザンス》と表　象《ルプレザンタシオン》というこの二つのタームのあいだにある距離こそは、物質そのものと、われわれが物質についてもつ意識的知覚とのあいだにある隔たりをまさに示しているとも思われよう。だが、事柄をさらに詳しく検討し、正確に言って両者の差異とは何なのかを見てみよう。もし仮に第一の項より第二の項のほうにより多くのものがあって、存在から表象に移るためには何かを付け加えなければならないのだとしたら、両者の距離は越えようのないものになり、物質から知覚への移行は見通しがたい神秘に覆われたままになるだろう。しかし、もし第一の項から第二の項には減少によって移行することができ、あるイマージュの表象はその存在それだけと比べるとより少ないものであるのなら、話は違ってくる。というのも、その場合には、現に存在するイマージュが自分自身の何かを放棄するよう強いられれば、それだけで、ただ単にイマージュが存在しているというところからイマージュの表象化が生じてくることになるだろうからだ。さて、ここに私が物質的対象と呼んでいるイマージュがある。私はその表象をもっている。では、このイマージュが、それ自体においては、私に対しての姿のままに存在しているとは見えないのはなぜか。それは、このイマージュが他のイマージュの全体と緊密につながっていて、自分に先立つさまざまなイマージュを続いて引き延ばしてきたのと同じく、後続するイマージュへと自分を継続してもいるからである。当のイマージュの単なる存在を表象に変えるためには、そのイマージュに後続するものやそれに先立っていたもの、さらには当のイマージュの内部を満たしているものを一挙に削除して、ただその外皮、その薄い表皮だけを残せば、それで十分だろう。現に存在しているイマージュ、客観的実在たるイマージュが表象されたイマージュとどこで区別されるのかと言えば、それは前者のほうが次のような必然性に服しているという点においてである。すなわち、自らが含むあらゆる点によって他のイマージュのすべての点に作用を及ぼし、自分が受け取るものの全体を伝達し、受けた作用それぞれに反対向きの等価な反作用を対立させ、かくして広大無辺な宇宙のうちに伝播していく変様があらゆる向きに通過していくその通路である以外にない、という必然性だ。こうしたイマージュを、それのみ孤立させ、とりわけその外皮だけを切り離すことができるなら、私はそれを表象に変換できるはずである。表象は確かにそこに存在しているのだが、常に潜在的なままであり、現実的になろうとするその瞬間に自分とは別のものへと継続されそこに消えていくしかない、という制約によって打ち消されている。表象への変換を得るために必要なのは、対象を照らすことではなく、逆にその一定の側面を暗くして、対象の大部分を差し引いてしまうことであり、それによってその残余分が一つの事物として周囲を取り巻くものの中に埋め込まれたままになるのではなく、むしろそこから一幅の絵画のように浮かび上がるようにすることである。しかるに、生物は宇宙の中で「非決定性の中心」を構成しており、この非決定性の程度はそれぞれの生物がもつ諸機能の数と発達度に比例しているのだとすれば、生物が現に存在しているだけで、それは対象のうちで当の生物の諸機能が関心をもたない部分すべてを削除するのと同じことになりうると考えられる。そして、生物は外からの作用のうち、自分にはどうでもよい部分を、いわば素通りさせるだろう。それ以外のところは切り離され、この分離そのものによって「知覚」になることだろう。そうなれば、われわれにとっては、対象の表面から出ている光、ずっと伝播していくだけなら決してあらわにされることはなかったはずの光を、われわれが当の表面に向けて反射させている、といった具合になるだろう。われわれを取り囲むイマージュは、われわれの身体の関心を引く面を、ただし今度は光に照らされた姿で、このわれわれの身体のほうに向けているように見えるはずだ。それらのイマージュは、自らの実質のうち、通過していく際にわれわれが引きとめたもの、われわれが影響を与えうるものだけを浮かび上がらせることだろう。もともとイマージュは徹底的な機械論的因果で相互に結びつけられているので、互いに対してことさら関心をもつこともなく、それぞれが自分のあらゆる相面を一挙に提示し合っている。これは結局、イマージュは自分の要素をなしている部分のすべてで相互に作用と反作用を行っており、それゆえ意識的に知覚されることも知覚することもない、ということだ。しかし、もし反対にイマージュが反作用の側での何らかの自発性にどこかでぶつかるなら、イマージュの作用はそれだけ減少させられる。そして、イマージュの作用のこうした減少分こそ、まさにわれわれがイマージュについてもつ表象なのである。要するに、事物についてのわれわれの表象は、事物がわれわれの自由に対しつつ自分の姿を反映させることから生じるのだ。

ある媒質から別の媒質に進むとき、一般に光線は方向を変化させながら、その媒質を横切っていく。しかし、二つの媒質それぞれの密度によっては、一定の入射角に対して、もはや屈折が不可能になるような場合がある。この場合に生じるのは全反射だ。元の光点について一つの潜在的なイマージュ〔反映像のこと〕が形成されるわけだが、そのイマージュは言ってみれば光線がもはやそのままには進んでいけないことを表している。知覚はこれと同類の現象だ。まず与えられているのは、物質界のイマージュの総体、ならびにそれらのイマージュの内的諸要素の総体である。しかし、もしそこに本当の意味での活動性、つまり自発的な活動性の中心を想定するなら、そこに到達してその活動性の関心を引く光線は、そこを通り過ぎるのではなく、元に引き返して、光線を送り出している対象の輪郭を描くように見えるだろう。そこに積極的なもの、イマージュに付け加わるもの、新しいものは、何もありはしない。諸対象は、ただ単に自分の現実的作用のいくらかを放棄することで、対象の側の潜在的作用を、ということは結局、生物の側からの対象への可能的影響を描いているだけなのだ。というわけで、知覚とは屈折が妨害されて生じる反射現象に実に似たものであって、言うならばそれは、蜃気楼の効果なのである。

　これはつまるところ、イマージュについては、あることと意識的に知覚されていることとのあいだに単なる程度の差異はあっても本性の差異はない、ということだ。物質が実在しているというのは、あらゆる種類の諸要素とそれらの作用の全体が完全に揃っているということである。それに対して、われわれが物質についてもつ表象とは、諸物体に対するわれわれの可能的行為の尺度である。それは、われわれのあれこれの欲求、より一般的には、われわれの側の諸機能の関心を引かないものを切り捨てるところに生じる。ある意味では、意識なき物質の任意の一点がもつ知覚は、瞬間的なものではありながらも、われわれのもつ知覚より限りなく広大で、取り落としのないものだとも言えよう。その物質点は物質界のあらゆる点からの作用を取り集めて伝達するのに対して、われわれの意識はただ物質界の一部に、それも一定の側面から到達するだけだからである。意識とは——外的知覚の場合に限って言えば——まさにこの選択に存している。しかし、われわれの意識的知覚のこうした必然的な貧しさのうちには、何か積極的なもの、すでに精神を告知する何かがある。それは、語源そのものの意味での「分別」[*11]である。

われわれが論じている問題の困難はすべて、知覚を事物の写真画像のように考えてしまうことに由来する。知覚器官という特殊なカメラで特定の一点から撮影され、それに続いて脳実質の中で何やら分からない化学的・心理的仕上げのプロセスを経て現像される、というわけだ。しかし、仮に写真というものがあるとして、それはすでに事物のまさに内側で、しかも空間のあらゆる地点の方向から、すでに撮影され、すでに現像されていることを、どうして認めずにいられるのか。どんな形而上学《メタフィジック》も、あるいはいかなる物理学《フィジック》ですら、この結論を避けることはできない。例えば、宇宙は諸々の原子から構成されているのだとしよう。その場合には、各々の原子において、物質をなすすべての原子が及ぼしてくる作用が距離に応じつつ量と質を変えながら感知されていることになる。あるいは、諸々の力の中心からできていることにしたらどうか。その場合には、すべての中心からあらゆる方向に発されている力線は、物質界全体のさまざまな影響をそれぞれの中心に送り届けているはずだ。そして最後に、モナドでできていると考えてみても、モナドのそれぞれは、ライプニッツが望んだように、宇宙の鏡なのである。このように、以上の点では誰もが同意見なのだ。ただし、宇宙の任意の場所の一つを考えてみると、物質全体の作用はそこを抵抗も減衰もなしに通過しており、万物の写真はそこでは薄白く半透明なままだと言える。*12 イマージュが浮かび上がる背景となる黒い幕が感光板の後ろにないのだ。われわれの言う「非決定性地帯」は、言ってみれば、この幕の役割を果たすだろう。それは現にあるものに何も付加しない。ただ単に実在的作用は通過し、潜在的作用はとどまるようにするだけなのだ。

以上は何ら仮説ではない。われわれは、いかなる知覚理論もそれなしでは済ませられないそもそもの与件をはっきり定式化しているだけなのだ。実際、どんな心理学者も、外的知覚の研究に取りかかるにあたって、物質界について少なくともその存在の可能性を措定しないわけにはいかない。ということは、結局、すべての事物の潜在的な知覚を前提するしかない、ということだ。人は、ただ可能なだけのこの物質の集合から、私が私の身体と呼んでいる特殊な対象だけを切り離し、さらにこの身体の中で諸々の知覚中枢だけを孤立させる。そして、空間のどこかある一点から届いた振動が神経に沿って伝播していき、知覚中枢に届くのを示すだろう。だが、ここで舞台が一転する。身体を取り巻いていた物質界、脳を収容していた身体、諸中枢がそこに見分けられていた脳、それらは突然、お役御免となる。そして、魔法の杖を振るような具合で、最初に措定されていたものの表象が、まったく新しいものであるかのように出現させられるのだ。この表象は、空間の外に押しやられ、最初の出発点だった物質とは、もはや何の共通点ももたないものになっている。物質そのものについても、もうなしで済ませたいところだが、さすがにそうはいかない。というのも、物質のさまざまな現象は、相互間で非常に厳密な秩序、原点として選ばれるのがどこかには関わらない秩序を示す以上、この規則性と無関係性は独立した実在を紛れもなく構成しているからである。となれば、物質にその亡霊を残すことくらいは、どうしても我慢しなければならなくなる。それでもせめて、ということで、人は物質から、それに生命を与えている性質はすべて剝ぎとってしまう。人は、無定形な空間の中にさまざまな図形を切り出して、それらが運動している、ということにする。あるいはさらに、(結局はほとんど同じことだが) 大きさのみの関係が相互に組み合わさっているとか、関数がその内容を展開させながら進展している、などと思い描くことになる〔そして、物質とは実はそのような量的関係ないし数学的関数にほかならない、ということにする〕。そうなると、表象は、物質から剝ぎとられたものを自分のほうで引き受けながら、拡がりをもたない意識の中で気ままに展開していくことにもなるわけだ。だが、裁ち切るだけでは十分ではない。縫い合わせなければならない。物質的基体から諸性質を引き剝がしたわけだが、今度は、それらがどのようにして基体に再び結びつくのかを説明するべきだろう。物質から属性を差し引くごとに、表象とその対象との隔たりは大きくなる。物質を拡がりをもたないものにしてしまうなら、そんなものがどうやって拡がりを受け取れるというのか。物質を等質的な運動に還元してしまうなら、性質はどこから生まれるというのか。そして何より、事物とイマージュの関係、物質と思考の関係を、どう思い描けばよいのか。というのも、それら両項の各々は、そもそもの定義からして、相手のもたないものだけをもっている、という次第なのだから。かくして、一歩進むごとに困難が生まれていき、困難の一つを消し去ろうと努力しても、その困難はさらに多くの困難に分かれていくばかりだろう。では、われわれは何を求めるのか。魔法の杖を振るのはやめて、最初に入った道を進み続けること、ただこれだけである。外的イマージュが感覚器官に達して神経に変化を与え、脳にまで自分の影響を伝播するということは、もう示せている。そのまま最後まで進むのだ。運動は脳実質を通過していく。場合によっては、そこに一時とどまることもあり、その際には運動は意志的行為へと展開するだろう。以上が、知覚のメカニズムのすべてである。イマージュとしての知覚そのものについては、その発生をたどるには及ばない。というのも、あなたはそれを最初に措定したのであるし、そもそも措定しないわけにはいかなかったからだ。脳を前提し、物質のごく小さな部分を前提したことで、あなたはイマージュの総体を前提したのではなかったか。だから、あなたが説明すべきなのは、知覚がいかにして生まれるかではなく、いかにして限定されるかである。というのも、知覚は、権利上は全体のイマージュであるはずなのに、事実上はあなたの関心を引くものに縮減されているからだ。だが、知覚と端的なイマージュそのものとの違いが、知覚の諸部分のほうは、ある変動する中心との関係で配列されるというところにこそあるのなら、知覚の限定については容易に理解できる。知覚は、権利上は果てしないものでありながら、事実上はこの特別なイマージュ、自分の身体と呼ばれるイマージュの行動に委ねられた非決定分を描くように制限されているのである。またそれゆえに、逆に言えば、脳の灰白質の構造から生じるかぎりでの〔精神が介入する明確な有意的決定にはまだ至っていない〕身体の運動の非決定性は、あなたの知覚の拡がりがどれほどであるかの厳密な尺度となるのだ。だから、自分の知覚が脳内部の運動から生じ、皮質上の諸中枢からいわば出てくるかのようにすべてが進んだとしても、何も驚くことはない。実際には、知覚がそこに由来することなどありえない。脳は他のイマージュと変わらないイマージュの一つであり、他のイマージュの集合の中に含まれているわけで、含まれたほうから含む側が出てくるというのは不条理だからだ。だが、脳の構造は、そこから選択を行えるさまざまな運動の詳細な図面を与えてくれており、また他方、外的なイマージュのうちでも、いわば自分に引き返して知覚になっている部分は、まさに宇宙の中でそうした運動が働きかけうるすべての点を描いているのだから、意識的知覚と脳の変様は厳密に対応している。というわけで、これら二項の相互依存は、ただ単に、いずれもが第三項の、すなわち意志の非決定性の関数であることに由来したものなのである。

例えば、ここに光点Pがあって、その光線が網膜上の異なる点a、b、cに作用しているとしよう。この点Pに、科学《シアンス》は一定の強度と持続を有する振動を位置づける。この同じ点Pに、意識《コンシアンス》は光を知覚する。われわれは、本研究が進んでいく中で、科学も意識もともに正しいことを示そうと思っている。〔意識が知覚する〕光と〔科学が扱う〕運動とのあいだには本質的な差異などない、ということだ。ただし、それには条件があって、抽象的な機械論は運動というものに一性と不可分性と異質性を認めないが、運動にはそれらを返してやるべきだし、感覚的性質はいずれもわれわれの記憶力が行う凝縮の所産だと考えなければならない。そうすれば、科学と意識は瞬間において合致することになるはずだ。今は暫定的に、言葉の意味をあまり深く詮索せず、点Pが網膜に光の振動を送っている、とだけ言っておく。では、その次はどういう話になるか。もし仮に点Pの視覚的イマージュが与えられていなかったなら、それがいかにして形成されるのかを探究しなければならず、そうしてたちまち人は解きがたい問題にぶつかってしまったことだろう。しかし、どのように取りかかるにしても、人は当の視覚的イマージュを最初から措定しないわけにはいかないのだ。だから、問うべきはただ一つ、数限りない他のイマージュは私の知覚から排除されているのに、なぜこのイマージュは選ばれて私の知覚の一部になっているのか、そしてそれはいかにしてか、ということだけである。さて、点Pから網膜の微小器官に伝達された振動が大脳皮質下と皮質上にある視覚中枢に、また多くの場合、他の中枢にも導かれていくこと、そしてそれらの中枢は振動を場合に応じて運動機構に伝達したり、あるいはとりあえずとどめておいたりすることを私は目にする。とすれば、ここに関与する神経の諸要素こそ、受け取られた振動に「有用な」実効性を与えるものなのだ。神経要素は意志の非決定性を表している。神経要素が万全な形で整っていてこその非決定性である。そして、そうである以上、それらの要素の損傷は、必ずわれわれの可能的行為を減少させ、知覚もそれだけ減少させるのだ。以上を言い換えよう。取り集められた振動が機械的に伝達されていかない点が物質界にもし存在するなら、つまり先に言ったように非決定地帯というものがあるとしたら、それは感覚運動プロセスと人が呼んでいるものの経路上にこそ見出されるはずだ。そうすると、光線P*a*・P*b*・P*c*はこの経路に沿って知覚され、その上でPへと投射されるかのようにすべては進むはずである。それに加えて、この非決定性そのものは実験や計算を逃れるとしても、印象を取り集めて伝達していく神経要素のほうはそうではない。だから、生理学者や心理学者の研究対象は、これらの神経要素にならざるをえない。かくして、外的知覚の細部はすべて神経要素を元に規定されており、それらによって説明されるのだ、という話にもなる。どうしてもということなら、刺激興奮は神経要素に沿って進み、中枢に届いたあと、そこで意識的なイマージュに変換され、続いて点Pへと外化されるのだ、と言えなくもない。しかし、こういう言い方は、単に科学の方法の要求に屈しているだけであって、現実のプロセスを記述するものではまったくない。実際には、意識の中で形成された上で点Pへと投射されるような拡がりなきイマージュなど存在しない。本当のところは、点Pとそれが発する光線、そして網膜、関与する神経要素は、一つの緊密につながった全体をなしており、光点Pはこの全体の一部なのである。そして、Pのイマージュが形成され、知覚されるのは、まさにPにおいてであって、別の場所においてではない。

表象と行為の関係

このように考えながら、われわれは単に常識の素朴な確信に立ち戻っているにすぎない。

われわれは誰もがはじめは、自分は対象の中に入り込んでいる、対象を知覚するのは対象そのものにおいてであって自分のうちにおいてではない、と信じていたのだ。心理学者はかくも単純で現実にも近い考えを馬鹿にするが、それは脳内部のプロセスという知覚のごくわずかな部分が、彼には知覚全体と等価なものに見えるからである。この内部のプロセスを保っておきさえすれば、知覚されている対象を削除しても対象のイマージュは残るように心理学者には思えるわけだ。そして、彼がそう思い込む理由も簡単に理解できる。幻覚や夢のように、どこから見ても外的知覚にそっくりなイマージュが出現する状態は、数多く存在している。そうした場合、対象そのものは消えているが、脳は存続しているのだからというわけで、脳の現象だけでイマージュを産出するには十分だと人は結論を下すのである。しかし、忘れてはならないのは、この種の心的状態では必ず記憶力が主役を演じているということである。ところで、われわれはあとで次の点を示そうと思っている。すなわち、知覚というものをわれわれのように理解するなら、必ず記憶力が出現するはずであること、そしてこの記憶力も知覚そのものと同じく、脳の状態を自分の現実上の十全な条件とはしていないことの二点である。ここでは、まだその検討には取りかからず、ごく単純な、別に新しくもない所見を示すだけにしておく。生まれながらの盲人でも、視覚中枢が無傷のままの者は多い。しかし、彼らは視覚的イマージュを一度も形成することなく生涯を終える。ということは、外的対象が少なくとも一度はその役割を果たさなければ、視覚的イマージュは現れないのだ。したがって、外的対象は、少なくとも一度は実際に表象に入ってこなければならないわけである。しかるに、われわれはさしあたり、これ以外のことを求めてはいない。というのも、ここでわれわれが論じているのは純粋知覚であって、記憶力と複合した知覚ではないからである。かくして、記憶力からの提供分を排除して知覚をなまの状態で考察するなら、対象なきイマージュなど決して存在しないと認めるほかはない。しかし、脳内のプロセスに加えて、その原因である外的対象も認めるというのなら、当の対象のイマージュが、その対象とともに、そしてその対象において与えられている、ということもよく分かるようになる。だが、そのイマージュが脳の運動から生まれるということは、やはりまったく理解できないのだ。

神経や中枢が損傷して神経振動の経路が断たれると、それだけ知覚は減少する。だが、それに驚くことがあろうか。神経系の役割とは、この振動を利用すること、実際に遂行されるか潜在的なままかはともかく、実践上で役に立つ行動に変換することだ。もし何らかの理由で刺激がもはや伝わらなくなれば、それに対応する知覚が相変わらず生じるというほうが奇妙だろう。というのも、その場合の知覚は、われわれの身体を、もはや直接選択をするよう身体を誘《いざな》ってこない空間の諸点に関係させることになるからである。ある動物の視神経を切断したとする。光点から発している光は、脳に、そしてそこからさらに運動神経にも、もう伝わってはいかない。視神経も含み込みつつ外的対象を動物の運動機構につないでいた糸は断たれるわけだ。ということは、視覚は無力になったのであり、この無力こそ、まさしく無意識ということなのである。物質が神経系の協力なしに、感覚器官もないまま知覚されうるというのも、理論的には考えられないことではない。しかし、それは実際上はありえない。そのような知覚は何の役にも立たないからである。幽霊にならふさわしいかもしれないが、生物、すなわち行動する存在にとっては、そうもいかない。人は、生物体のことを帝国の中の帝国のような〔周囲からそれだけ独立した〕ものと考え、また神経系のことを別個の一存在で、まず知覚を作り上げ、次には運動を作り出すことをその機能とするものだと思い描く。しかし本当のところは、私の神経系は、私の身体に振動を与える諸対象と、私から影響を与えることもできる諸対象のあいだにあって、単なる伝導体として運動を伝えたり分配したり抑止したりする役割を果たしている。この伝導体は、末梢から中枢へ、また中枢から末梢へと張りめぐらされた膨大な数の糸で構成されている。末梢から中枢に至る糸があれば、その数だけ、私の意志に訴えかけ、運動を行う私の活動能力にいわば初歩的な質問を出せる空間内の点がある、ということになる。出される質問のそれぞれが、まさしく知覚と呼ばれるものなのだ。だから、感覚神経と言われる糸の一つが切断されるたびごとに、知覚からは要素が一つ減らされていく。その場合、外的対象の何らかの部分が、活動能力に訴えかけるにはもう無力になるからだ。また、安定した習慣が身につけられるたびごとにも、それは減じていく。この場合には、すっかり準備済みの返答があるせいで、質問が無用となるからだ。どちらの場合においても、消失したのは、振動の自分自身への見かけ上の反射、光源であるイマージュへの光の立ち返りであり、あるいはむしろ、知覚がイマージュから浮き出るようにする分離、あの〔先に述べた〕分別である。かくして、知覚の細部は、感覚神経と言われる神経の細部に厳密に合わせられてはいるが、全体としての知覚の本当の存在理由は、身体の自ら動こうとする傾向性のうちにある、と言ってよいのだ。

以上に関して一般に錯覚の元になるのは、われわれの運動は、その機会となる刺激とは一見したところ無関係であるように思われる、という点である。ある対象に到達して、それを変化させるための私の身体の運動は、対象があることが知らされたのが聴覚による場合であれ、対象が示されたのが視覚または触覚によるのであれ、いつも同一であるように見えるのだ。となれば、私の活動能力は一つの独立したものとなる。運動が生じるよう訴えかけてきたのがどんな種類のイマージュであるかには関係なく、ある同じ行為のためにいつも同じ運動が意のままに取り出せるタンクのようなものにされる、ということだ。しかし実際には、運動の応答相手が視覚印象か、触覚印象か、聴覚印象であるかに応じて、外的には同じ運動でも、その性格は内的に変わる。私が空間中に多くの対象を見ているとしよう。それらの対象は、どれも視覚的な形として、私の活動能力に訴えかけている。突然、視力を失ったとする。確かに、それでも私は空間中でそれまでと同じ量と質の運動を自由にできはしよう。しかし、それらの運動は、すでに視覚印象とは調整されようがなくなっている。運動は今後、例えば触覚的な印象に従っていくしかあるまい。そして、おそらくは脳の中に新たな連係が整えられるだろう。そうなれば、運動神経要素が伸ばす原形質突起が大脳皮質の中で関係できる、いわゆる感覚神経要素の数は、それまでよりはるかに少なくなる。したがって、私の活動能力は実際に減じられたのだ。こう言うのは、私には同じ運動を生み出せるとしても、諸対象がその運動の機会を与えることは減ってしまった、という意味である。したがって、視覚の伝導路の突然の遮断は、その本質的かつ深い結果として、私の活動能力へのさまざまな訴えの一角を完全に削除したのだ。しかるにこの訴えかけこそ、先に見たように、知覚にほかならない。われわれはここで、知覚は狭い意味での感覚振動から生まれるのであって、いわばわれわれの運動能力に提起された質問から生まれるわけではない、とする人々の誤りをはっきり指摘することができる。彼らはこの運動能力を知覚プロセスから切り離してしまう。そして、運動能力は知覚が消えたあとにも残るように見えるということを理由にして、知覚は感覚神経と称される神経要素に局在している、と結論するのだ。しかし実際には、知覚は感覚中枢にも運動中枢にも存在していない。知覚は、それらの中枢の関係の複雑性を示す尺度となりつつ、知覚が現れているその場所に存在するのだ。

幼児期を研究した心理学者はよく知っていることだが、われわれの表象は最初は非個人的である。表象が身体を中心に採用して、自分の表象になるのは、徐々に帰納を通じてのことだ。もっとも、この操作が行われるメカニズムは容易に理解できる。私の身体が空間内を移動していくと、身体以外のイマージュは変化するが、反対に、身体のほうはそのまま変わらない。だから、当然、私はこの身体を中心として、他のすべてのイマージュをそこに関係づけることになるはずだ。外的世界が存在している、という私の信憑は、拡がりをもたない感覚を私が自分の外に投射することには由来しないし、由来しようがない。いったいどうやってそんな感覚が拡がりを獲得できるというのか。そして、私はいったいどこから外在性という概念を引き出せるというのか。だが、経験が示しているように、まずイマージュの総体が与えられていることを認めるなら、どのようにして私の身体がこの総体のうちで特権的な位置を占めるに至るのかは、とてもよく理解できる。そしてまた、私には内と外の概念がどのように生まれるのかも理解できる。これは、最初は私の身体と他の物体との区別にすぎないのだ。実際、ふつうなされがちなように私の身体のほうから出発してしまうと、私の身体の表面で受け取られる印象、私の身体の関心しか引かない印象が、外的な諸対象を私に対して構成し、一つの外的世界を形成するようになるのはいかにしてか、私に理解させることは決してできまい。それとは逆に、さまざまなイマージュ一般を最初に用意するなら、私の身体は必ず最後にはイマージュのただなかで一つの判然としたものとして浮かび上がってくる。私の身体周囲のイマージュは絶えず変化するのに、私の身体はそのまま変化しないからである。かくして、内と外の区別は部分と全体の区別に帰着することになるだろう。まず最初にイマージュの総体がある。この総体の中に、いくつもの「行為の中心」が存在し、その関心を引くイマージュは、それに対しつつ自分の姿を反射させるようになる。こうして、知覚が生まれ、行為の準備が整えられるのだ。私の身体とは、これらの知覚の中心に浮かび上がってくるものであり、私という個人的人格[*13]とは、これらの行為を帰されるべき存在のことである。このように表象の周辺から中心へと進むなら、事柄は明快になる。そして、この進み方は、子供のそれであると同時に、直接的経験と常識からしても促されるものでもある。逆に理論家たちのように中心から周辺へと進もうとすれば、すべては不明瞭になり、問題は増えるばかりだ。それなのに、なぜ外的世界は拡がりなき諸感覚を寄せ集めながら構成される、という考えが出てくるのか。そもそも、そんな感覚がどうやって拡がりをもった面を構成するに至るのかも、そしてさらにどうやってわれわれの身体の外に投射されるのかも理解できないではないか。そんなふうにはまったく見えないのに、どうして人は私の意識的自我の側から私の身体に、そして私の身体のほうからそれ以外の物体に進むということにしたいのか。実際には、私は一挙に物質界一般の中に身を置き、私の身体と呼ばれる行為の中心をそのあとにだんだんと限定しながら、これをそれ以外のものからはっきり区別するに至るのだ。われわれの外的知覚は最初は拡がりをもたないものだ、という思い込みには非常に多くの錯覚が絡み合って存在している。われわれはまったく内的な状態を自分の外に投射している、という考えには、誤解や、まずく立てられた問いへの辻褄《つじつま》の合わない回答が実に多く含まれている。だから、それらをすべて一気に解明しようというのは無理だ。分かたれざる延長と等質的空間との形而上学上の混同や、「純粋知覚」と記憶力との心理学上の混同がそれらの錯覚の背後にあることを明らかにしていく中で、以上の点も次第に解明されていくのを期待するばかりである。それにしても、そうした錯覚は実際の事実と関連したものであるからには、それらの事実を取り上げて、その解釈を修正しておくことは今からでも可能だ。

イマージュと実在

そうした事実の第一のものは、われわれの感官〔五感のこと〕には教育が必要だ、ということである。視覚にしても触覚にしても、その印象を直ちにある場所に位置づけることはできない。一連の照合と帰納が必要であり、それでようやく、われわれはさまざまな印象を秩序立てて並べられるようになる。ここから人は飛躍して、諸感覚は本質的に拡がりをもたないものであり、延長はそれらの感覚が立ち並ぶことから構成される、と考えるのだ。だが、われわれの立っている仮説でも、やはり同じように感官が教育を必要とすることは明らかだろう。もちろん、感官が事物とうまく合致するためにではなく、感官が相互に調和するためにではあるが。すべてのイマージュのただなかに私が私の身体と呼ぶ一つのイマージュがあり、その潜在的行為は周囲のイマージュがそれら自身のいる場所で反射しているように見えることに示されているのだった。私の身体のほうに可能な行為の種類があればあるほど、他の物体のほうにも多様な反射体系があるだろうし、そしてこれらの体系の各々は、それぞれ私の五感の一つに対応しているはずだ。とすれば、私の身体は、自分の加えうる多様な行為に即して他のイマージュを分析しつつ、それらを反射するような一イマージュとしてふるまっている。したがって、それぞれに異なる私の感官が同じ対象において知覚する性質の一つ一つは、私の活動能力のある一つの方向、ある一つの欲求を表しているわけだ。では、ある物体について、私の異なる感官を通じてのさまざまな知覚を集めれば、当の物体の完全なイマージュが得られるだろうか。まずそんなことはない。あくまでも、それらの知覚は全体から摘《つ》み取られたものにすぎないからである。あらゆる物体のあらゆる点からのあらゆる影響を知覚するなどというのは、物質的対象の状態に落ちることだ。意識的知覚は選択を意味するのであり、そもそも意識とは何よりもまず、この実践的な分別のことなのである。だから、私の異なる感官が与える同じ対象についての異なる知覚は、いくら集められたところで、対象の完全なイマージュを再構成することはあるまい。知覚相互は、言ってみれば私の複数の欲求間の空白の広さに応じた間隙によって切り離されたままだろう。まさにこれらの間隙を埋めるために、感官の教育が不可欠になるのだ。この教育の目的は、私の感官を相互に調和させること、私の身体のさまざまな欲求の非連続性そのものが分断した連続性を感覚所与のあいだに回復させること、そうして当の物質的対象の全貌を近似的に再構成することである。われわれの仮説では、感官の教育の必要性は以上のように説明される。こうした説明を先ほどのそれと比較してみよう。先の第一の仮説では、拡がりのない視覚的諸感覚が、触覚その他の拡がりなき感覚と組み合わされ、これらが総合されることで一つの物質的対象の観念が与えられる、とされる。しかし、それらの感覚がどうやって拡がりを獲得できるのかという点が、まず分からない。また、とりわけ分からないのは、いちおう権利上では拡がりが得られたにせよ、感覚のうちのこれがさらに事実問題として空間のこの点を特に選ぶのはどう説明できるのか、という点だ。加えて、次の疑問も生じる。いったいどんな幸運な一致があり、どんな予定調和があるおかげで、種類の異なるそれらの感覚がまとめて秩序立てられ、一つの対象を形成するというのだろうか。何しろ、この対象のほうは安定したもので、今や確固として私の経験と他の人間全員の経験に共有され、さらに他の対象に対する関係では、自然法則と呼ばれる撓《たわ》めがたい規則に従う、といったものなのだから。それに対して、第二のわれわれの仮説では、いわゆる「われわれの異なる諸感官の所与」とは事物自身の側の諸性質であって、それらはわれわれのうちではなく、事物そのものにおいて知覚されている。抽象作用がそれらを分けたにすぎないのなら、それらが再び結びつくのは驚くべきことだろうか。——また、第一の仮説では、物質的対象は、われわれが現に捉えているのとはまったく異なるものである。人は一方に意識をもつ原理と感覚的諸性質を置き、その反対側に物質を置くが、この物質は、それについて何も語ることができず、〔「非……的」、「……なき」といった〕否定的名辞でしか定義できないようなものである。最初から、物質の姿を示してくれるものをすべてそこから剝ぎとってしまっているからだ。それに対して、第二の仮説では、物質についての認識を次第により深めていくことが可能である。われわれがなすべきは、現にわれわれが何かしら捉えているものを物質から差し引くのではなく、むしろ反対に、すべての感覚的性質を関連づけ、それらの類縁性を見出しつつ、われわれの多様な欲求が分断してしまった連続性を回復することである。そうなると、物質についてのわれわれの知覚は、もはや相対的でも主観的でもなくなる。少なくとも原則上はそうであり、すぐに見るように、情感を、そして特に記憶力を捨象するなら、そうである。われわれの知覚は、われわれの側に複数の欲求があるせいで分割されているにすぎないのだ。——さらに、第一の仮説では、物質と同じく、精神についてもまた認識できない。というのも、人が精神に割り当てるのは、どこからかは分からないが諸感覚を喚起して、なぜかは分からないがそれらを空間の中に投射して、そこに物体を形成する、という何とも定義しようのない能力なのであるから。それに対して、第二の仮説では、意識の役割ははっきり定義されている。意識とは可能的行為という意味だ。あとになれば精神はあれこれの形式を身に帯び、これが精神の本質を覆い隠してしまうのだが、こちらの第二の原理に照らせば、その種の諸形式は取り除かれるべきである。かくして、われわれの仮説では、精神と物質をより明晰に区別する可能性とともに、両者を再び接近させる可能性もかいま見られることになるのだ。だが、第一の点についてはここまでにして、次の第二の点に移ろう。

根拠扱いされてきた二つ目の事実を挙げるとすれば、ずいぶん以前から「神経別の特殊エネルギー」と呼ばれてきたものがそれになろう。周知のごとく、視神経の興奮は、外的衝撃によるものであれ電流によるものであれ、視覚的感覚を与える。また、この同じ電流は、聴覚神経に流されるか、舌咽《ぜついん》神経に流されるかに応じて、味を知覚させたり、音を聞こえさせたりする。こうした非常に特殊な事実から、人は次のような二つの非常に一般的な法則に進む。異なる原因も、同じ神経に作用するなら、同じ感覚を引き起こす。また、同じ原因も、異なる神経に作用するなら、異なる感覚を引き起こす、というわけである。しかも、これら二つの法則自体から人はさらに推論して、われわれの感覚とは単に記号にすぎず、五感それぞれの役割とは、空間内でなされる等質的で機械的な運動を自分固有の言語に翻訳することだと考える。そうして最後には、われわれの知覚を二つのはっきり区別された部分、もう二度と結びつくことのできない部分、すなわち空間内での等質的な運動と、意識内での拡がりをもたない感覚とに切り分けようという考えすら生まれる。先の二つの法則をどう解釈するかで生じる生理学上の諸問題を検討するのは、われわれの仕事ではない。特殊エネルギーは、神経それぞれに属している、いや、諸中枢のほうに割り振るべきだ、等々、法則を理解する仕方はさまざまであっても、結局、人は乗り越えがたい困難にぶつかる。だが、そもそも法則自体が、だんだんと問題含みのものに思われてきているのだ。すでにロッツェが、この法則は誤りではないかと疑っていた。「音波が目に光の感覚を与え、光の振動が耳に音を聞こえさせること」(1)が実際に観察されるまでは、法則の正しさを信じるわけにはいかない、というのである。本当のところを言えば、根拠として持ち出される事実は、結局すべて、ただ一つのタイプに還元可能に見える。種類が異なる諸感覚を生み出せるという単一の刺激も、同種の感覚を生み出せるという複数の刺激も、電流であるか、そうでなくても器官において電気的平衡に一定の変化を起こしうる機械的原因である、ということだ。しかるに、電気的刺激には多様な構成要素が含まれていて、その各々が種類の異なる諸感覚に客観的に対応しているのではないか、そして五感それぞれの役割とは、この構成要素全体から自分の関心を引くものを抽出することにすぎないのではないか、と考えることはできる。もしそういうことなら、同種の感覚を与えるのはやはり同種の刺激であり、種類が異なる感覚を生み出すのはやはりそれぞれ別種の刺激だということになるだろう。より正確に言えば、例えば舌に電気刺激を与えて化学的変化が引き起こされないとは考えにくく、しかるに何にせよ、われわれが味覚と呼んでいるのはまさにこの変化である、ということだ。あるいはまた、物理学者には光を電磁気の変動と同一視することができたとして、そこで逆に、彼がここで電磁気の変動と呼んでいるものこそ光なのだ、と言うこともできるだろうし、だとすれば、電気刺激において視神経が客観的に知覚しているのはまさに光なのだ、ということにもなろう。五感のうちでも、耳の聴覚に関してほど特殊エネルギーの学説が堅固に証明されているように見えるところはない。ところがまた、知覚される事物〔音波〕の実在がここほど確からしいものになった例は他にないのだ。この種の事実については、もうこれ以上論じない。最近のある著作に、そうした事実の叙述ならびに立ち入った考察が見出されるからである。[2]ただ、これだけは指摘しておきたい。ここで論じられている感覚は、われわれが身体の外に知覚するイマージュであるよりも、われわれの身体自体の中に位置づけられる情感なのである。ところで、すぐあとに見るが、われわれの身体の本性ならびにその本来の役割からすると、身体内のいわゆる感覚的な要素にも、それぞれ自分に固有の現実的行為がある。この要素は、通常は自分が知覚している外的対象に対して〔要素ごとに異なる種類の〕潜在的行為を及ぼしているのだが、当の要素の現実的行為のほうにしても、それは各々、この潜在的作用と同じ種類のものであるに違いない。感覚神経がそれぞれ特定の種類の感覚に応じて振動するように見えることは、ここから理解できるはずだ。しかし、この点を明らかにするためには、情感の本性を究明するのがよかろう。かくして、われわれは検討したいと考えていた第三の、そして最後の議論へと導かれることになる。

（1）　ロッツェ〔Hermann Lotze〕『形而上学〔*Métaphysique*〕』五二六頁以下。

（2） シュヴァルツ〔Hermann Schwarz〕『知覚の問題〔*Das Wahrnehmungsproblem*〕』（Leipzig, 1892）、三一三頁以下。

イマージュと情感的感覚

この第三の議論の論拠とされるのは、われわれは、それと気づかれないほどなめらかな諸段階を経て、空間を占める表象的状態から、延長をもたないように見える情感的状態に移る、ということである。ここから人は、いっさいの感覚は本来例外なしに拡がりをもっておらず、延長は感覚に付加されるもので、知覚プロセスとは内的状態の外化である、と結論するのだ。実際、心理学者は自分の身体のほうから出発する。そして、この身体の末梢で受け取られた諸印象があれば、もう十分に物質的宇宙の全体が再構成できると思われるので、彼は手始めに、宇宙を自分の身体に還元する。だが、この最初の立場は維持できない。彼の身体は、他のすべての物体に比べて、それ以上の実在性もそれ以下の実在性ももっていないし、そもそももちようがないからである。だから、もっと先に進んで、最初の原則を最後まで適用し続けねばならない。宇宙を生物体の表面上に縮小した上で、さらにこの身体そのものも凝縮して、最終的には延長をもたないと想定される一つの中心にしなければならないのだ。そうなれば、この中心から拡がりをもたない諸感覚が生じてきて、それがいわば腫《は》れ上がるように膨張して拡がりとなり、まずはわれわれの拡がりをもった身体を、次にそれ以外の物質的諸対象を与えるに至るのだ、ということになる。しかし、こんな奇妙な仮定は、イマージュと観念のまさにその中間、すなわち延長をもたない後者と延長を有する前者とのあいだに、位置に関してさまざまに曖昧である一連の中間的状態がなければ、つまり情感的諸状態がなければ、およそ不可能だったことだろう。われわれの悟性は、自らの習慣的な錯覚に屈して、事物は延長をもつかもたないかのどちらかだ、という二者択一を立てる。そして、情感的状態というものは延長を漠然としかもたず、不完全にしか位置づけられないということから、情感的状態はまったく拡がりをもっていないという結論を下してしまうのだ。しかし、こうなると、次第に得られていく拡がりの諸段階や、そもそも延長というものは、もともとは拡がりをもたない状態があとから身につけるよく分からない特性として説明されることになるだろう。知覚の成立過程は、内的で拡がりなき諸状態が拡がっていって外に投射されるその過程だということになってしまうのだ。以上の論法を、また別の形で述べてみよう。われわれの身体への対象の作用が増大することで、情感に、特に言えば痛みにならないような知覚は、ほとんど存在しない。例えば、針の接触は、いつのまにか刺す痛みへと移る。また、逆に弱まっていく痛みは次第にその原因の知覚に一致し、表象へといわば外化されていく。そういうわけで、情感と知覚のあいだにあるのは程度の差異であって本性の差異ではない、と見えるわけだ。ところで、情感は私という個人的存在に内的に結びついている。実際、それを感じる主体から切り離された痛みといったものは、何のことか分かるまい。だとすれば知覚についても同様のはずであって、外的知覚というのは無害になった情感が空間に投射されることで構成されるのに違いない、と思われてしまうのだ。こう推論する点では、実在論者も観念論者も一致している。観念論者は、物質的宇宙は主観的で拡がりをもたない諸状態の総合以外のものではない、と言う。実在論者は、付け加えて、その総合の背後にはそれに対応した独立の実在がある、と言う。しかし、両者どちらも、情感から表象への段階的な移行を根拠にしながら、物質的宇宙の表象は相対的かつ主観的なものであり、これは言ってみればわれわれから出てきたのであって、そもそもわれわれのほうが宇宙の表象から出てきたのではない、と結論づけているのだ。

それ自体は確かな事実についての、このような疑わしい解釈を批判する前に、こんな解釈では、痛みの本性も知覚の本性も説明しおおせるはずはなく、そもそもそれで明らかになることなどないということを、はっきりさせておく。本質上、私という個人的人格に結びついていて、私がいなくなればそれと一緒に消え去るであろう情感的状態なのに、そんなものが単に強度を減じただけで拡がりを獲得し、空間において一定の場所を占め、常にそれ自体一貫し、他の人々の経験とも一致するような安定した経験を構成するに至る、というのは理解しろと言われても難しい話だ。どうしたところで、それなしで済ませたかったはずの拡がりを、そしてその次には独立性を、何らかの形で感覚に返す以外になくなることだろう。しかし他方、先の仮説では、情感や表象が何なのかがより明らかにされることもほとんどあるまい。というのも、強度を減じるだけでどうして情感が表象になるのかがまず分からないが、最初に知覚として与えられていた現象が強度を増すだけでそのまま情感になるなどということもまた分からないからである。情感には積極的で能動的な何かがある。ある哲学者たちの意見に沿って、情感とは混乱した表象だと言ってしまっては、この何かはうまく言い表せない。だが、それはまだ主要な難点ではない。刺激が次第に強くなっていけば最後には知覚が痛みに変わるということ、ここに異論はない。しかしながら、この変化がある正確な一時点から浮かび上がってくるというのも事実である。どうして別の時点ではなく、この時点なのか。最初は私がその無関心な観客でしかなかった現象が、突然、私にとって切実な関心事となるようにする、その特別な理由とは何なのか。このように、以上の仮説では、どうして現象の強度の減少がある特定の時点に当の現象に拡がりや見かけの独立性をもってよいことにするのかも、また強度の増大がほかならぬある一時点において、積極的な行為の源泉となる新しい特質、つまり痛みと呼ばれる特質を生み出せるのかも、私には捉えられないのである。

情感的感覚の本性

では、われわれの仮説に戻って、情感がある特定の時点にイマージュから当然生じるべきなのはいかにしてかを示そう。それと合わせて、われわれは延長を占める知覚が拡がりをもたないとされている情感に移るのはどのようにしてかも理解することになるだろう。しかし、痛みの本当の意味については、いくらかの予備的考察が必要である。

アメーバの伸ばす足に異物が触れると、その足は引っ込められる。したがって、原形質の塊の部分は、どれも刺激の受容もそれへの反応も同等に行えるわけだ。この場合、知覚と運動は、収縮性というただ一つの特性の中に融合している。しかし、有機体が複雑になっていくにつれて、分業は進み、諸機能は分化して、そこから構成される解剖学上の諸要素はそれぞれの独立性を譲り渡していく。われわれの身体のような有機体では、感覚神経と称される繊維はさまざまな刺激を中枢の一定の部位に伝達することだけをその務めとしており、あとはこの部位を起点として運動的諸要素に振動が伝播していくようになっている。このように、感覚神経の繊維は、身体全体が繰り広げる動きに前哨として協力できるように、自分の個別的な活動のほうはもう放棄したかに見えよう。だがそれらの繊維も、孤立無援のまま、有機体全体を脅かす当の破壊的原因にさらされていることに変わりはない。そして、有機体全体は自ら動く能力をもっていて、危険から逃れたり、損傷を回復したりすることができるのに対して、感覚要素のほうは、分業ゆえに強いられた相対的な不動性を保つしかない。こうして生まれるのが痛みである。われわれの考えでは、痛みとは、傷ついた要素が原状を回復しようとする努力、言うならば感覚神経を動かそうとする傾向性以外のものではない。だとするなら、苦痛とは、いずれも努力、それも無力な努力のことであるはずだ。すべての苦痛は一部位だけの努力であり、努力のこうした孤立そのものがその無力さの原因である。有機体は、その諸部分が緊密に連携しているがゆえに、もう身体全体での結果しか生み出せなくなっているからだ。また、その努力が一部位だけのものであるからこそ、痛みは生物が冒している危険とはまったく比例しないのである。危険は生命に関わるものでありながら痛みは軽いということはあるし、痛みは耐えがたいのに（歯痛のように）危険はごく些細だという場合もある。また、以上からして、痛みが介入してくる正確な時点はあるし、またないわけにはいかない、ということにもなる。それは、有機体のうちの関与している部位が、刺激を受け入れるのではなく、退けるようになる、その時である。そして、知覚を情感から分かつのは、単に程度の差異ではなく、本性の差異なのだ。

さて、先のわれわれの考察からすれば、生物体は一種の中心であって、周囲の諸対象が及ぼしてくる作用はこの中心から当の対象の上へと反射させられており、この反射こそが外的知覚である、ということだった。しかし、この中心は数学的点ではない。それは一つの物体であって、自然界のすべての物体と同様、自分を解体しようと脅かしてくる外的諸原因の作用にさらされている。われわれが先ほど見たのは、この中心がそうした諸原因の影響に抵抗する、ということである。それは、ただ外の作用を反射するばかりでなく、それと戦いもしながら、その作用のいくぶんかを吸収するのだ。ここに情感の源泉はあるはずだ。かくして、比喩を用いるなら、知覚が身体の反射力を示す尺度であるのに対して、情感とはその吸収力の尺度であるとも言ってよい。

だが、これは比喩にすぎない。事柄そのものに目を凝らし、知覚の存在そのものから情感の必然性が導かれることをよく理解しなければならない。知覚は、われわれのように理解するかぎり、事物に対するわれわれの可能的行為を示す尺度であり、したがって逆に言えば、われわれに対する事物の側からの可能的作用の尺度でもある。身体の行為能力が大きくなるほど（それは神経系のより高度な複雑化に示される）、知覚が包み込む範囲もいっそう広大なものになる。だから、われわれの身体をある知覚対象から隔てている距離とは、まさしく、ある危険の切迫度の大小や、ある期待が実現する時までの遠近を示す尺度なのである。したがって、身体とは別の一対象、身体からは一定の隔たりで切り離されている対象の知覚は、潜在的行為以外のものを決して示さない。だが、その対象とわれわれの身体との距離が減少するにつれて、ということは言い換えると、危険がより切迫したものになったり、期待がいっそう目前のものになったりするのに比例して、潜在的行為はますます現実的行為に変じようとする。では、限界まで進んで、距離がゼロになった、すなわち知覚すべき対象がわれわれの身体に一致した、つまりはわれわれ自身の身体が知覚すべき対象になった、と仮定してみよう。このとき、そのまったく特別な知覚が表現するのは、もはや潜在的行為ではなく、現実的行為となる。情感というのは、まさにこれなのだ。こうしたわけで、われわれの感覚と知覚の関係は、われわれの身体の現実的行為と身体の可能的ないし潜在的な行為との関係に等しい。身体の潜在的行為は、身体以外の諸対象に関わるもので、それら対象の中のほうに描き示されるが、身体の現実的行為のほうは、身体自身に関わるもので、それゆえ身体内部に描かれるのである。かくして結局、現実的行為も潜在的行為も、それらの差し向けられる点ないしそれらが発してくる点へとまさに立ち返らされるのであって、われわれの身体によって外的なイマージュは身体周囲の空間へと反射され、現実的作用のほうは身体自身の実質内に引きとめられる、という具合になるわけだ。またまただからこそ、外と内が共有する境界であるところの身体の表面は、延長の中で唯一、知覚されると同時に感じられもする部分になっているのである。

以上からしても、やはり私の知覚は私の身体の外にあり、私の情感は反対に私の身体の内にある、ということになる。外的対象は、私によって、対象自身が存在する場所に、私ではなく対象の中で知覚されるが、それと同様に、私の情感的状態は、それらが生じている場所に、すなわち私の身体の特定のある一点において感じられる。物質界と呼ばれるイマージュの体系を考えてみよう。私の身体は、そこにあるイマージュの一つである。このイマージュの周囲には、表象が、すなわち身体というイマージュから他のイマージュに対しての可能な影響が配置される。そして、このイマージュの内部には、情感が、すなわち自分自身に対しての現実の努力が生じる。われわれの誰もがイマージュと感覚のあいだにおのずと当たり前に立てている差異とは、つまるところ、まさにこうしたものである。イマージュはわれわれの外に存在していると言う場合、それは、イマージュはわれわれの身体の外にあるという意味である。また、感覚のことを内的状態だと言うのは、われわれの身体の中で生じている、という意味である。だからこそ、われわれは、たとえわれわれの身体が消滅しても、知覚されるイマージュの全体は存在し続けるのに対して、われわれの身体を消してしまえば、われわれの感覚も消滅させる以外にない、ということを認めているのだ。

情感的感覚から切り離されたイマージュ

ここからして、われわれは純粋知覚の理論に一つ目の修正を加える必要に気づくことになる。われわれが先に論じたところでは、われわれの知覚はイマージュのもともとの実質から、その一部分があるがままの姿で引き離されたものであり、対象からわれわれの身体への、またわれわれの身体のほうから対象への潜在的行為を表しつつ、知覚は単に対象全体かられわれわれの関心を特に引く側面を取り出しているだけであるように見えた。しかし、ここで考慮に入れなければならないのは、われわれの身体は空間内の数学的な点ではないこと、その潜在的行為は現実的行為と複合しそれを含み込んでいること、つまり言い換えれば、情感なしの知覚はないということである。したがって、情感というのは、われわれが自分の身体内から外的物体のイマージュに混入させているものである。情感は、イマージュの純粋性を再発見したいのであれば、真っ先に知覚から取り去るべきものなのだ。しかし、知覚と感覚のあいだにある本性の差異、もともとの機能の差異――感覚は現実の行為を含み、知覚は単に可能なだけの行為を含んでいる――に目をふさぐ心理学者は、両者のあいだに程度の差異しか見出せない。感覚は（それが含んでいる努力が混乱したものであるために）漠然としか位置づけられないということを論拠に使って、彼はすぐさま、感覚には拡がりはない、と宣言する。そうして、感覚一般は、合成すれば外的イマージュが手に入ることになる単純な要素とされてしまうのだ。だが実際には、情感は知覚の原料となる第一質料などではない。むしろ、それは知覚に混入している不純物なのだ。

われわれはここで、感覚は拡がりをもたないものだし、知覚というのも感覚の寄せ集めだという考えに心理学者を導いていく誤謬を、それが生じた発端のところで捉えている。あとで見るが、やがてこの誤謬は、空間の役割や延長の本性についての誤った考え方からさまざまな論拠を得つつ、ますます強いものになっていく。しかしそれ以外にも、この誤謬は、いくつかの事実に関する誤った解釈に支えられている。それらについては、もう今のうちに検討しておくのがよい。

まず第一に、情感的感覚を身体のある場所に位置づけられるようになるには、正真正銘の教育が必要だと見える。一定の時間が経って、ようやく子供は皮膚の刺された正確な点を指で示せるようになるわけだ。この事実に異論の余地はない。だが、そこから結論できるのは、せいぜい、刺された皮膚の痛みの印象を腕や手の動きを導く筋肉感覚の印象とうまく調整するには試行錯誤が要る、ということにすぎない。われわれの内的情感は、外的知覚と同様、複数の異なる種類に区分されている。そうした情感の種類は、知覚のそれと同じく、互いに非連続で、いくつもの隔たりで分離されてしまっている。この隙間を教育が埋めていくわけだ。しかし、だからといって、いろいろ種類がある情感の中の一つだけを見ると、まだそこにはその種類なりの直接の位置づけや、それに固有の位置的な色合いなどは存在していない、という話には決してならない。さらに進んで言えば、もしその位置的な色合いを情感が最初から直ちにもっているのでなかったら、その後も決してもつことはない。というのも、教育にできることといえば、現在の情感的感覚に視覚上と触覚上での一定の可能的知覚の観念を連合させ、それによって、ある特定の情感が同じく特定の視覚ないし触覚のイマージュを喚起できるようにすることに限られるからだ。ということは、まさに当の情感そのものの中に、それを同種の他の情感から区別するとともに、その情感を視覚および触覚上の可能的所与のうちでも、ほかならぬまさにこの所与に結びつけてくれるような何かが存在しているのでなければならない。しかしこれは結局、情感ははじめから拡がりをもったある規定をそれ自身でもっている、ということではないか。

さらに引き合いに出されるのは、あれこれの誤った位置づけ、とりわけ手足を失った人の錯覚（なお、これについては別個の検討に付す必要があろう）である。しかし、そこからは、教育は一度受けられるとその後も存在し続けるということ、記憶の与件のほうが実生活ではより有用なので、それが直接的意識の与件に取って代わるということ以外の何が結論できるだろうか。行為のためには、情感的経験を視覚や触覚、筋肉感覚の可能な与件に翻訳することが、われわれには欠かせない。いったんこの翻訳が確立すれば、原文のほうは色あせる。しかし、まず最初に原文が用意されていなければ、というのはすなわち情感的感覚がはじめからそれ自身の力でそれなりに位置づけられていなかったとしたら、そもそも翻訳自体が成立不可能だっただろう。

しかし、心理学者は、このような常識の考え方を受け入れるのに大変な困難を覚える。彼の見方からすれば、知覚が知覚される事物のうちに存在するなどというのは、事物自身が知覚しないかぎりは無理であり、同様に、感覚が〔末梢の〕神経の中に存在するなどというのも、神経それ自身が感覚しないかぎりは不可能である。しかるに、神経が感覚しないことは明らかだ。そこで、人は感覚を、常識がそれを位置づける地点から取り上げて引き抜き、脳に近づけていく。感覚は神経よりも脳のほうにずっと依存しているように見えるからだ。かくして人は、理屈からして、感覚を脳の中に置くに至ることになるだろう。だが、すぐに気づかれるように、もし感覚がそれが生じると見える地点に存在しないのなら、なおさらそれ以外の場所に存在できるわけでもあるまいし、もし神経の中にないとすれば、脳の中にあるというわけにもいかなくなる。どういうことか。感覚が中枢から末梢に投射されるというのなら、その説明のためには何らかの力が必要となる。そして、人はこの力を多少とも能動的とされる意識に帰さねばなるまい。とすれば、話をもっと進めて、先ほどは諸感覚を脳の中枢に集約したけれども、今度は諸感覚をまとめて一挙に脳の外ならびに空間の外に追い出さなければならなくなる、という次第なのである。ここまで来ると、人は、まったく拡がりをもたない感覚というものを考え、また他方、空虚で、そこに投射されてくる諸感覚には左右されない空間を思い浮かべることだろう。その上で、拡がりをもたない諸感覚がどうやって延長を獲得できるのか、また空間に位置づけられるに際して、それ以外の点のどれよりも、むしろこの点のほうをどうやって選べるのかをわれわれに理解させようとあらゆる努力を試みては、虚しく疲れ果てる、という羽目になろう。しかし、以上の学説は、延長をもたないものがどうやって延び拡がるのかを明晰に示せないだけではない。同時に、それは情感も拡がりも表象も説明不可能なものにしてしまうのだ。この学説は、情感的諸状態を絶対的なものとして、というのはつまり、それらが一定の時点に意識の中に現れたり消えたりする理由はもう分からないものとして前提するしかない。また、情感から表象への移行も、同じく理解不可能な謎に包まれたままになるだろう。というのも、繰り返しになるが、単純で拡がりをもっていないような内的状態のうちには、それらが空間において特にある一定の秩序を引き受けるその理由は決して見出されないだろうからである。そして最後に言えば、表象それ自体もまた絶対者として立てられるしかない。その起源も、もともとの役割も分からなくなるのだ。

イマージュの本来の拡がり

反対に、表象そのものから、つまり知覚されているイマージュの全体の側から出発するなら、事態はおのずと明らかになってくる。私の知覚は、純粋な状態で、私の記憶力から切り離されているかぎりでは、私の身体から他のイマージュへという向きに進むのではない。知覚は、まず物体の総体のうちにあり、次いで少しずつ限定されて、私の身体を中心に採用するるのだ。そして、そうなるのはまさに、この身体が有する二重の能力の経験、すなわち行為を遂行するとともに情感を感じるという能力の経験による。すなわち、ある一つのイマージュ、すべてのイマージュの中でも特権的なイマージュがもっているところの、一言で言えば感覚－運動的能力の経験によるのだ。実際、一方では、このイマージュは表象の中心を常に占めており、それ以外のイマージュはこのイマージュの行為から影響をこうむりうる順序に従って、そのまわりに立ち並ぶようになっている。また他方、私はこのイマージュの内部、内側を私が情感的と呼ぶ感覚によって知覚しており、それ以外のイマージュのように単にその薄い表皮だけを認識するのではない。かくして、イマージュの総体の中には、もはや単に表面だけでなく、その奥底でも知覚され、行為の源泉であると同時に情感の座でもあるような、特別扱いされる一つのイマージュがあるわけだ。この特殊なイマージュを、私は私の宇宙の中心として採用し、私の人格の身体的土台とするのである。

だが、さらに話を進めて、人格〔精神〕と、人格が自らをそこに据えるイマージュ〔身体〕の正確な関係を明らかにする前に、通常の心理学の分析と対比する形で、われわれがここまで素描してきた「純粋知覚」の理論を手短に要約しておこう。

説明を単純にするために、先に例として選んだ視覚に戻る。ふつう、まず用意されるのは、網膜の錐体《すいたい》〔色彩を感知する細胞〕と桿体《かんたい》〔明暗を感知する細胞〕が受け取った諸印象に対応する要素的諸感覚である。人はこれらの感覚でもって視覚的知覚を再構成していくわけである。しかし、まず言うなら、網膜は一つではなく、二つある。だから、二つの別々のものとされる感覚がどのように融合してただ一つの知覚になり、われわれが空間の一点と呼ぶものに対応するようになるのかを説明しなければならないはずなのだ。

仮に、この問いはもう解決されたとしよう。だが、今問題になっている諸感覚は拡がりをもたないものである。それらは、どうやって拡がりを受け取るのだろうか。延長のことを、感覚を受容するべくはじめから用意された枠組みだと考えるにせよ、あるいは意識の中に並存しつつ、一緒に溶け合わないまま諸感覚が同時に存在することだけから生じた結果だと考えるにせよ、どうしたところで、延長とともに、もう説明のつかない新しい何かが導入されることになる。しかも、感覚が延長に結びつくプロセスも、要素的感覚がそれぞれ空間のある特定の点を選ぶその選択も、説明されないままになる。

この困難も、いったん措くとしよう。ともかく、視覚的延長が構成されたとする。だが、この視覚的延長が今度は触覚的延長に結びつくのは、いかにしてだろうか。私の視覚が空間内に認めるものすべてを、私の触覚はそのとおりに確認できているのである。反論として、諸対象はまさに視覚と触覚の協働から構成されるのであって、知覚においてそれら二つの感覚が一致するのは、知覚対象というものがもともと両者の共同作品であるということから説明されるのだ、と言われるだろうか。だが、目下の場合、視覚の要素的感覚と触覚の要素的感覚のあいだには、質という観点からすると、共通したものは何ら認められない。それらは、それぞれ完全に異なる類に属しているはずだから。とすれば、視覚的延長と触覚的延長の対応を説明するものは、視覚的諸感覚の秩序と触覚的諸感覚の秩序との平行性以外にない。こうなると、われわれは視覚的感覚と触覚的感覚に加えて、両者に共通した、ということは両者のいずれからも独立しているしかない、ある一つの秩序を想定せざるをえなくなる。さらに言えば、この秩序は、われわれ各人の個人的な知覚からも独立している。すべての人に同じように現れつつ、一つの物質界を、すなわちそこでは結果が原因につなげられ諸現象は法則に従っている世界を、構成するものなのだから。かくして、気がつけば、われわれは結局、客観的かつわれわれからは独立した一つの秩序、すなわち感覚とは別個の物質界がある、という仮説に導かれているのである。

進めば進むほど、われわれは還元不可能な所与の数を増やし、最初の単純な仮説を肥大させるばかりとなった。しかし、その代わりとして何かが得られただろうか。こうやってわれわれが最後に到達した物質は、諸感覚相互の驚くべき一致を理解させるためには不可欠だとしたところで、それ自体がどういうものかは、いっさい分からない。物質そのものは、現に知覚される諸性質をもっておらず、諸感覚とも無縁で、それら相互の対応だけを説明できればよいものと考えなければならないからだ。とすれば、物質とは、われわれが認識するもの、われわれが想像できるものではないし、またそうなる以外にない。それは謎めいた存在のままとなる。

しかし、われわれ自身の本性、われわれの人格が果たしている役割ならびにその本来の役目も、同様に大きな謎に包まれたままだ。もともと拡がりをもたないが、そのうち空間に展開されていくという要素的諸感覚は、どこから出現して、どうやって生まれ、何の役に立つべきものなのだろうか。諸感覚は、絶対的なもの、その起源も目的も分からないものとして措定されるしかない。しかも、仮にわれわれ各人において精神と身体を区別すべきだとしたところで、身体についても、精神についても、また両者が取り結ぶ関係についても、何一つ知ることはできないのだ。

では、われわれの仮説とはどういうものであり、正確に言って、いかなる点において、それは他の仮説と分かたれるのか。情感から話を始めることはしない。情感については、なぜそれが現にあるようなものであって別様ではないのかの理由がいっさいない以上、もう言えることが何もないからだ。そうではなく、われわれは行為から、すなわち事物に変化を加えるというわれわれの能力から出発する。この能力が存在することは意識によって示されているし、有機体の諸能力は結局すべてそこに収斂しているように見える。こういうわけで、われわれは、まず一挙に、延長をもつイマージュの総体のただなかに身を置く。そして、この物質的宇宙の中にわれわれが見て取るのは、生命の特質をなすところの非決定性の中心である。これらの中心からさまざまな行為が発するには、他のイマージュの運動や影響が一方では取り集められ、他方でさらに利用されることが必要である。生物体は、この上なく単純な形態しかもたず、まだ等質的な〔分化していない〕状態においても、すでに栄養摂取や自己修復を行うと同時に、こうした機能を遂行している。生物体の進歩とは、この二重の働きが二群の諸器官にそれぞれ割り振られていくことに存する。第一群の諸器官は栄養摂取器官と呼ばれているもので、その役割は第二群の器官を維持することである。第二群のほうは行為のためのものであり、単純な例としては、神経要素の連鎖、すなわち一方は外的印象を取り集めもう一方は運動を遂行する二つの末端のあいだに張られた鎖、という形をとる。例として視覚的知覚に戻れば、錐体と桿体の役割は、実際に遂行される運動あるいは生まれかけのままの運動へと追って仕上げられる振動を、まずは単に受容する、ということに限られる。いかなる知覚もそこからは生じえないし、神経系のどこにも意識中枢〔意識を発生させる中枢という意味〕など存在しない。知覚は、神経要素の連鎖とそれを支える諸器官を出現させ、そして一般には生命を出現させたのと同じ原因から生まれてくるのだ。知覚とは、生物の行為能力、取り集められた振動に続く運動ないし行為の非決定性を表現し、その度合いを示す尺度となるものなのである。先に示したように、この非決定性は、われわれの身体を取り巻くイマージュのその場への反射、あるいはより適切に言うなら切り出しによって示される。そして、運動を受容し、引きとめ、伝達していく神経要素の連鎖こそは、この非決定性の座であって、その度合いを定めるものであるから、われわれの知覚はそれらの神経要素のいっさいの細部に従い、そのさまざまな変化を余さず表現しているように見えるのだ。だから、われわれの知覚は、純粋な状態においてなら、まさしく事物の部分をなしているだろう。そして、本来の〔情感的という〕意味での感覚は、何やらおのずと意識の奥底から湧き出しながら、その後、弱まりつつ空間へと拡がっていく、といったものではまったくない。それは、われわれ各人が自分の身体と呼ぶ特殊なイマージュが、自分に影響してくるイマージュのただなかでこうむるしかない必然的な諸変様にほかならないのである。

純粋知覚

われわれが先に外的知覚について述べた理論を単純に図式化すると、以上のようになる。言うなれば、純粋知覚の理論である。もしこの理論が決定的なものとされるなら、われわれの意識の役割は、知覚においては、次々と絶えることのない瞬間的ヴィジョンを記憶力の連続的な糸でつないでいくことに限られ、それらのヴィジョン自体はわれわれのほうではなく、むしろ事物の部分をなしている、ということになるはずだ。また、そもそも外的知覚において意識は何よりこうした役割を担うものだというのは、身体の定義そのものからアプリオリに導けることでもある。どういうことかと言えば、刺激を受容して予見できない反作用に仕上げるというのが身体の目的であるとしても、この反作用の選択はやはりでたらめに行われるわけにはいかない。疑いなく、その選択は過去のさまざまな経験からヒントを得たものであり、反作用も、これまでの似た状況があとに残しえた記憶に訴えずにはなされない。したがって、これから遂行する行為の非決定性は、単なる気まぐれになってしまわないために、知覚されたイマージュの保存を必要とする、という次第なのである。言ってみれば、われわれが未来に手がかりをもつには、それと対応して同じだけ過去への振り返りが必要であって、前に向かうわれわれの活動能力の推力は自分の背後にさまざまな記憶がなだれ込めるための隙間を作るのだ。かくして、記憶力とは、われわれの意志の非決定性の、認識の領野における反響なのである。——だが、記憶力の働きは、以上の表面的な検討から推測されるよりもはるかに遠く深いところにまで拡がっている。今や、記憶力を改めて知覚に組み入れ直し、われわれの結論が極端になりかねなかったところを修正しつつ、意識と事物、身体と精神の接触点をより正確に規定しなければならない。

最初に言っておくべきは、記憶力を立てて過去のイマージュの残存を想定すると、それらのイマージュは常にわれわれの知覚に混入してきて、それらに取って代わることすらあるだろう、ということだ。というのも、過去のイマージュが保存されるのはただ役に立つためであって、それらは現在の経験を、過去に得た経験で豊かにしながら、絶えず補う。そして、過去の経験はやむことなく肥大していくので、最後には現在の経験を覆って、それを呑み込むことになるからである。現実の直観、そしていわば瞬間的な直観という土台の上にわれわれの外的世界の知覚は展開するわけだが、この土台は、どう見ても、われわれの記憶力がそこに付け加えるもの全体と比べれば大したものではない。以前のさまざまな直観の記憶のほうが、現実の直観そのものよりもずっと有用である。なぜなら記憶は、われわれの記憶力の中で、その後に続いた一連の出来事全体と結びつけられているので、われわれの決心を照らしてくれるからだ。そして、まさにこういう理由で、記憶は現実の直観に取って代わってしまうのである。いったんそうなれば、この直観の役割は、あとで証明するように、記憶を呼び出して、それに一つの身体を与え、活動的なもの、したがって現勢的なものにする、ということにすぎなくなる。だから、知覚と知覚対象の一致があるのは事実上というより権利上の話だ、とわれわれが先に述べたのも正しかったということになる。ここで考慮しておくべきは、知覚することは想起することのきっかけにすぎなくなるという点、われわれは実生活において実在性の度合いを有用性の度合いから測るものだという点、そして最後に、実在そのものと基本的には一致している直接的直観を単なる実在の記号扱いするほうがわれわれとしては利益になるという点である。しかしまた、われわれはここで、知覚とは拡がりをもたない諸感覚を外に投射したものであり、諸感覚はわれわれ自身の奥底から引き出された上で空間中に展開されると考える人々の誤謬を発見する。完全な形での知覚が、われわれのそれぞれに個人的に属するイマージュ、内から外に出された（要するに想起された）イマージュをはらんでいることを示すのは、彼らには容易なことだ。彼らが残念ながら忘れているのは、やはり一つの非個人的な土台があって、そこで知覚は知覚対象と一致していること、そしてこの土台は外部にほかならないということなのだ。

最も重大な誤謬、心理学から形而上学に逆流して、最後には身体の認識も精神の認識も不可能にしてしまう誤謬、それは純粋知覚と記憶のあいだに本性の差異ではなく程度の差異しか見ないという誤謬である。確かに、われわれの知覚には記憶が染み込んでいるし、あとで示すように、逆に記憶のほうも、再び現在となるためには、何らかの知覚の身体を借用して、そこに自分をはまり込ませるしかない。だから、知覚と記憶というこれら二つの働きは、常に浸透し合い、一種の内部浸透現象によってそれぞれの実質のいくぶんかをやり取りしている。ここで心理学者がなすべきは、両者を分離して、それぞれに本来の純粋性を回復することだろう。そうすれば、心理学や、おそらくは形而上学によって引き起こされている多くの難問も解明を受けるはずなのだ。だが、そんなことには決してならない。人は、配分は異なりつつ、どれも純粋知覚と純粋記憶から合成されている混合状態のことを単純な状態だと考えたがる。そのせいで、純粋知覚も純粋記憶も見ないまま、ただ一種類の現象しか認識しない、ということにならざるをえない。そして、人はその一種類の現象を、そこにおいて記憶と知覚という二つの側面のいずれが優勢であるかに応じて、記憶と呼んだり、知覚と呼んだりする。かくして、知覚と記憶のあいだに程度の差異だけを見て、もはやそこに本性の差異があるとは考えなくなるのだ。あとで詳しく見るが、以上の誤謬は、その最初の結果として、記憶力の理論を根底から損なってしまう。というのも、記憶をより弱い知覚だとしてしまえば、過去と現在を分かつ本質的な差異は見逃され、再認の諸現象、より一般的には無意識のメカニズムを理解することは、もう放棄されてしまうからだ。だが、逆に、記憶をより弱い知覚としたのだから、知覚のほうもより強い記憶だということにされるほかない。知覚がわれわれに与えられるのは、記憶と同様、内的状態として、われわれの人格の単なる一変様としてである、と人は推論することだろう。こうして見逃されるのは、知覚本来の基本的な働き、すなわち純粋知覚を構成するところの、われわれが一挙に事物のうちに身を置くようにする働きである。しかも、以上の誤謬は、心理学においては、記憶力のメカニズムをまったく説明できないという形であらわにされるわけだが、形而上学においても、この同じ誤謬が物質についての観念論的捉え方と実在論的捉え方の双方に深く染み込んでしまっている。

物質の問題への移りゆき

実際、実在論にとっては、自然界の諸現象の不変の秩序は、われわれの知覚そのものではない別個の原因の側に属している。ここで、当の原因は認識不可能なままであるしかないとするか、それとも形而上学的構築の（程度の差はあれ、常に恣意的な）努力を通じて到達可能とするかは重要ではない。それとは反対に、観念論者にとっては、われわれの知覚のほうこそが実在のすべてなのであって、自然界の諸現象の不変の秩序とは、現実の知覚だけでなく、さらに可能的知覚をも表現しようとする際にわれわれが用いる記号にすぎない。しかし、実在論にとっても観念論にとっても、知覚とは「真なる幻覚」[*14]、主観の諸状態が外に投射されたものである。二つの学説の違いは、観念論ではそれらの状態こそが実在というものを構成しているとされるのに対して、実在論ではそれらは〔既存の〕実在に改めてたどりつくとされる、というところにしかないのだ。

しかし、以上の錯覚の下には、もう一つの錯覚、広く認識論一般にまで及ぶ錯覚が隠されている。われわれがすでに述べたように、物質界を構成しているのは客観対象、あるいはこちらを好んでいただけるならイマージュであり、それらのすべての部分は運動を通じて作用反作用を与え合っている。そして、われわれの純粋知覚を構成するのは、これらのイマージュのただなかに描かれるわれわれの可能的行為である。だから、われわれの知覚の現勢的性格〔*actualité*〕の由来は、その活動性〔*activité*〕、すなわち知覚をさらに引き延ばしていく運動にあるのであって、知覚のいっそうの強さにあるわけではない。過去は観念にすぎないが、現在は観念-運動的なのである。だが、人はこの点をどうしても理解しようとしない。それというのも、知覚のことを一種の観照のように考え、知覚にはいつもまったく思弁的な目的を割り当てて、知覚が目指すのは何か分からない利害関心なき認識だということにしたがるからである。行為から切り離すことで実在とのつながりを断ってしまっても、知覚は説明不可能なものにも無用なものにもなりはしない、といったふうである。だが、そうなれば、知覚と記憶の差異はすべて消されてしまう。過去とは本質上もはや活動しないものであるのに、過去のこの性格を見逃してしまえば、それを現在、すなわち活動しているものから本当に区別するのは不可能になってしまうからだ。となれば、知覚と記憶力のあいだには単なる程度の差異しか残らなくなり、知覚においても記憶においても主観は自分の外に出て行きはしない、ということになる。反対に、知覚の本当の性格を回復して、純粋知覚のうちには生まれつつある諸行為の体系があり、それは実在に深い根を下ろしていることが示せれば、この知覚は記憶からは根本的に区別されるだろうし、諸事物の実在性も、構成されたり再構成されたりするのではなく、直にわれわれが触れ、その中に入り込み、そのまま経験できるものになるだろう。そして、実在論と観念論のあいだでずっと争われてきた問題も、形而上学的な論争の中で果てしなく繰り返されるのではなく、直観によってきっぱり解決されることになるはずだ。

しかしまた、以上からして、観念論と実在論のどちらも結局、物質を精神によって構成ないし再構成されたものとしか見ていないということなら、両者のあいだでわれわれがどんな立場をとるべきかも、はっきり見えてくる。実際、われわれの知覚の主観性はとりわけわれわれの記憶力からの提供分によるのだ、とする当初の原則に最後まで従うのであれば、こう言うべきである。すなわち、物質のさまざまな感覚的性質そのものも、仮にわれわれの意識に固有の特殊な持続のリズムから取り出すことができれば、それ自体において、もはや外からではなく内から認識されるはずである、と。実際のところ、われわれの純粋知覚は、いかに素早いとしたところで、やはり一定の持続の厚みを占めているのであるから、われわれが次々にもつ継起的知覚は、ここまで仮定してきたような事物の現実の瞬間では決してなく、われわれの意識の側の諸瞬間である。先に言ったように、外的知覚における意識の理論上の役割は、実在の瞬間的視像を記憶力の連続的な糸でつなぎ合わせていくことではある。しかし実際上は、われわれにとって瞬間など決して存在しない。われわれが瞬間という名で呼んでいるもののうちには、すでにわれわれの記憶力の働きが、ということはわれわれの意識の側の働きが入り込んでいる。際限なく分割可能な時間において瞬間の数はどれほど多くとも、この働きがそれらを引き延ばして相互につなぎ、相対的に単純な一つの直観において把握できるようにしているのだ。では、正確に言って、最も厳格な実在論が考えるような物質と、われわれが有している物質の知覚との差異は、どこにあるのか。われわれの知覚が宇宙からわれわれに渡してくれるのは、色彩豊かだが非連続的な一連の画面である。われわれには、目下の知覚から、それに続く知覚を演繹することはできない。一画面をなす感覚的性質の集合のうちには、それらが姿を変えて、どんな新しい性質になっていくかを予見させるものは何もないからだ。反対に、実在論が通常想定するような物質は、ある瞬間から次の瞬間へと数学的演繹によって移っていける形で展開する。確かに、科学的実在論は、そのような物質と知覚のあいだに何らの接点をも見出せない。この実在論は、当の物質についてはそれを繰り広げて空間内の等質的な運動にする一方で、知覚のほうはそれを絞り込んで意識内の拡がりなき感覚にしてしまうからである。だが、もしわれわれの仮説が正しいとすれば、知覚と物質がどのように区別され、どのように一致するかは容易に理解できる。われわれが宇宙について次々にもつ知覚の異質性の由来は、われわれの知覚はいずれも、それ自体、一定の厚みの持続に拡がっていること、知覚において記憶力が膨大な数の振動を濃縮しており、それらはもともと継起的であるのに、われわれには全部一緒に現れる、ということにある。現に一体になっている時間のこの厚みを理念上で分割し、望むだけの数の瞬間をそこに区別できるなら、つまりいっさいの記憶力を切り捨てられるなら、それだけで知覚から物質に、主観から客観に移ることができるだろう。その場合、物質は拡がりをもったわれわれの感覚が多くの瞬間上に分けられていくにつれて次第に等質的なものになり、実在論が言う等質的振動とは完全に一致しないまでも、限りなくそうした振動の体系に近づいていくことになるだろう。一方に空間と知覚されない運動を置き、もう一方に意識と拡がりなき感覚を仮定する必要はない。むしろ逆に、拡がりをもった知覚において主観と客観はまず一つに結合しており、知覚の主観的な側面は記憶力の行う凝縮に由来するものであり、物質の客観的実在のほうは、この知覚が内側から分解されて得られる多数かつ継起的な振動と別のものではない、ということになる。少なくともこれが、本研究の最終部から導かれるよう、われわれが希望している結論である。主観と客観、両者の区別と結合に関する諸問題は、空間ではなく、むしろ時間との関係において立てられねばならないのだ。

記憶力の問題への移りゆき

だが、われわれの「純粋知覚」と「純粋記憶力」の区別には、もう一つ別の狙いがある。

純粋知覚が、物質の本性についてのさまざまな指示を与えることで、実在論と観念論のあいだでわれわれがどのような立場をとるべきかを教えてくれるのであれば、純粋記憶力のほうは、一般に精神と呼ばれているものについて一つの展望を開くことで、またさらに別の二学説、すなわち唯物論と唯心論のあいだでの決着をつけてくれるに違いない。しかも、実際、続く第二章と第三章でわれわれの主たる関心を引くことになるのは、問題のこうした側面となる。というのも、われわれの仮説は、まさにこの側面から、いわば一つの実験的検証を受け入れることになるからだ。

　実際、純粋知覚に関するわれわれの結論は、こう要約できる。物質のうちには、現に与えられているより多くのものはあっても、それとは何か別のものがあるわけではない、と。確かに、意識的知覚は物質の全体に達してはいない。意識的なものであるかぎり、知覚とは、その物質のうちでわれわれのさまざまな欲求に関係するところだけを分離ないし「分別」することにほかならないからだ。だが、物質の知覚と物質そのもののあいだにあるのは、単に程度の差異であって、本性の差異ではない。純粋知覚と物質は、部分と全体の関係にあるからだ。これはつまり、物質はわれわれが現にそこに見て取っているのとは別の種類の力を及ぼしたりはしない、ということである。物質は何らかの謎めいた力などもっていないし、そんなものを隠しもてるはずもない。非常にはっきりした例、またそもそも目下のわれわれの関心を最も引く例で言えば、神経系というこの一定の色や抵抗、凝集性などの諸性質を示す物質的集合は、今見えていない物理的な性質もおそらくもってはいるだろうが、それらの性質は物理的なものに限られる、ということだ。そうなれば、神経系がもてる役割も、運動を受容したり抑止したり伝達したりすることだけだ、ということになる。

しかるに、いっさいの唯物論の本質は、これとは反対の主張を支持するところにある。意識とそのさまざまな機能はすべて物質的要素の働きだけから生み出せる、と言うのだから。そうして、唯物論は、物質について知覚される諸性質そのもの、すなわち本来感覚的で、それゆえ実際にも感覚されている諸性質がもうすでにして、知覚作用を行う脳内現象のあとを追う燐光のようなものだ、という発想に導かれる。そして、物質は感覚的性質のような基本的意識事象を創造できるのだから、知性に属するきわめて高度な事象もまた生み出せるということにされるのだ。だから、感覚的性質は完全に相対的なものであるという主張は唯物論の本質に属しているのであって、デモクリトスが正確な定式を与えたこのテーゼが唯物論と同じだけ古いものだというのも理由のないことではないのである。

しかし、唯心論も、奇妙に無自覚なまま、唯物論のあとを追って、それと同じ道をずっと歩んできた。物質から奪い取ったすべてのもので精神のほうを豊かにできると考えて、唯心論はいっさい躊躇することなく、この物質から、われわれの知覚においてそれがまとっている諸性質を剝ぎとり、それらを主観的な見かけとして扱ったのだ。かくして、唯心論はこれまであまりにしばしば、物質を謎めいた存在にしてきた。この物質は、われわれに認識できるのはもうその虚しい外見だけだ、という理由からして、かえって実は思考以外の諸現象ばかりか、思考に関する諸現象そのものも十分に生み出せるということにされてしまうのだ。

だが実際には、唯物論を論破する方法が、それもただ一つの方法がある。物質は完全に見えるとおりそのままにある、と証明することである。そうすれば、物質からはいっさいの潜在性、隠された力能を切り捨てることができ、精神に属する諸現象のほうは一つの独立した実在性をもつ、ということになるだろう。だがそのためには、唯物論者も唯心論者も一致して物質から引き離そうとするところの諸性質、唯心論者は精神がもつ表象だとし、唯物論者は延長のまとう偶然的な装いだとしか見ないあれこれの性質を、物質の側にそのまま残しておかなければなるまい。

これはまさに物質というものに対する常識の態度であって、だからこそ常識は精神の存在を信じているのである。哲学もここでは常識の態度を引き受けるべきだとわれわれには思われた。ただし、一点だけ修正しなければならない。記憶力は実際上は知覚と切り離せないもので、この記憶力は過去を現在のうちに割り込ませてくるのと合わせて、持続の多数の瞬間をただ一つの直観に凝縮してもいる。この二重の作用によって、記憶力は、権利上ではわれわれは物質を物質自身のうちで知覚しているのに、事実上はそれをわれわれのうちで知覚するということの原因になっているのである。

ここからして、記憶力の問題がきわめて重要なものになってくる。記憶力こそが自分の主観的な性格を特に知覚に与えているものであるのなら、先に述べたように、物質に関する哲学がまず目指すべきは、この記憶力からの提供分を切り捨てることである。今や、次のように付け加えよう。純粋知覚は物質の全体、あるいは少なくとも物質の本質をわれわれに与えているからには、そしてそれ以外は記憶力に由来しつつ物質に追加されるものであるからには、記憶力は、原理上、物質からは完全に独立した一つの力能でなければならない。したがって、精神が実在であるなら、まさにここ、つまり記憶力の現象においてこそ、われわれはそれに実験的に触れるはずだ。また、そうなれば、純粋記憶を脳の一作用から派生させようとするいっさいの試みは、分析されていく中で、一つの根本的な錯覚を露呈することになるだろう。

同じことを、いっそう明晰な形で述べてみよう。物質は隠された力や認識不可能な力をいっさいもっておらず、本質的には純粋知覚と一致する、というのがわれわれの主張である。そこからして、われわれは、一般には生物体、特に限定して言えば神経系は運動の通過地点でしかなく、刺激という形で受容された運動は反射的行為や意志的行為の形で伝達されていくのだ、と結論する。これはつまり、脳実質に表象を生み出す特性を付与しようとしても無駄である、ということだ。ところで、われわれとしては、精神は記憶力の諸現象において最も具体的な形で捉えられると考えるのだが、浅薄な心理学の側は、脳の活動だけから生じてくるのは何といってもまずこの現象だとみなしたがっているだろう。何しろ、記憶力の現象は意識と物質の接触点に存在するものであるし、唯物論に反論する者ですら、脳を記憶の容器扱いすることには何の不都合も感じていないのだから。しかし、仮に脳のプロセスは記憶力のごくわずかな部分に対応するだけであり、それは記憶力の原因というより結果であって、他の場合〔知覚〕と同様に、ここでも物質とは行為の媒体であって認識の基体ではない、ということを実証的に証明できたなら、われわれが支持する主張はそれに最も不利と判断される事例においてすら正しいと証明されたことになり、精神を独立した実在とする必然性は、もはや避けられないものとなろう。だが、それとともに、精神と呼ばれているものの本性や、精神と物質が相互に作用し合う可能性も、おそらく部分的には明らかになるはずだ。というのも、この種の証明は単に否定的なものではありえないからである。記憶力が何ではないのかを示したあとには、それが何であるのかを探究する義務があるだろう。身体には行為を準備するという機能だけを付与したあとには、ではどうして記憶力はこの身体と緊密につながっているように見えるのか、どのように身体の損傷は記憶力に影響するのか、どういう意味で記憶力は脳実質の状態に合わせてかたどられていると言えるのかについての探究も、当然、行わねばならない。そもそも、この種の探究が、記憶力の心理学的メカニズムやそれに結びついているさまざまな精神の働きについて、われわれに何も教えずに終わることなどありえない。また、逆に純然たる心理学的問題がわれわれの仮説から何らかの照明を受け取れるようであれば、そこから仮説のほうも、それ自身、確実性と堅固さを獲得することになるだろう。

物質と記憶力

しかし、われわれは同じ考えをさらに第三の形で述べることで、なぜ記憶力の問題がわれわれにとって特権的問題であるのかを、はっきり示しておかなければならない。純粋知覚についてのわれわれの分析から出てくるのは、二つの、いわば方向の異なる結論である。その一方は心理学を心理‐生理学のほうに超え、もう一方は心理学を形而上学のほうに超え出ていく。したがって、どちらの結論も直接の検証を受け入れるものではなかった。第一の結論は、知覚における脳の役割に関するもので、脳とは行為の器官であって表象の器官ではない、というものである。われわれは、この主張の直接の確証を事実に求めることはできなかった。純粋知覚は、そもそもの定義からして、われわれの器官や神経中枢に作用を及ぼしている現在の対象に関わるものであり、それゆえ常に、あたかもわれわれの知覚は脳の状態から生まれ出て、その上で知覚とは本当はまったく異なる対象の上にこちらから投射されているかのように、すべては見えるからである。言い換えれば、外的知覚の場合には、われわれが攻撃してきた主張と、それと差し替えようとする主張とは、まったく同じ結論に至ってしまうので、両者のいずれかに肩入れしようとしても、こちらのほうがより納得がいくとは言えるにしても、経験の権威を持ち出すことはできないのだ。それに対して、記憶力についての経験的研究は、両者の決着をつけることができるし、つけなければならない。実際、純粋記憶とは、そもそもの定義からして、不在の対象の表象である。仮にある何らかの脳の活動が知覚の必要かつ十分な原因なのだとしたら、その同じ脳の活動は、対象が不在である場合にも、ある程度まで完全に繰り返されれば、十分に知覚を再生することができるだろう。記憶力は余すところなく脳から説明できることになるわけだ。だが、もし反対に、脳の機構は一定の仕方で記憶を条件づけてはいるが、記憶の残存まで保証するにはまったく不十分であること、そして脳の機構は、想起された知覚においても、われわれの表象より、むしろ行為に関わるということを見出せるとしたら、そこから推論して、脳の機構はもともと知覚そのものにおいても同様の役割を演じていたのであって、その機能は単に、現在の対象に対するわれわれの実効的行為を確かなものにすることだったのだ、と言ってよいだろう。これで、われわれの第一の結論が検証されたことになる。——その上で、まだ残されているのは、第二の、今度はむしろ形而上学的な結論、すなわち純粋知覚においてわれわれはまさしくわれわれの外に置かれ、そのときわれわれは直接的直観において対象の実在に触れている、という結論である。ここでも、やはり実験的な検証は不可能だった。対象の実在性は直観的に知覚されたのだとしても、あるいは合理的に構成されたのだとしても、実際上の結果はまったく同じであろうから。だが、ここでもまた記憶の研究が、これら二つの仮説のあいだでの決着を可能にする。実際、第二の仮説では、知覚と記憶のあいだには単に強度の差異、あるいはより一般に程度の差異しかないことになる。知覚も記憶も、それだけで完結した心的表象の現象である点では変わりないとされるからである。しかし、もしわれわれが記憶と知覚のあいだにあるのは単なる程度の差異ではなく本性上の根本的な差異だということを見出せたなら、記憶においてはどんな程度においても存在していない何ものか、つまり直観的に把握される実在が知覚の中にはある、とする仮説のほうが正しいと推論されるはずだ。このように、記憶力の問題こそは実に特権的な問題なのであって、それというのも、この問題は一見検証不可能と思われる二つの主張、とりわけ第二の、形而上学的であってもはや心理学を限りなく超えてしまっているとも見える主張を、心理学上の検証にまで導いてくれるに違いないからである。

以上で、われわれがたどるべき道は完全に示された。われわれはまず、正常心理学と病理心理学から得られる多種多様な資料から、記憶力は身体で説明できるという見解をそこから当然引き出してよいと考えられそうなものを通覧していくことにする。この検討は、どうしても細かいものになる。さもないと役に立たないものになってしまうからだ。われわれは諸事実の輪郭を可能なかぎり正確に把握しつつ、記憶力の働きにおいて身体の役割が始まるのはどこで、終わるのはどこかを見極めなければならない。そして、この研究においてわれわれの仮説の確証が見出された場合には、もう躊躇することなくさらに進んで、精神の基本的な働きをそれ自身において考察しつつ、精神と物質の関係についてわれわれが素描した理論を完成させていくことにしよう。

訳注

＊1　情感（affections）――痛みや運動感覚、あるいは身体的躊躇など、身体内部（あるいは表面＝皮膚上）に位置づけられる諸感覚のこと（怒りや悲しみといった、より内的な感情（sentiment）ではない）。一般に、表象（représentation）が対象の側に属する何かを示すのに対して、情感は主観に属し、主観の状態以外のものを表さないとされる。「身体変状」と訳すこともある程度まで可能だが、身体と精神を別々の次元に置くスピノザ的並行論を想起させてしまい、実際に感じられることの外で生じる別個の（それ自体は単に物質的な）出来事を指示してしまう危険が残る。日本語のふつうの意味からすると最善

の選択ではないが、「情感」のほうを選んでおく。

＊2　振動（ébranlements）——神経が伝達するもの、また、その興奮状態のこと。電位変化であることが確認される以前には、こう呼ばれていた。

＊3　私が「宇宙」と呼ぶところのイマージュ——この「私がXと呼ぶ（呼んでいる）ところのイマージュ」という、まわりくどい表現が以下しばしば登場するが、これはまずもってことさらに立てられる哲学的学説とは無関係に、またそれに先立って、日常われわれが現にそう呼び、その名で指示しているもの」という意味である。言い換えれば、本章冒頭で「諸々の理論を知らないことにせよ」と定められた水準にとどまって事柄を考察していることの一種の確認なのである。「私はそう呼んでいるけれども、実は別の何かであって……」といった意味ではない。

例えば、ここの「私が「宇宙」と呼ぶところのイマージュ」というのは、ふだん私たちが実際に生活しているこの街、地球、さらにはそれを包んで拡がっているように見えている「これ」のことである。いかに広大であれ、意識のまったく外部にある不可視の実在のことではない。あるいは、続く「私が私の身体と呼んでいるところのこの特殊なイマージュ」というのも、腕や脚が目に見え、手で触ると、さらにその頭部や背中の所在も確かめられる「これ」、諸事物のただなかで一つの事物として動いている「これ」、つまりは常識的かつ日常的な仕方で指示される「この身体」を意味している。宇宙全体の表象を自分だけで産出するような何か神秘的な実体、あるいはメスの切っ先などがもはや届かないような根源的力能としての身体といったものは、考察から退けられている。

直訳すれば冗長だが、不可視の「もの自体」は導入しない、というベルクソンの基本的な視角ないし考察態度を反映したものであるため、以下、この種の表現はあえてくどめに訳出する。

＊4　行為の中心（centre d'action）——以降の文脈に照らして「行為の中心」と訳すが、「作用の中枢」と訳すこともできる。「表象を生み出したり思考したりする中枢」ではなく「運動行為のための中枢」と

いう意味である。

*5　燐光（phosphorescence）――ある講義でのベルクソンの説明からすると、イメージされているのはマッチの点火である。昔のマッチだと、それ自体の尖端に発火用の燐がついている。暗がりで点火しようとこのマッチを壁にあててさっと動かすと、燐光がその運動の軌跡を示す、というわけである。

*6　機械仕掛けの神（deus ex machina）――古代ギリシアの劇において、紛糾した困難な状況を解決するために登場させられる。都合がよいだけの不可解な何か、という意味で批判的に言われる。

*7　モネラ（monère, Monera）――ドイツの生物学者エルンスト・ヘッケル（Ernst Haeckel）（一八三四―一九一九年）による分類の一項目。現在「原核生物」と呼ばれるものに近い。生命進化の最初の段階として想定された。

*8　印象（impression）――現在の日本語の「印象」には心的状態というニュアンスが濃厚だが、元来これは「刻印」であり、物理的・生理的な影響も含んだ語である。ここでも、そうした意味で使われている。

*9　原書に従うなら、この小見出しはもう一つ前の段落の冒頭に置かれることになるが、内容からすればここに置くべきだろう。

*10　アプリオリ（a priori）――ベルクソンが用いる「アプリオリ（な、に）」とは、「実際にいちいち詳細を確かめなくとも」程度の意味。カント哲学などに見られるような強い意味、すなわち「個別例をそもそも可能にする根本的前件」といった意味を必ずしももたない。

*11　分別（discernement）――語源からすると「きちんと切り離して区別すること」。日常の用法だと、人間的美点としての見識や判断力を指す。

*12　万物の写真はそこでは薄白く半透明なままだと言える――この前後で想定されている「写真」は、感光箇所が白く残るガラス板を用いたもの、いわゆる「湿板法」写真だと思われる。背後に黒い紙などを置

くと、ようやく撮影像が見えるようになるわけである。

＊13 **私という個人的人格**（ma personne）――本書で「人格（personne, personnalité）」と言われるのは、いわゆる意識主体――自分を「私（moi）」として認めつつ、同一性を保持する個体的存在のことである。日本語で「あの人は人格者だ」と言われる場合のような大仰な意味はない。

＊14 **真なる幻覚**（hallucinations vraies）――本書全体が念頭に置いている論敵の一人である、イポリット・テーヌ（Hippolyte Taine）（一八二八―九三年）の言葉。テーヌによれば、あらゆる認識は、主観的かつ内面的な感覚や心像（イマージュ）が連合したものを出ることはなく、それ以上の実在には届かない。その意味で、夢や幻覚と真正な知覚とのあいだに本質的な差はない。いずれも主観内部の心的存在である点では変わらないからである。かくして、外界の知覚も幻覚であるが、ただし「真なる」幻覚だ、と言われることになる。

第二章　イマージュの再認について——記憶力と脳

では、さっそく、記憶力の理論に関して、われわれの原則から出てくるいくつかの帰結を述べることにしよう。先に述べたように、身体は、それに作用してくる諸対象と身体の側が影響を加える諸対象のあいだにあって一つの伝導体にすぎず、その役割は、さまざまな運動を周囲から取り集めること、そして特に引きとめない場合には、それらを何らかの運動機構、すなわち行為が反射的である場合にはすでに決まった機構に、意志的である場合には選択された機構に伝達していくことである。したがって、言ってみれば、〔身体からは〕独立した記憶力のほうはイマージュが次々と生じるのを時間に沿いながら集めているが、われわれの身体のほうはといえば、それは周囲のものと並んで、次々に生じているそれらのイマージュのうちの一つ、すなわちいちばん新しいイマージュ以上のものではなく、生成一般において一つの瞬間的切断を行うことでわれわれが瞬間ごとに手に入れているイマージュにすぎない、という具合になるはずだ。その切断面において、われわれの身体は中心を占めている。これを取り巻いている事物は身体に作用し、身体のほうはそれらの事物に反作用を行っている。身体の反作用の複雑さと多様さを決めるのは、経験によって身体実質の内部に組み立てられてきた諸器官の数と性質である。したがって、身体が過去の作用を蓄えることができるのは、運動機構という形においてであり、この形においてでしかない。このことの帰結として、本来の意味での過去のイマージュは、それとは別の仕方で保存されることになる。したがって、次のような第一の仮説を述べなければならない。

I 過去は二つの異なる形態で残存する。(1)運動機構として。(2)独立した記憶として。

しかし、そうなると、記憶力の実践的な働き、したがって通常の働き、すなわち現在の行為に役立てようとしてなされる過去の経験の使用、つまり再認は、二通りの仕方で行われるはずである。ある場合には、再認は行為そのものにおいて、そして周囲の状況に適した運動機構をまったく自動的に働かせることを通じて行われるだろう。またある場合には、再認は精神の働きを前提とするものになるだろう。精神が目下の状況に最もよくはまり込むことのできる表象を過去の中に探しに行って、それを現在にまで導いてこようとするわけだ。ここから、次のようなわれわれの第二の命題が導かれる。

II 現在の対象の再認は、それが再認対象の側から生じる場合には運動を通じてなされ、再認主体のほうからなされる場合には表象を通じてなされる。

もっとも、ここには最後の問いが残る。それらの表象はいかにして保存されるのか、それらは運動機構とどのような関係を結んでいるのか、という問いである。それについての立ち入った考察は、続く第三章になって、われわれが無意識を扱い、過去と現在の区別は結局何に存するのかを示した上で、ようやく可能になるだろう。しかし今の時点ですでに、われわれは身体について、それは未来と過去のあいだの動く境界であり、われわれの過去が絶えずわれわれの未来へと推し進めている動的尖端だ、と言うことができる。一瞬間において考察されれば、私の身体は、それに影響する諸対象と身体の側が作用を与える諸対象とのあいだでの伝導体でしかないのだが、一転して流れる時間のうちに置き直されてみれば、それは常に、私の過去がある行為へと消え入っていくまさにその点に位置している。また、したがって、私が脳の機構と呼んでいる特殊なイマージュは、そのつどいつも私の過去の表象の先端をなしている。それは過去の諸表象が現在に送り込み続けるいちばん新しい延長部であり、過去の表象と実在との、つまり行為との接合点なのである。この接合を断つと、過去のイマージュが破壊されることはおそらくないにしても、それが現実に対して作用するいっさいの手段、ということは、あとで見るように自らを現実化するいっさいの手段は奪い去られてしまう。この意味で、そしてこの意味においてのみ、脳の損傷は記憶力の何かを破壊しうるのだ。ここから、われわれの第三の、そして最後の命題が導かれる。

Ⅲ　それと気づかれないほど連続的な諸段階を経て、時間に沿って配置された記憶から、その記憶が含む生まれかけの行為ないし可能的行為を空間中に描く運動への移行が行われる。脳の損傷は、これらの運動は冒しても、記憶そのものを傷つけることはない。

では、経験は以上三つの命題を確証してくれるだろうか。

記憶力の二つの形態

I　記憶力の二つの形態。――ある学課を勉強しているとする。暗記するために、私はまず学課の詩句を一つ一つ区切りながら朗読する。そして、さらに朗読を何回も繰り返す。読み返すごとに、進歩が見えてくる。単語は、いっそううまく結びついていき、最後には有機体のようにまとまる。まさにこうなった時に、私は自分の学課を暗記したことになり、そこで人は、それは記憶になった、私の記憶力に刻まれた、と言う。

さて、ここで学課がどのように習得されたのかを確かめ、私が順にたどった段階を思い浮かべてみる。すると、その場合、何回も行った朗読の一つ一つは、もともとの個々別々の形で、私の心に甦ってくる。私はある一つの朗読を、それに伴っていた周囲の状況と一緒に眺め直すのであり、その状況は今でもこの朗読が置かれる枠になっている。また、この朗読は、時間において占めた場所そのものによって、それ以前の朗読からも、それ以後の朗読からも区別されている。要するに、一つ一つの朗読が私の目の前に浮かんでくるのは、私の歴史上のある特定の出来事としてなのだ。ここでもまた、人は、それらのイマージュは記憶であり、それらは私の記憶力に刻まれたのだ、と言うことだろう。以上二つの場合において、人は同じ言葉を使ってはいる。しかし、それらは本当に同じことなのか。

学課の記憶は、暗記されているかぎりでは、習慣のもつ性質をすべて有している。習慣と同じく、それは同じ努力の反復によって獲得される。習慣と同じく、それは全体の動作についての分解をまず必要とし、次にその再構成を求める。そして最後に、身体の習慣的運動のすべてと同じく、それが蓄えられるのは、最初の衝撃さえあればそれで全体が揺さぶられるようになっている一定の機構の中、いつも同じ順序で続いていき同じ時間がかかるようになっている自動的運動の閉じた一システムの中である。

それとは反対に、ある特定の朗読、例えば二回目の朗読や三回目の朗読の記憶は、習慣のもつ性質をいっさい有していない。それらのイマージュは、すぐさま記憶に刻み込まれたのでなければならない。別の朗読が構成するのは、そもそもの定義からして、別の記憶なのだから。それはいわば私の生涯上の一つの出来事であり、本質上一つの日付をもっており、それゆえ二度と繰り返されたりはしない。その後の朗読がそこに何を付け加えようとも、その最初の性質をどこか変えてしまう以外のことはできまい。このイマージュを呼び起こそうとする私の努力のほうは、何度も繰り返すのに応じて次第に容易になるにしても、イマージュそのものは、それ自体で見れば、必然的に最初から、その後もずっとそうあり続けるとおりのものだったのだ。

反論があるかもしれない。朗読の記憶と学課の記憶というこの二つの記憶には、単に多い少ないの差異しかない。朗読されるたびに引き続いて何度もイマージュが展開されて互いに重なっていくのであって、習得の終わった学課というのは、それらすべてのイマージュが重なってできた合成的イマージュのことである、と。確かに、何度も繰り返される朗読のそれぞれは、そこでは学課が前よりよく覚えられているという点において、特に以前の朗読と異なっていることに異論の余地はない。しかしまた同時に確かなのは、朗読の一つ一つは、だんだん習得されていく一つの学課としてではなく、そのつど新たになされる朗読として見られるかぎり、もうそれだけですっかり完結したものだということ、それは一度生じたそのままに存続し、それに相伴う知覚すべてとともに私の歴史の還元不可能な一瞬間をなしているということだ。それればかりか、さらに進んで、意識によって示されているのは、それら二種類の記憶のあいだの根本的な差異、本性の差異だ、と言うことすらできる。ある特定の朗読の記憶は、一つの表象であり、また表象でしかない。それは精神の直観に収まっていて、私はその直観を好きなように長くしたり短くしたりできる。私は表象に任意の長さの持続を割り当てる。さらに、一枚の絵を見るように一挙に視野に入れても構わないのだ。それとは反対に、習得された学課の記憶のほうは、単に心の中で繰り返すだけにした場合でも、はっきり定まった時間を必要とする。すなわち、読み上げるのに必要なすべての分節運動を、想像においてであれ、とにかく一つ一つ展開させていくのに必要なのと同じ時間が要るのだ。だから、それはもはや表象ではなく、行為である。しかも実際、一度習得済みの学課は、自分の出生地を漏らしてそれを過去に分類させることになるような印を、いっさい身に帯びていない。歩行する習慣や文字を書く習慣と同じ資格で、私の現在の一部になっているのだ。それは、直に生きられ、言うならば「行為されて」いるのであって、表象されているのではない。仮に、習得に役立った幾度もの朗読を同時に表象として呼び起こす気にならなかったとしたら、私はその学課は自分に生得のものだと信じ込みかねないほどなのだ。かくして、それらの表象は当の学課そのものとは独立したものであり、それらは学課が覚えられて復唱されるようになる以前から存在していたのと同様に、一度覚えられた学課のほうも、それらの表象なしで済ませられるものなのである。

この根本的な区別を最後まで推し進めてみれば、理論上は独立した二つの記憶力を考えることができよう。第一の記憶力は、記憶イマージュの形で、われわれの日常生活のすべての出来事を、それらが展開していくのに応じて記録していく。それは、いかなる細部も見落とさない。そして、事実の一つ一つ、行動の一つ一つに、その場所と日付を残していく。それは有用性や実践的応用の下心なしに、どうにもならない生まれつきの必要から、過去を蓄えていく。この記憶力によって、かつて経験された知覚の〔自動的ではない〕知的《アンテリジャント》な再認、あるいはむしろ〔身体によるのではなく〕知性《アンテレクチュエル》ならではの再認が可能になる。また、あるイマージュを見つけにこれまでの生の坂を登り直していく際に、いつもわれわれが頼りにするのも、この記憶力なのだ。しかし、すべての知覚は引き延ばされ、生まれかけの行為になる。イマージュが、ひとたび知覚されたあとにこの記憶力のうちに固定されつつ立ち並んでいく一方で、それらのイマージュを引き取って継続してきた運動のほうは、有機体に変様を与え、行為に備える新しい配置を身体の中に作り出していく。こうして、まったく別種の経験が形成され、身体内に貯められていく。これは一連の完全に組み上がった機構であり、これによって外からの刺激への反作用はいっそう数多く多様なものになり、ますます増加していく可能な問いかけにもしっかりした応答が準備されるのだ。われわれは、これらの機構について、それが作動する際には意識できるわけであり、現在のうちに蓄えられた過去の努力の全体についてのこの意識も、やはり一つの記憶力ではある。ただし、それは第一のものとは根本から異なる記憶力であり、常に行為に向かって緊張し、現在に位置しながら未来だけをひたすら見つめている記憶力なのだ。それが過去から取り上げて保持したのは、蓄積されたその努力を表している巧みに調整されたさまざまな運動だけである。この記憶力がそうした過去の努力を再発見するのは、それを思い出させる記憶イマージュにおいてではなく、目下の運動が遂行されていく際の、その厳密な順序と遺漏なき性質においてなのだ。本当のところを言えば、もはやそれはわれわれの過去を表象しているのではない。過去を演じているのだ。それでもそれが記憶力の名に値するのは、昔のイマージュを保存するからではもはやなく、過去のイマージュの有用な効果をこの現在の瞬間にまで引き延ばしているからなのである。

　イマージュを描く記憶力と反復する記憶力の二つのうち、第二の記憶力は第一の記憶力の代用を果たすことができるし、そこに第一の記憶力が存在していると錯覚させることもしばしばである。犬がうれしそうに吠えながら身を寄せて飼い主を迎える場合、この犬が飼い主のことを再認していることに疑いはない。だが、この再認は過去のイマージュの喚起や、過去のイマージュと現在の知覚との関連づけを含んでいるだろうか。むしろ、それは自分の身体がとる特定の態度の意識から成り立っているのではないだろうか。この態度というのは、飼い主との親しい関係によって徐々に身体にそなえつけられた態度のことであり、飼い主を知覚するだけで犬のうちに機械的に引き起こされるようになっている態度のことだ。ただ、いきすぎは禁物である。動物においても、おそらく過去のイマージュは現在の知覚をはみ出していることだろう。そればかりか、潜在的には、その過去全体がこの犬の意識に浮かび上がっていた、と考えることすらできよう。だが、この過去は犬を魅了している現在から犬を引き離すほどには関心を引かず、その再認ははっきり思考されるまでには至らず、ただ生きられるだけだったに違いない。過去をイマージュとして呼び起こすために必要なのは、現在の行為から自分を引き離せること、無用なものにも価値を与えられること、夢見るのを欲することである。この種の努力ができるのは、おそらく人間だけだ。それでもやはり、われわれがそうやって遡っていく過去は非常につかみにくく、われわれの手から逃れ去ろうとするのが常である。あたかも、この遡行する記憶力は、もう一つのより自然な記憶力、その前方への運動がわれわれを行為と生のほうに向かうよう促す記憶力によって妨害されているかのようなのだ。

心理学者は、記憶のことを、皺《しわ》が寄ったものとか、印象が繰り返されてだんだん深く刻まれたもののように言うが、そのとき彼らが忘れているのは、われわれの記憶の大部分が関係しているのは生きてきた中でのさまざまな出来事や細かな内容であって、それらは本質上、日付を有し、したがって二度と繰り返されはしない、という点である。意図的に反復して身につけられる記憶は、稀で例外的なものなのだ。それとは反対に、記憶力によるそれぞれ独特な事実やイマージュの記録は、持続の全瞬間を通じて行われ続けている。だが、習得された記憶こそが最も有用であるために、そちらのほうがより注目されてしまう。加えて、同じ努力の反復を通じてのそうした記憶の獲得は、習慣においてすでによく知られたプロセスに似ているので、人はこの種の記憶を前面に押し出して、こちらが典型的な記憶だということにする。そして、〔おのずと記録されていく〕自発的記憶のほうは、この同じ現象がまだ生まれかけの状態にあるもの、学課の暗記の端緒にすぎないことにされてしまうのだ。しかし、反復によって構成されなければならないものと、本質上繰り返さないものとの差異が根本的であるということを、どうして認めずにいられよう。自発的記憶は、最初から直ちに完全である。時間はそのイマージュに何も付け加えようがないのであって、付け加えてもイマージュの本性が歪められるばかりだ。自発的記憶は、記憶力に対して、自分の場所と日付を保ち続けることだろう。これとは反対に、習得される記憶のほうは、学課がいっそう覚えられていくにつれて、時間の外に出ていく。それは、次第に非個人的なもの、われわれの過去の経験とは無縁のものになっていく。だから、反復の結果として第一の記憶が第二の記憶に変換される、といったことは決してない。反復の役割とは、ただ単に、第一の記憶を継続していく運動をよりいっそう利用して、それらを相互に組織し、ある機構を組み上げつつ、身体の一習慣を作ることである。そもそも、この習慣が記憶だというのは、それを自分がかつて習得したことを私が覚えているからにほかならず、習得したのを私が思い出せるというのも、自発的記憶力、すなわち出来事に日付を打って、それをただ一回だけ記録する記憶力のおかげにほかならない。かくして、今われわれが区別した二つの記憶力のうち、第一のほうが優れた意味での記憶力なのだと思われる。第二の、心理学者が通常研究している記憶力とは、記憶力そのものというより、むしろ記憶力に照らされた習慣なのである。

確かに、暗記された学課の例というのは、かなり作為的に選ばれたものである。それでもやはり、われわれの生活は限られた数の対象のあいだで進んでいくもので、それらは多かれ少なかれ、われわれの目の前に何度も現れてくる。対象のそれぞれは、知覚されると同時に、われわれの側にそれにうまく対応するための運動、少なくとも生まれかけの運動を引き起こす。それらの運動は、反復されることで、ある機構を自分に作り出して習慣というあり方に変じ、われわれのうちで事物の知覚に自動的に続く態度を決定するようになるのである。先に述べたように、われわれの神経系のもともとの役割は、ほぼこの用途に限られているはずだ。求心性神経が脳に刺激を運ぶと、この刺激は巧みに自分の道を選択し、反復によって作られた運動機構に伝達されていく。こうして生じるのが、適切な反作用、環境との平衡、つまりは適応であり、生の一般的目的とはこれである。そして、単に生きるだけで満足であるような生物であれば、もうこれ以外のことを必要とはするまい。だが、あとで見るように、運動的習慣という形での過去の記録を終着点とする以上のような知覚と適応のプロセスが進むのと同時に、意識は、これまで自分が次々と通ってきた状況のイマージュを保持し、それらを生じたままの順序に並べていく。これらの記憶イマージュは何の役に立つのだろうか。記憶力の中に保存され、意識の中に再生されることで、それらは夢を現実に混ぜ入れ、生の実践的性格を損なうことにならないだろうか。確かに、そのようにもなりうるわけだが、実際には、目下のわれわれの意識は、現在の状況へのわれわれの神経系の正確な適応をまさに反映しているものであって、目の前の知覚にうまく調整されて一つの有用な総体を一緒に形成することができないような過去のイマージュの記憶は、すべて排除している。せいぜいのところ、現在の状況とは無関係のいくつかの漠然とした記憶が、有用であるように連合したイマージュをはみ出して、それらの周囲に、陰った縁暈《えんうん》、それも広大な暗い領域の中に没しかけている縁暈を描くばかりである。しかし、ここで、脳によって維持されていた外的刺激と運動的反作用のあいだの平衡を乱すような偶発事が生じたことにして、中枢経由で末梢から末梢につながっている糸の緊張を一時的に緩めてみるなら、暗がりに置かれていたイマージュは、たちまち明るい光の中に押し寄せてくるだろう。おそらく、夢を見ながらの睡眠において現実化されているのは、こうした条件である。というわけで、われわれが区別した二つの記憶力のうち第二のもの、活動的で運動的な記憶力としては、第一の記憶力を常に抑止しておくか、あるいは少なくともそこからは現在の状況を照らしながら役に立つように補完できるものを受け取るだけにしておかなければなるまい。こうして導かれてくるのが、観念連合の諸法則である。――しかし、現在の知覚に連合することで役に立つのとは別に、記憶力によって蓄えられたイマージュには、また別の利用法もある。確かに、それらは夢のようなイマージュであり、通常、われわれの意志とは無関係に現れたり消えたりする。まさにそれゆえに、ある事物を本当に熟知し、これを自分の意のままにするには、それを暗記すること、すなわち〔意志に従わない〕自発的なイマージュをその代わりになれる運動機構に置き換えることが、必要になるのである。しかし、われわれには、ある独特の努力が可能である。イマージュそのものを、限られた時間内ではあれ、意識のまなざしの下に保持することができる、ということだ。この能力のおかげで、相伴う複数の運動を習慣へと組織するために、同じ状況がたまたま繰り返されるよう偶然に期待しなくてもよくなる。われわれは、この移ろいやすいイマージュを利用して、それに取って代わる安定した機構を構築する、というわけである。――また、最後に言うなら、二つの独立した記憶力についてのわれわれの区別が誤っているなら話は別だが、もしそれが事実に合致したものだとすれば、次の〔三つの〕ことが確かめられるに違いない。すなわち、神経系の感覚‐運動的平衡が乱される場合のほとんどにおいては自発的記憶力の亢進があり、正常な状態においては有益なように現在の平衡を安定させることのできない自発的記憶すべての抑止があり、また最後には、習慣記憶を身につけていく働きにおいてはイマージュ記憶のひそかな介入があるはずなのだ。こうした仮説を諸事実は確証してくれるだろうか。

目下のところ、第一の点にも第二の点にも深入りしない。それらは、またあとで記憶力の障害と観念連合の法則を研究する際、完全に解明することにしておく。ひとまずここでは、習得される物事に関して、そこで二つの記憶力がどのように並存して相互に助け合っているのかを示すにとどめよう。運動的記憶力に叩き込まれた学課が自動的に繰り返されるというのは、日常経験でも見られることだ。しかし、病理的状態の観察が明らかにしているのは、自動運動は、われわれが考えるよりはるかに遠くにまで及んでいる、という事実である。精神錯乱者が自分の理解していない一連の質問に意味の通る答えを返すのが観察されている。

彼らにおいて、言語は反射のように働いていたのだ。[1] 自分から自発的には一言も発することができないのに、歌う時にはメロディーの歌詞を誤りなく思い出せる失語症患者がいる。[2] あるいはさらに、祈禱文やひと続きの数字、曜日名や月名のつながりを、すらすらと唱えられる患者もいる。[3] このように、きわめて複雑で、知性を模倣するほどに繊細な機構は、ひとたび構築されると、それだけで働きうるし、だから通常、意志から最初の衝動を受け取ると、それだけで意志に従って働くわけである。しかし、われわれがそれらを構築しつつあるあいだには、何が起こっているのか。例えばある学課を習得しようと練習しているとき、いくつもの運動で組み立て直そうとしている視覚的または聴覚的なイマージュは、すでにわれわれの精神のうちで、見えないながらも現に存在しているのではあるまいか。一回目の復唱から、われわれは今自分が何か間違えたのを、ある漠然とした違和感によって認める。意識の暗い奥底から一種の警告を受け取るかのようである。[4] そこで体験されていることに注意を集中してみるなら、次のことが感知されるだろう。確かに、完全なイマージュは存在しているのだが、移ろいやすいそれはまさに幽霊であって、こちらの運動能力がその輪郭を定めようとするまさにその時に消えてしまう、といった具合なのだ。まったく別の目的でなされたものではあるが、最近の実験において、[5] 被験者たちはまさにこの種の印象をもつと述べている。被験者たちに数秒間だけ文字列を見せて、それを覚えておくように求める。しかし、知覚された文字を適切な分節運動で強調できなくするために、文字を見ているあいだ、一定の音節をずっと繰り返すよう要求したのである。それで生じたのは、ある特殊な心的状態だった。被験者たちは、視覚像を完全に所有できていると感じていたのに、「いざやってみると、ほんの一部分すら再生できない。実に驚いたことに、行が消えてしまっていたのだ」。彼らの一人によれば、「この現象の基礎にあったのは、ある総体的表象、全体を含んでいる複合的観念とでもいったもので、そこで諸部分は言い表しようのないままに感得される統一性をもっていた(6)」。

（1）ロバートソン〔George M. Robertson〕の論文「反射言語〔Reflex Speech〕」（*Journal of Mental Science*, avril 1888）。Ch・フェレ〔Charles Féré〕の論文「反射言語〔Le langage réflexe〕」（*Revue philosophique*, janvier 1896）を合わせて参照。

（2）オッペンハイム〔Hermann Oppenheim〕の論文「失語症患者における音楽的表現行動について〔Ueber das Verhalten der musikalischen Ausdrucksbewegungen bei Aphatischen〕」（*Charité Annalen*, XIII, 1887）、三四八頁以下。

（3）同論文、三六五頁。

（4）誤った、というこの感じについては、ミュラー〔Georg Elias Müller〕とシューマン〔Friedrich Schumann〕の論文「記憶研究への実験的寄与〔Experimentelle Beiträge zur Untersuchung des Gedächtnisses〕」（*Zeitschr. f. Psych. u. Phys. der Sinnesorgane*, déc. 1893）、三〇五頁を参照。

（5）スミス〔W. G. Smith〕の論文「注意と記憶の関係〔The Relation of Attention to Memory〕」（*Mind*, janvier 1895）。

（6）〔引用の英語原文〕« According to one observer, the basis was a *Gesammtvorstellung*, a sort of all embracing complex idea in which the parts have an indefinitely felt unity »（スミス、同論文、七

三頁）

この自発的記憶は、おそらく習得される記憶の背後に隠れているのだが、時に突如として閃《ひらめ》き出ることもありうる。しかし、意志的記憶力が少しでも動くと、隠れてしまうのだ。その像を覚えたと思っていた文字列が消えてしまうのを被験者が目の当たりにするのは、とりわけ自分で文字を反復し始める時である。「この努力が残りの像を意識の外に押し出してしまうようだ」[1]。ところで、記憶術の創意豊かなさまざまな手法を分析してみるなら、記憶術が目指しているのは、隠れていく自発的記憶を前面に押し出して、能動的記憶と同じようにわれわれの意のままにすることであるのが気づかれよう。そのために、まず行為や運動につながる記憶力の意向をすべて抑え込むのである。ある著者によると[2]、メンタル・フォトグラフィー〔見たものをそのまま完全に記憶すること。精神写真術〕の能力は、意識よりも、むしろ下意識に属している。それは意志の呼びかけにはなかなか従わない、というのだ。この能力を働かせるには、例えば、いくつもの点の集まりを、数えようとすらせず、そのまま一挙に記憶にとどめることに習熟する必要がある[3]。こうした記憶力を手なずけるには、いわばその瞬間性を模倣しなければならないのである。それでも、この記憶力の出現は気まぐれなものであり、それがもたらす記憶はどこか夢のようなものであって、それが精神の生にもっと規則的に侵入してくると、知性の平衡が大きく乱されてしまうことも稀ではない。

（1）ドイツの報告者が「失読症〔Dyslexie〕」と呼んでいる疾病において生じているのは、これと同種の何かではないだろうか。患者は、あるフレーズの最初の数語は正しく読むが、急に止まって、もう続けられなくなる。はっきり語を分節する運動が記憶を抑止しているようなのだ。失読症については、ベルリン〔Rudolf Berlin〕の『言語盲の奇妙な一類例（失読症）〔*Eine besondere Art der Wortblindheit (Dyslexie)*〕』（Wiesbaden, 1887）ならびにゾンマー〔Robert Sommer〕の論文「機能障害としての失読症〔Die Dyslexie als functionnelle Störung〕」（*Arch. f. Psychiatrie*, 1893）を参照。われわれとしては、これらの現象に、患者が他人の言葉は理解できるのに、自分の言葉はもう理解できない、という非常に特異な症例を関連づけておきたい（次に引用されている例を参照のこと。ベイトマン〔Frederic Bateman〕『失語症について〔*On Aphasia*〕』二〇〇頁、ベルナール〔Désiré Bernard〕『失語症について〔*De l'aphasie*〕』（Paris, 1889）、一四三頁および一四四頁、ブロードベント〔William H. Broadbent〕「発話の特殊な一病例〔A Case of Peculiar Affection of Speech〕」（*Brain*, 1878-9）、四八四頁以下）。

（2）モーティマー・グランヴィル〔Mortimer Granville〕「記憶するやり方〔Ways of Remembering〕」（*Lancet*, 27 sept. 1879）、四五八頁。

（3）ケイ〔David Kay〕『記憶とその強化法〔*Memory and How to Improve it*〕』〔正しくは、*Memory: What It Is and How to Improve It*〕（New York, 1888）。

この記憶力が何であり、それはどこから生じて、いかに事を進めるのかについては、次章で示すことにしよう。さしあたりは、図式的な捉え方で足りる。そこで、以上を要約して、こう言おう。前もって見通しておいたように、まさに過去は両極をなす二つの形態のもとに蓄えられるのだと思われる。すなわち、一つには過去を利用する運動機構であり、もう一つには過去のすべての出来事を、その輪郭と色彩、時間上の場所と合わせて描き出す個人的な記憶イマージュである。これら二つのうち、第一の記憶力のほうは、まさしく自然本来の方向に向けられている。第二の記憶力は、それだけに任せると、自然とは反対の方向に行ってしまう。前者は努力によって自分のものにできるものであり、獲得後はずっとわれわれの意志で左右できる。後者は〔努力を前提としない〕まったく自発的なもので、保存においては忠実だが、それと同じだけ再生に関しては気まぐれなものだ。この後者が規則的かつ確実な形で前者の役に立てるとしたら、それは、現在と同じような状況ではその前に何がありそのあとには何があったのかのイマージュを示して、その選択に光をあててやることに限られる。観念連合というのは、まさにこれである。過去を改めて見直す記憶力が、過去を反復する記憶力に一定の規則をもって従うというケースは、これ以外にはいっさい存在しない。それ以外の場合であれば、自分の必要に応じて再びイマージュを描き出せるようにしてくれる機構を構築するほうを、われわれは望むのだ。イマージュがもう一度現れてくれるのをあてにはできないことを、よく承知しているからである。記憶力の両極をなす形態を、それぞれ純粋状態で考察してみると、以上のようになる。

今から言っておく。その中間的で、ある意味不純なる形態に拘泥してしまったために、人は記憶の真の本性を見落としてしまったのである。記憶イマージュと運動という二つの要素を、まず最初に分離して、その上で次にそれらがどういった一連の操作を通じてそれぞれの本来の純粋性を捨てながら互いのうちに流れ込んでいくのかを探究もせずに、人は両者の融合から生じる混合的現象ばかりを考察するのだ。この現象は混合的なものだから、一方では運動的習慣という姿を示し、他方では、程度の差はあれ、意識によって〔過去のどこかに〕位置づけられるイマージュの姿を示す。だが、人はこれを一つの単純な現象だと考えたがる。そうなれば、脳や脊髄あるいは延髄の機構は、運動的習慣の土台となりながら、同時に意識的イマージュの基体でもある、と想定しなければならなくなる。ここから生じてくるのが、記憶は脳に蓄えられるもので、それがまがうことなき奇跡によって再び意識的なものとなり、謎に満ちたプロセスによってわれわれを過去に連れ戻すのだ、という奇妙な仮説である。確かに、ここでの操作の意識的側面のほうを重視して、そこに単なる随伴現象ではない何かを見ようとする者たちもいるだろう。だが彼らも、何度も行われた練習をそれぞれ記憶イマージュの形で保持し並べておく記憶力をそれとして最初に分けておくことをせずに、それを練習が完成させる習慣と一緒くたにしてしまうので、反復練習の結果が関わるのは、もうそれ以上の区分を容れない同じ一つの現象であって、それが繰り返されることで強まっていくだけの話だ、と考えるよう導かれてしまう。そして、この現象は明らかに最後は運動的習慣になって、ある機構に対応することになるのだから、望もうと望むまいと、彼らは最初からこの種の機構がイマージュの基礎に存在していたのだ、脳とは表象の器官なのだ、と想定するしかなくなるのである。われわれは、そうした中間的諸状態を考察して、そのそれぞれにおいて、生まれかけの行為の取り分、すなわち脳の取り分と、独立的記憶力の取り分、すなわち記憶イマージュの取り分とを切り分けていくことにする。では、それらの中間的状態とは何のことか。ある面では運動的なのだから、われわれの仮説に従えば、それらは現在の知覚をさらに引き延ばしていくものであるはずだ。だが、別の面からすれば、イマージュであるかぎり、それらは過去の知覚を再生するものでもあるだろう。しかるに、われわれが過去を現在のうちに把握し直す具体的な働きとは、再認である。ゆえに、われわれが研究すべきは、再認なのである。

運動と記憶

II　再認一般について。記憶イマージュと運動。――「見たことがある」という感じを説明するのによく用いられる方法が二つある。まず、ある人々に言わせれば、ある知覚を再認するというのは、思考によってその知覚をかつての周囲の状況にはめ込むことである。ある人物に初めて出会う。このとき、私はその人を単に知覚するだけだ。再び会った時には私はその人を再認するわけだが、それはすなわち、一回目の知覚に伴っていた周囲の状況が心に甦ってきて、現在のイマージュの周囲に、目下現に知覚されているのとは違う枠を描くという意味だ、とされるわけである。とすれば、再認とは、現在の知覚に、かつてそれと近接する形で与えられたあれこれのイマージュを連合させるということになるだろう[1]。しかし、すでに正しく指摘されたように[2]、一回目の知覚に伴っていた周囲の状況を二回目の知覚が示唆できるのは、まず一回目の知覚がそれに類似している現在の状態によってすでに呼び起こされている場合に限られる。最初の知覚をAとする。相伴う周囲の状況B、C、Dが、近接によって、そこに連合している。二回目の同じ知覚をA'と呼ぶことにすると、B、C、Dという項が結びついているのはA'ではなくAのほうなのだから、項B、C、Dを呼び起こすことができるためには、類似による連合で、まずAが出現していなければならない。A'はAと同じものではないか、と言っても無駄である。この二つは、互いに似ているとしても、やはり数的に異なる二つのものであって、少なくとも、A'は知覚なのにAはもはや記憶でしかないという単純な事実からして異なっているのだから。かくして、最初に二つあると言ったうちの第一の解釈は、結局、次の第二の解釈のうちに解消される。ということで、そちらを検討していこう。

（1）こうしたテーゼの体系的な叙述ならびに、その論拠とされる諸経験については、レーマン〔Alfred Lehmann〕の「再認について〔Ueber Wiedererkennen〕」と題される一連の論文（ヴント〔Wilhelm Wundt〕の『哲学研究〔*Philos. Studien*〕』第V巻、九六頁以下、第Ⅶ巻、一六九頁以下）を参照。

（2）ピヨン〔François Pillon〕の論文「抽象一般観念の形成〔La formation des idées abstraites et générales〕」（*Crit. Philos.*, 1885, t. I）、二〇八頁以下。ウォード〔James Ward〕の論文「同一視と連合〔Assimilation and Association〕」（*Mind*, juillet 1893 et octobre 1894）とも比較せよ。

その仮定によると、今度は、現在の知覚は必ず記憶力の底に自分に類似した以前の知覚の記憶を探しに行くのだとされる。「見たことがある」という感じは、知覚と記憶の並置ないし両者の融合に由来する、というわけだ。ただ実際、深い洞察からすでに指摘されているように、類似というのは複数の項のあいだに精神が立てる関係であり、それらの諸項を精神が関連づけるというからには、もうすでに精神はそれらを手にしているわけで、したがって類似性の知覚とは、連合の原因であるよりも、むしろその結果なのだ。〔だから、目下の第二の仮説は、そもそも成り立たないように思われる。そこで、それを支持する人は、さらにこう言い張る――〕そういった類似は、はっきり知覚された明確なもので、精神が把握し取り出してくる一要素がそこに共通して存在する、という意味での類似であるのに対して、それとは別に、漠然としつつ、さまざまなイマージュの表面に拡がっている、ある意味で客観的な類似も存在しているし、そのような類似なら、相互に引き合う物理的原因のように作用することもできるだろう。(2) では、ある対象を再認できてはいても、かつてのイマージュのどれと同じかは分からないままだという場合〔つまり、照合項となるべき記憶は登場しないのに、再認感は生じる、という場合〕もめずらしくない、という事実をさらに突きつけてみるとどうか。そうすると、人は都合のよい仮説に逃げ込んで、脳の中で複数の痕跡が合致するのだとか、脳の中の運動が練習によって容易に生じるようになっているのだとか、(3) 知覚する細胞が記憶の休らう細胞とつながっているのだ、(4) と言うことになるだろう。実を言えば、目下検討しているような再認理論は、いずれも、望もうと望むまいと、この種の生理学的仮説に迷い込むようになっている。それらの理論は、いっさいの再認はあくまで知覚と記憶の関連づけから生まれるということにしたいのだが、他方に経験が控えていて、まずほとんどの場合、記憶は知覚が再認されてからようやく出現してくる、という事実を示している。そのため、当初は表象間の連合だと言っていたものを運動間の結合や細胞間の連携といった形で脳の中に放り込むしかなくなり、再認という事実――われわれの見るところ、非常に明晰な事実――を、諸観念を蓄える脳という仮説、われわれの考えでは非常に曖昧な仮説によって説明せざるをえなくなるのである。

（1）ブロシャール〔Victor Brochard〕の論文「類似の法則〔La loi de similarité〕」（*Revue philosophique*, 1880, t. IX）、二五八頁。E・ラビエ〔Elie Rabier〕は『哲学講義〔*Leçons de philosophie*〕』第I巻『心理学〔*Psychologie*〕』一八七―一九二頁で、この見解に与している。

（2）ピヨン、前掲論文、二〇七頁。ジェイムズ・サリー〔James Sully〕の『人間精神〔*The Human Mind*〕』（London, 1892）、第I巻、三三一頁とも比較せよ。

（3）ヘフディング〔Harald Höffding〕の論文「再認、連合、心的活動について〔Ueber Wiedererkennen, Association und psychische Activität〕」（*Vierteljahrsschrift f. wissenschaftliche Philosophie*, 1889）、四三三頁。

（4）ムンク〔Hermann Munk〕の『大脳の諸機能について〔*Ueber die Functionen der Grosshirnrinde*〕』（Berlin, 1881）、一〇八頁以下。

しかし実際は、知覚と記憶の連合は、再認のプロセスを説明するには、まったく不十分なのだ。もし再認がそのように行われるのだとしたら、過去のイマージュが消えてしまった場合には再認も消滅し、過去のイマージュが保存されている場合には再認も必ず生じる、ということになる。そして、そうであるなら、精神盲、すなわち知覚されている対象の再認ができない疾患は、視覚的記憶力の抑止なしには生じないし、また特に視覚的記憶力の抑止は必ずその結果として精神盲を引き起こすということにもなるはずだ。しかるに、この二つの帰結のいずれも経験からは確認されないのである。ヴィルブラントが研究した症例では[1]、患者の女性は、目を閉じた状態だと、住んでいる街の様子を述べることも、想像の中でそこを歩きまわることもできるのだが、いったん通りに出ると、すべてが新しいものに見えて、何も再認できず、どちらに方向をとっていいのか分からなくなる。同種の事実は、Fr・ミュラー[2]やリサウアー[3]によっても報告されている。患者たちは、その名称を言われた対象について内的な視覚像を呼び起こすことはできるし、それがどんなものかもうまく述べられるのだが、実際に当の対象を目の前に示されると、それが何かを再認できないのだ。ということは、視覚的記憶の保存は、それが意識できるものだったとしても、類似した知覚を再認するには十分ではないのである。逆に、シャルコーが研究した症例は[4]〔過去の〕視覚的イマージュの完全な消失についての古典的な症例となったものだが、そこでも知覚の再認がすべて消滅したわけではない。それは、この症例の報告を詳細に読めば、容易に納得できることだ。確かに、患者は自分が生まれた街の通りを再認できてはいない。街路の名前は分からないし、そこでどちらの方向に行けばいいかも分からないからである。だが、それが街路であること、自分の見ているのが家屋であることは、彼にも分かっている。彼には、もう自分の妻や子供たちを再認できない。しかし、彼らを目にしながら、それが女性であること、子供であることは言えるのだ。そこにあるのがまったく文字どおりの精神盲だったのなら、以上の事例はどれもありえなかったはずだ。ということは、消滅したのは、ある特定の種類の再認であって、それについてはまた分析しなければならないにしても、再認能力全般が消えたということではないのである。結論としては、すべての再認が常に過去のイマージュの介入を前提とするわけではないし、またそれと同じく、過去のイマージュを呼び出すことはできても、現在の知覚をそれらと同じだと見定められないこともある、というわけだ。では、結局、再認とは何なのか。われわれとしては、再認というものをどう定義したらいいのか。

（1）〔ヘルマン・ヴィルブラント（Hermann Wilbrand）〕『後頭葉障害としての精神盲〔*Die Seelenblindheit als Herderscheinung*〕』（Wiesbaden, 1887）、五六頁。
（2）〔フリードリヒ・ミュラー（Friedrich Müller）〕「精神盲理解のための一助〔Ein Beitrag zur Kenntniss der Seelenblindheit〕」（*Arch. f. Psychiatrie*, t. XXIV, 1893）。
（3）〔ハインリヒ・リサウアー（Heinrich Lissauer）〕「精神盲の一症例〔Ein Fall von Seelenblindheit〕」（*Arch. f. Psychiatrie*, 1890）。
（4）ベルナール〔Désiré Bernard〕の論文「精神的視力の突発的かつそれ単独での消失の一症例〔Un cas de suppression brusque et isolée de la vision mentale〕」（*Progrès médical*, 21 juillet 1883）で報告されている。

まず、極限において、瞬間における再認がある。これは身体だけで行うことのできる再認であり、はっきりした記憶はいっさい介入しない。本質上、それは行為であって、表象ではない。例えば、私がある街を初めて歩きまわるとしよう。通りの曲がり角に来るたびに、どちらに行くべきか分からずに躊躇するだろう。私はどうしていいか、迷ってばかりである。どういう意味かといえば、いろいろな選択肢が私の身体に示されていて、私の行う運動は全体として連続しておらず、態度のうちのある一つをとっても、そこには次の態度の予告や準備をしてくれるものが何もない、ということである。だが、その後、街に長く滞在してからであれば、自分が通り過ぎるさまざまな対象の判明な知覚はもたないまま、私は街の中を機械的に歩きまわることだろう。さて、以上の第一の状態では知覚はまだ自分に伴うさまざまな運動を組織しておらず、第二の状態では相伴う運動は知覚がもう無用になるほどに組織されているわけだが、これら両極端のあいだには、ある中間的な状態が存在している。対象は、まだ確かに知覚されたままでありつつ、相互に連続的な形で結びつき、互いに制御し合う運動を呼び起こしてもいる、という状態である。最初、私は自分の知覚しかはっきり区別できない状態にあった。それが最後には、自分の自動運動以外のものをほとんど意識しなくなった状態になる。だが、その中間には、混合的状態が、すなわち生まれかけの自動運動によって要所要所を強調された知覚が存在していたのである。ところで、一回目の知覚と比べて、その後の知覚が異なる点は、それらがある適切な機械的反作用に身体を向かわせるところにあり、また他方で、繰り返されたそれらの知覚は、なじみの知覚や再認された知覚の特徴をなすあの独特な相をそなえて精神に現れるのであってみれば、うまく整えられた運動的随伴、有機的に組織された運動的反作用についての意識こそが、ここでのなじみの感じの基盤になっている、と考えるべきではないか。そうであるなら、再認の土台にあるのは、まさしく運動的な現象だということになるだろう。

日常の対象を再認するというのは、何よりもまず、その使い方が分かるということだ。まさにそれゆえに、今日われわれが精神盲と呼んでいる再認の疾患を最初に報告した人々は、それに失行症という名称を与えていたのである[1]。ところで、対象の使い方が分かるというのは、それに適応した運動を今から素描できるということであり、ある一定の態度がとれるということ、あるいは少なくともドイツ人が「運動衝動（*Bewegungsantriebe*）」と呼ぶものによってその態度に向かっているということだ。だから、対象を利用する習慣は、結局さまざまな運動と知覚をまとめて組織化していたのであり、そうした生まれかけの運動、反射的に知覚に続いていく運動についての意識が、ここでもまた再認の基盤にあることになるだろう。

（1）　クスマウル〔Adolf Kussmaul〕『言語障害〔*Les troubles de la parole*〕』（Paris, 1884）〔ドイツ語原書は、*Die Störungen der Sprache: Versuch einer Pathologie der Sprache*, Leipzig: F. C. W. Vogel, 1877〕、二三三頁。アレン・スター〔Allen Starr〕の論文「失行症と失語症〔Apraxia and Aphasia〕」（*Medical Record*, 27 octobre 1888）。ラクヴェル〔Leopold Laquer〕の「感覚性失語症の局在について〔Zur Localisation der sensorischen Aphasie〕」（*Neurolog. Centralblatt*, 15 juin 1888）ならびに、ド

ッズ〔W. J. Dodds〕の「中枢におけるいくつかの視覚障害について〔On Some Central Affections of Vision〕」(*Brain*, 1885) とも比較せよ。

引き延ばされて運動になっていかないような知覚はない。リボー[1]とモーズリー[2]は、以前からこの点に注意を促している。感官の教育というのは、まさに感覚印象とそれを利用する運動のあいだに立てられる結合の総体から成る。印象が繰り返されるにつれて、結合が固められていく、というわけだ。なお、この働きのメカニズムに何ら謎めいたところはない。明らかに、われわれの神経系は、中枢を仲立ちとして感覚刺激につなげられるさまざまな運動装置を構築するべく配置されている。そして、神経要素間がすっかり連続してしまわず、おそらくいろいろな形で接近し合える末端樹状突起が数多く存在することで、印象とそれに対応する運動のあいだでの可能な結合は数限りないものになっているのである。だが、構築中の機構は、構築済みの機構と同じ形で意識に現れるわけにはいくまい。有機体のうちに固められた運動のシステムを、それとして根本的に区別し、明晰に示す何かがある。われわれの考えでは、それはまず何より、その順序の変更しにくさである。そしてまた、先に生じた運動の中にそれに後続する運動がすでに先形成されている、というのもそれである。この先形成は、部分が全体を潜在的に含むようにするもので、暗記されたメロディーを例にして言えば、メロディーの音の一つ一つはそれでもやはり次の音のほうに傾いていて、それが鳴らされるのを待ち受けているわけだが[3]、ちょうどそれと同じ具合になっている、ということだ。

かくして、日常の知覚のどれにも組織された運動的随伴が必ず存在しているのなら、再認の日常的な感じは、この組織についての意識にその根をもっているのである。

（1）〔テオデュール・リボー（Théodule Ribot）の〕論文「運動とその心理学上の重要性〔Les mouvements et leur importance psychologique〕」（*Revue philosophique*, 1879, t. VIII）、三七一頁以下。彼の『注意の心理学〔*Psychologie de l'attention*〕』（Paris, Félix Alcan, 1889）、七五頁も参照。

（2）〔ヘンリー・モーズリー（Henry Maudsley）〕『精神の生理学〔*Physiologie de l'esprit*〕』（Paris, 1879）〔英語原書は、*The Physiology of Mind*, London: Macmillan, 1876〕、二〇七頁以下。

（3）A・フイエ〔Alfred Fouillée〕がその『心理学〔*Psychologie*〕』〔正確な書名は、*La psychologie des idées-forces*〕（Paris, 1893, t. I）の最も独創的な章の一つ（二四二頁）で言うところでは、なじみの感じとは、その大部分が、不意打ちしてくる内的なショックの減少から成るものである。

これはつまり、通常、われわれは再認を〔精神で〕思考する以前に〔身体で〕演じている、ということである。われわれの日常生活の展開を取り囲んでいる諸対象は、そこにあるだけで、われわれにある役割を演じるよう誘《いざな》っている。だからこそ、それらはなじみのものと見えるのだ。したがって、運動的傾向があれば、それで再認の感じを与えるには十分なのである。しかし直ちに言っておかねばならないが、ほとんどの場合、そこにはまた別のものが加わってくる。

実際、ますます正確に身体が知覚を分析するにつれて、さまざまな運動装置が組み立てられていくが、その一方で、われわれのこれまでの心的生も、また確かに存在している。あとで証明しようと思うが、この過去の生は、時間の中に位置をもつそのさまざまな出来事のすべての細部を伴って、生き続けているのだ。この記憶力は、現在の実践的で有用な意識によって、というのはつまり知覚と行為のあいだに張り渡された神経系の運動－感覚的平衡によって絶えず抑止されながらも、目下の印象とそれに相伴う運動とのあいだに亀裂が生じるのをひたすら待ち構え、自分が保持するイマージュをそこに流し込もうとしている。通常の場合、過去の流れを遡って、時間上に位置をもつ既知の個人的記憶イマージュの中でも特に現在に関係しているものを見つけようとするなら、そこには一定の努力が必要なのであって、それでやっと、われわれは知覚がわれわれをそちらへと傾けている行為のほうから身を引き離すことができる。知覚のほうはわれわれを未来のほうに推していくだろうから、われわれとしては過去に後退しなければならないのである。この意味において、運動はイマージュを排除する。しかし、見方によっては、運動はイマージュの準備に寄与しているとも言える。というのは、過去のイマージュの総体がわれわれには今も現前しているとしたところで、まださらに、可能な表象すべての中から特に現在の知覚に似た表象が選ばれなければならないわけで、この選別を準備するのは、あるいは少なくともあとはもうそこに行って拾い集めれば済むようにイマージュの一定の範囲を限定しておいてくれるのは、実際に遂行されたものか、単にまだ生まれかけのものかはともかくとして、運動であるからだ。われわれは、その神経系の仕組みからして、そこにおいて現在の印象が引き延ばされ適切な運動になっていくという、そのような存在である。だから、過去のイマージュも、自分をそうした運動に引き延ばしていける手段がもし見つかるなら、その機会を利用して現在の知覚の中に滑り込み、自分を受け入れさせることだろう。この場合、過去のイマージュは、事実上はわれわれの意識に現れてくるが、しかし、もともとの権利上では、それらは現在の状態によって覆い隠されたままでいるべきだったのである。こういうわけで、機械的再認を引き起こす運動は、イマージュによる再認を一方では妨げ、他方では助ける、と言ってよい。原則としては、現在が過去を押しのける。しかし他方、過去のイマージュが削除されるのも、まさに現在の態度がそれらを抑止することから来るのだから、当の態度の枠にうまくはまり込めるような形をしたイマージュであれば、他のイマージュほどには障害に出会うこともないだろう。その上で、それらのいずれかが障害を乗り越えうるのだとしたら、実際にそれを乗り越えるのは、現在の知覚に類似したイマージュだろう。

われわれの分析が正確であるなら、再認の疾患は根本的に異なる二つの形をとるだろうし、精神盲にも二つの種類が認められるはずだ。すなわち、ある場合には過去のイマージュがもはや喚起されなくなるだろうし、また他の場合には、単に知覚とそれに習慣的に相伴ってきた運動とのつながりが断たれるだけであっても、それによって知覚は、まるで当の知覚が新しいものであるかのように、もう散漫な運動しか引き起こさなくなるだろう。では、事実はこの仮説を確証してくれるだろうか。

第一の点に関しては、どう見ても異論の余地はない。精神盲における視覚的記憶の消失は、ごく一般的に見られる事実であり、しばらくのあいだはそれでこの病気を定義できたほどである。その上で、われわれが問うべきは、どの点まで、そしてどのような意味において、記憶は本当に消えうるのか、ということである。ここでさしあたりわれわれの関心を引くのは、もはや再認は生じないが、実質的には視覚的記憶力は消失していない症例が存在することだ。では、われわれが主張するとおり、そういうのはまさしく運動的習慣の側の変調にすぎないとか、あるいはそこまでいかなくても、運動的習慣を感覚的知覚に結びつけるつながりが中断されているだけのことだ、とはっきり言えるだろうか。この種の問いを立てた観察報告者はこれまで一人もいないので、それに答えるのは相当難しいことにもなる。そこで、われわれは、彼らの記述のあちこちから、われわれにとって有意義に見えるいくつかの事実を拾い上げてみた。

その第一のものは、方向感覚の喪失である。精神盲を扱う論者はみな、この特徴に注意を引かれてきた。リサウアーの患者は、自分の家の中で動きまわる能力を完全に失っていた(1)。ミュラーの強調した事実では、〔本来の意味での〕盲人は進むべき道を非常に早く習得するのに対して、精神盲になった患者は、何ヵ月も訓練してすら、自分の部屋の中で方向を定めることができない(2)。だが、方向を定める能力というのは、視覚的印象に合わせて身体の運動を調整し、知覚を機械的に有用な反作用へと引き延ばしていく能力と別のものだろうか。

(1) 前掲論文 (*Arch. f. Psychiatrie*, 1889-1890)、二二四頁。また、ヴィルブラント、前掲書、一四〇頁ならびに、ベルンハルト〔Martin Bernhardt〕「脳疾患の奇妙な症例〔Eigenthumlicher Fall von Hirnerkrankung〕」(*Berliner klinische Wochenschrift*, 1877)、五八一頁とも比較せよ。

(2) 前掲論文 (*Arch. f. Psychiatrie*, t. XXIV)、八九八頁。

さらにいっそう特徴的な、第二の事実がある。取り上げたいのは、患者たちがデッサンをする仕方だ。デッサンには、二つのやり方を考えることができる。第一のものは、試行錯誤しながら紙の上にいくつかの点の位置を定め、絵が実物と似ているかどうかを絶えず確認しながら点を結んでいく、という描き方である。「点で」のデッサンと呼んでもよい。しかし、通常われわれが用いている描き方は、それとはまったく異なる。われわれは、モデルをよく見たり思い浮かべたりした上で、「連続線でひと息に」描くのだ。この上なく見慣れた複数の輪郭線の有機的組織をすぐさま解きほぐせる習慣、すなわちそれらの図式をひと息に描こうとする運動的傾向としてでなければ、このような能力をどう説明できよう。しかし、仮にある種の形式における精神盲において解体してしまっているのが、まさにこうした習慣ないし対応であるのだとしたら、患者には、自分が何とかつないでいく線の諸要素を描くことはまだできるにしても、もはや連続線でひと息にデッサンすることはできなくなっているだろう。輪郭線のもつ動勢感《ムーヴマン》がもう捉えられないからである。しかるに、経験が確かめてくれるのは、まさにこの点である。リサウアーの観察報告は、この点に関して、すでに示唆に富むものだ[1]。彼の患者は、単純な対象を描くのに多大な困難を覚える。それらをそらで描こうとすると、その対象のあちこちから拾われたばらばらの部分を描くばかりで、それらを互いに結びつけることができないのである。しかし、完全な精神盲の症例は稀だ。はるかに多いのは、言語盲、すなわちアルファベットの文字に限られる視覚的再認の喪失という症例である。ところで、そうした症例において、文字を写そうとする場合に、患者がいわば文字の運動〔＝動勢感〕を把握できない、というのは、ごくふつうに見られる事実である。文字を書くとき、彼はそれをまず任意の一点から始めて、手本にきちんと合わせられているかどうかを絶えず確かめるのだ。そうなると、こうした患者が、読み上げられた言葉を書き自分から自発的に字を書くという能力のほうはしばしば無傷で保持している、という点は、なおいっそう注目に値するだろう。ここで消失しているのは、まさに知覚対象の分節を見分ける習慣、すなわち対象の知覚を、その図式を描く運動的傾向によって補完する習慣である、ということだ。かくして、先に予告しておいたとおり、まさしくそこに再認の第一の条件がある、という結論を下すことができる。

（1）　前掲論文（*Arch. f. Psychiatrie*, 1889-90）、一二三三頁。

しかし、今やわれわれは、自動的再認、何よりも運動によってなされる再認から、イマージュ記憶の規則的な介入が必要な再認に移らなければならない。前者は注意を欠いたままでの再認であるのに対して、これから見ていくように、後者は注意的再認である。

注意的再認もまた、運動から始まる。しかし、自動的再認だと、われわれの運動は知覚を引き延ばしてそこから有用な結果を引き出そうとし、かくしてわれわれを知覚対象からは遠ざけるのだが、逆に注意的再認では、運動はわれわれを対象のほうに連れ戻し、その輪郭を強調する。だからこそ、そこではイマージュ記憶がもはや単に付随的ではない主導的な役割を演じるわけだ。実際、運動が自分の実践的目的を捨てたと仮定して、運動能力は有用な反作用で知覚を継続していくのではなく、知覚へと引き返して、その目立った諸特徴を描くということにしてみよう。その時には、現在の知覚に似たイマージュであれば、運動がすでにその大まかな姿を投げ与えてくれているはずだから、類似したそれらのイマージュは、この型枠へと、もはや偶然にではなく、規則的に流れ込んでくるだろう。もちろん、そこに入り込むのを容易にするために、多くの細部は捨てざるをえないだろうが。

記憶と運動

Ⅲ　記憶から運動への漸次的移行。再認と注意。――われわれは、ここで論争の本質的な点に触れている。再認が注意的である場合、すなわちイマージュ記憶が現在の知覚に〔気まぐれにではなく〕規則的に結びつく場合、知覚のほうが機械的に記憶の出現を決定しているのだろうか、それとも記憶のほうが自発的に知覚を迎えにいくのだろうか。

この問いにどう答えるかで、脳と記憶力のあいだに立てられる関係の本性も変わってくる。実際、どんな知覚においても、振動が神経を通って知覚中枢に伝達されている。この運動がまた別の中枢に伝播していくと、その現実の結果としてそこにイマージュが出現させられる、ということなら、確かに、記憶力は脳の一機能にすぎないという主張も可能だろう。だが、運動は他の場合と同じく、この場合にも運動しか生み出すことはできず、知覚振動の役割とは、記憶がはまり込める一定の態度を身体に刻むことにすぎないということが立証できたとしたら、その場合には、物質的な振動の結果はこの運動的適応作業に尽くされる以上、記憶自体は別の場所に探し求めるべきだ、ということになる。第一の仮説では、脳の損傷をきっかけにして記憶力の障害が生じるのは、記憶はもともとその損傷部位に座を占めていて、それが当の部位とともに破壊されてしまったからだ、ということになる。反対に、第二の仮説では、そうした損傷は、生まれかけの、あるいは可能的なわれわれの行為には関係するだろうが、結局、行為以外には関係しない。損傷は、ある場合には、対象を前にして身体がイマージュの想起に適した態度をとることを妨げるかもしれない。また別の場合には、その記憶に対して、目下の現実とのつながりを切断してしまうかもしれない。すなわち、記憶の現実化の最後の段階を消し、行為の段階を消し、そこからして損傷は記憶が現勢化するのも妨げる、というわけだ。しかし、どちらにせよ、脳の損傷は記憶を本当に破壊してはいない。

この第二の仮説こそ、われわれのとるものだ。だが、その検証を試みる前に、知覚と注意と記憶力の一般的な関係をわれわれがどのように考えているのかを簡単に述べておく。ある記憶がどうやって次第に態度ないし運動の中にはまり込んでいけるのかを示すために、次章の結論をいくらか先取りすることにしよう。

注意とは何か。一方で、注意のもたらす本質的効果は、知覚をより強いものにして、さまざまな細部を浮かび上がらせることである。したがって、その内容において考察されるかぎり、注意は、ある種の知的状態の増強に帰着させられもしよう[1]。だが他方、意識が確認しているところでは、注意による強度の増大と、外的刺激自体の強まりに由来するそれとのあいだには、還元しようのない形式上の差異がある。実際、前者の増大は、内に由来しており、知性の側の一定の態度の存在を示すものに見えるのだ。だが、まさにここで曖昧さが始まる。知性の態度というのは明晰な観念ではないからだ。「精神の集中[2]」とか、あるいは判明な知性のまなざしのもとに知覚を導こうとする「統覚的[3]」努力[4]といったものが語られるだろう。こうした考えを物質化して、脳エネルギーの特殊な緊張なるものを仮定したり、あるいはさらに外から受け取った刺激に付加される中枢エネルギー消費[5]といったものを想定したりする者もいるだろう。しかし、これでは心理学的に確認されている事実を生理学的な言葉遣いに翻訳しているだけであって、われわれとしては、そちらの言葉のほうがはるかに明晰さを欠いているように思われるし、そうでない場合でも、結局はただの比喩に戻るばかりなのだ。

（1）マリイエ〔Léon Marillier〕の論文「注意のメカニズムに関する諸考察〔Remarques sur le mécanisme de l'attention〕」(*Revue philosophique*, 1889, t. XXVII)。ウォード〔James Ward〕による『エンサイ

クロペディア・ブリタニカ』中の項目「心理学〔Psychology〕」ならびに、ブラッドリー〔F. H. Bradley〕の論文「注意という特別の働きは存在するか〔Is There a Special Activity of Attention?〕」(*Mind*, 1886, t. XI)、三〇五頁も合わせて参照せよ。
(2) ハミルトン〔William Hamilton〕『形而上学講義〔*Lectures on Metaphysics*〕』第I巻、二四七頁。
(3) ヴント〔Wilhelm Wundt〕『生理学的心理学〔*Psychologie physiologique*〕』(F. Alcan版)、第II巻、二三一頁以下〔正確な書名は、*Eléments de psychologie physiologique*. 原書は、*Grundzüge der physiologischen Psychologie*, Leipzig: W. Engelmann, 1874〕。
(4) モーズリー〔Henry Maudsley〕『精神の生理学〔*Physiologie de l'esprit*〕』三〇〇頁以下。バスティアン〔Henry Charlton Bastian〕の論文「注意における神経的プロセス〔Les processus nerveux dans l'attention〕」(*Revue philosophique*, t. XXXIII)、三六〇頁以下とも比較せよ。
(5) W・ジェイムズ〔William James〕『心理学原理〔*Principles of Psychology*〕』第I巻、四四一頁。

こうなると、人は次第に、注意というものを精神ではなく、むしろ身体の一般的適応と定義するようになり、さらに、この〔注意という〕意識の態度とは何よりまずある〔身体的〕態度の意識だ、と考えるほうに導かれていく。これはTh・リボーが論争においてとった立場であり(1)、攻撃を受けはしたが(2)、依然として力をそのままに保っているように見える。ただしわれわれの考えでは、Th・リボーが記述した運動は注意現象にとっての消極的条件にすぎない、とするかぎりでの話である。実際、意志的注意に相伴うのはとりわけ停止運動だと想定したところで、それに対応する精神の働き、すなわち同じ器官が同じ対象をその周囲も同じままで知覚しつつ、そこにいっそう多くの事柄を発見していくという謎めいた働きは、やはり説明を要するはずだ。そればかりか、もっと進んで、抑止的諸現象とは意志的注意を行う実質的運動への準備にすぎない、と主張することもできよう。実際、すでに示唆しておいたように、注意というものが、精神が現在の知覚からの有用な結果を追い求めるのをやめて背後に後退を行うことを含意するのだとしたら、まず最初に生じるのは、運動の抑止、停止作用であろう。しかし、この一般的な態度の上に、より繊細な運動がすぐさま接《つ》ぎ木されてくる。これはすでに何人かが着目して記述したもので、(3)その運動の役割とは、知覚対象の輪郭を改めてたどり直すことである。これらの運動とともに、注意の単に消極的ではない作業、その積極的作業が開始される。それを継続していくのが、記憶なのだ。

(1)〔テオデュール・リボー（Théodule Ribot）〕『注意の心理学〔*Psychologie de l'attention*〕』（Paris, 1889 (Félix Alcan, éditeur)）。
(2) マリイエ、前掲論文。合わせて、J・サリー〔James Sully〕の論文「注意における心身プロセス〔The Psycho-physical Process in Attention〕」（*Brain*, 1890）、一五四頁とも比較せよ。
(3) N・ランゲ〔Nicolai Lange〕の論文「感覚的注意の理論への寄与〔Beitr. zur Theorie der sinnlichen Aufmerksamkeit〕」（ヴント〔Wilhelm Wundt〕の『哲学研究〔*Philos. Studien*〕』第Ⅶ巻、三九〇―四二二頁）。

実際、外的知覚がわれわれの側にその主要な線を描く運動を引き起こすと、われわれの記憶力は、当の知覚に類似し、われわれの運動によってすでにその下絵が用意されている過去のイマージュを、受け取った知覚のほうに差し向ける。そうして、記憶力は現在の知覚を新たに創り直す。もっと正確に言うなら、現在の知覚に知覚自身のイマージュか、何らか同種の記憶イマージュを送り返して、当の知覚を裏から二重化するのである。保持され、想起されたイマージュが、現に知覚されているイマージュの細部まで覆い尽くすに至らない場合には、記憶力のいっそう深く遠い領域にまで呼び出しがかけられ、今は認識されていない細部の上に、もっと別のさまざまな既知の細部が投射されるようにする。そして、この働きは果てしなく継続されうる。記憶力が知覚を強めて豊かにしていけば、知覚のほうもいっそう展開され、自分を補足してくれる多くの記憶をますます自分のもとに引きつけていくからだ。だから、何かよく分からない一定量の光を自由にできる精神が、ある場合にはそれを周囲全体に拡散させ、他の場合にはただ一つの点に集中させている、というふうに考えるのはやめよう。どうせ比喩を用いるのなら、注意の基本的な働きを喩える先としてよりふさわしいのは、電信技師の仕事だろう。重要な電報を受け取ると、それを発信元に一語一語送り返して、その正確さを確認する、というわけである。

しかし、電報を送り返すには、当の装置を操作できなければならない。同様に、知覚からかつて受け取ったイマージュを現在の知覚の上に反映させるには、当の知覚を再生することと、すなわち、ある総合の努力によって知覚を再構成することができなければならない。注意とは分析の能力だと言われてきたし、それは正しい。しかし、その種の分析が可能なのはいかにしてか、当初は現れていなかったものを知覚のうちに発見できるようになるのはどのようなプロセスを通じてのことか、という点については、これまで十分に説明されていない。実を言えば、その分析が行われるのは、一連の総合の試行を通じて、あるいは同じことになるが、一連の仮説を通じてなのだ。われわれの記憶力は、類似したさまざまなイマージュを次々に選択して、それを新しい知覚のほうに投じる。しかし、この選択はでたらめに行われはしない。仮説を示唆するもの、選別を遠くから支配しているもの、それは知覚をさらに継続する模倣運動であって、これらの運動が、知覚と、想起されるさまざまなイマージュとに共通した枠組みになってくれるのだ。

こうなると、判明な知覚のメカニズムについては、通常、思い描かれているのとは別の仕方で考えるべきだろう。知覚とは、単にさまざまな印象が精神によって取り集められたもの、あるいは加えて、そこに何らかの仕上げを施したものなのではない。そう言えるのは、せいぜいのところ、受け取られるや否や散逸してしまうような知覚、有用な行為にわれわれが分散させるような知覚についてだけである。だが、すべての注意的知覚がまさに前提としているのは、語源のままの意味での反射である。すなわち、対象と同一か、それに類似し、対象の輪郭という型にぴったりはまることができるイマージュを能動的に創造して、それを外に投射する働きのことだ。ある対象をじっと見つめてから急に視線を動かすと、対象の残像イマージュが得られる。このイマージュは対象を見ていた時からすでに生じていた、と想定すべきではないか。最近の遠心性知覚繊維の発見からすれば、通常そのようになっているのがふつうのことで、印象を中枢に運ぶ求心的プロセスと並んで、もう一つ反対向きのプロセスが存在し、それがイマージュを末梢に連れ戻していると考えるよう、われわれは促される。もちろん、この場合は、イマージュといっても対象自身をそのまま写し取っただけのイマージュであり、記憶といっても知覚のあとに直接続くだけの記憶、その知覚の残響にすぎない。しかし、このような対象と同一のイマージュの背後には、さらに別のイマージュが存在している。それらは記憶力の中に蓄えられているもので、対象とは単にどこかで類似するにすぎず、つまるところ、程度に差はあれ、遠い類縁関係しかもっていない。こうしたイマージュは、どれも知覚を出迎えようとしており、知覚の実質を自らの栄養にすることができれば、十分な力と生命を得て、知覚と一緒に自分を外化できるようになる。ミュンスターベルク(1)やキュルペ(2)の実験は、この点に関して疑念の余地をいっさい残さない。われわれの現在の知覚には、それを解釈しうるすべての記憶イマージュが忍び込んでおり、われわれにはもはやどれが知覚でどれが記憶なのかの区別もできないほどだ、というのである。しかしこの点に関して、この上なく興味を引くのは、読字のメカニズムに関するゴルトシャイダーとミュラーによる巧みな実験だろう(3)。グラスハイは有名な論文(4)で、われわれは言葉を一文字ずつ読んでいるのだと主張したが、それに反対して、この二人の実験家は次の事実を確かめたのである。滞《とどこお》りない読字というのは正真正銘の推察作業であり、われわれの精神は、あちらこちらにいくつかの目立つ特徴だけを拾い集め、それらの隙間をすべてイマージュ記憶で埋める。そして、これらのイマージュ記憶は、紙の上に投射されて、実際に印刷されている文字に取って代わり、自分のほうが本当に印刷されているという錯覚をわれわれに与える、というのである。われわれは絶えず創造や再構成を行っているわけだ。われわれの判明な知覚は、まさに一つの閉じた円環にこそなぞらえるべきであり、そこでは精神へと差し向けられる知覚イマージュと空間に投げられる記憶イマージュが、互いのあとを追いかけ合っているのである。

（1）〔ヒューゴー・ミュンスターベルク（Hugo Münsterberg）〕『実験心理学への寄与〔*Beitr. zur experimentellen Psychologie*〕』第四巻、一五頁以下。

（2）〔オスヴァルト・キュルペ（Oswald Külpe）〕『心理学概論〔*Grundriss der Psychologie*〕』（Leipzig, 1893）、一八五頁。

（3）〔アルフレート・ゴルトシャイダー（Alfred Goldscheider）とフランツ・R・ミュラー（Franz R. Müller）の〕論文「読字の生理学と病理学について〔Zur Physiologie und Pathologie des Lesens〕」（*Zeitschr. f. klinische Medicin*, 1893）。マッキーン・キャッテル〔James McKeen Cattell〕の論文「文字認識の時間について〔Ueber die Zeit der Erkennung von Schriftzeichen〕」（*Philos. Studien*, 1885-86）も参照。

（4）〔フーベルト・フォン・グラスハイ（Hubert von Grashey）の〕論文「失語症とその知覚への関係について〔Ueber Aphasie und ihre Beziehungen zur Wahrnehmung〕」（*Arch. f. Psychiatrie*, 1885, t. XVI）。

この点は、強調しておきたい。人は、注意的再認を、一本の糸に沿って進む一続きの過程のように思い描きがちである。対象は感覚を刺激し、感覚は自分の目の前に観念を出現させ、観念はそれぞれ知的状態の集合内にある諸点を遠く背後にあるものまで順々に揺さぶっていく。ここにあるのは直線状の歩みであり、そうやって精神は対象から次第に離れていき、もうそこに戻ることはない、というわけだ。われわれの主張は、これとは反対である。反省的知覚とは一つの回路であり、そこでは諸要素が、知覚される対象そのものも含めてすべて、電気回路におけるように相互に緊張した状態にあるので、対象から発した振動が精神の深い奥底で途絶することはありえない。必ず対象そのものに戻らずにはいないのだ。これを単なる言葉の問題とは見ないでいただきたい。ここにあるのは、知性の働きについての根本的に異なる二つの捉え方なのだ。第一の考え方によれば、事の進み方は機械的で、追加分がまったく偶然的に連なっていくことによるものとされる。注意的知覚を例にすると、そこでは刻々と新しい諸要素が精神のいっそう深い領域から発してくるのだが、それらは以前の要素に結びつきながら、それによって全体の混乱を生じさせることも、体系の変化を求めてくることもあるまい。反対に、第二の考え方では、注意作用は精神とその対象との緊密なつながりを前提としつつ閉じた一つの回路をなしているため、より集中した状態に移ると、そのつど新しい回路を一から創造するほかなく、この新しい回路は最初の回路を含みつつも知覚対象以外の共通点をもってはいない、ということになる。記憶力のそうしたさまざまの円環については、またあとで詳細に論じるが、その円環のうち最も狭いAは直接的知覚にいちばん近いものである。それが含むのは、対象Oそのものと、それを覆いに戻ってきている残像イマージュだけである。その背後では、より大きな円環B、C、Dが知性の拡張のより強い努力に対応している。のちに見るように、これらの回路のどれをとっても、そこには記憶力の全体が入り込んでいる。いつも記憶力は現に居合わせているからだ。ただし、この記憶力はその柔軟性によって際限なく膨張できるもので、それに応じて対象の上にいっそう多くの示唆された事柄を反映させていく。それは知覚対象そのものの細部でもあれば、対象をより明晰にしてくれる周囲の随伴物のほうの細部でもある。こうして、われわれは知覚対象を一個の独立した全体として再構成した上で、それと一体系を形成できるいっそう遠くの条件も次々に再構成していくのである。そのように対象の背後に位置し、対象そのものとともに潜在的に与えられている、より深い諸原因をB'、C'、D'としよう。注意の進展は、その結果として、知覚対象だけでなく、それが結びつきうるいっそう広い体系をも次々と新たに作り出すことが分かると思う。かくして、円環B、C、Dが記憶力のいっそう大きな拡張を表していくにつれて、それらの反射も、B'、C'、D'において、実在のいっそう深い層に達していく、というわけである。

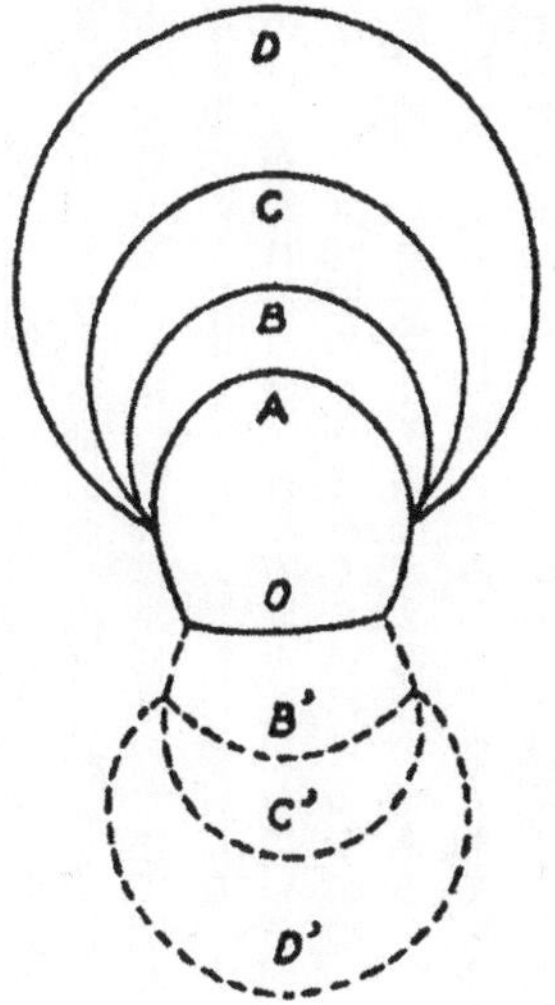

図1

したがって、同じ心的生は記憶力が次々に身を置いていく諸階層で何度でも限りなく反復されるのであり、精神の同じ働きは数多くの異なる高さで演じられうる、ということになる。注意の努力には、精神は常にその全体で関わっているのだが、展開していくのにどの水準を選ぶのかに応じて、この精神は単純になったり複雑になったりする。通常は現在の知覚のほうがわれわれの精神の方向を決定しているが、その知覚がわれわれのうちに展開させるイマージュ記憶の数がどれくらいになるかについては、われわれの精神がとる緊張の程度次第、精神が身を置くその高さ次第なのである。

最後にさらに言い換えてみると、個人的で、正確な位置をもち、その系列がわれわれの過去の生の流れを描いているであろう諸記憶は、合わさって、われわれの記憶力が描く最後のいちばん大きな外周線をなしている。そうした記憶は本質上、移ろいやすいもので、これが物質化されるためには、たまたま的確に決定された身体の態度がそれを引き寄せてくれたり、あるいは身体の態度の非決定そのものがかえって気まぐれな出現に自由な余地を残してくれたりする必要があるが、いずれにせよ、それは偶然によるしかない。しかし、この極大の外周線は自らを引き絞りつつ反復を行い、内部にいくつもの同心円を描く。それらの徐々に狭まっていく円が保持しているのも同じ記憶なのだが、これらの記憶は縮小させられ、もともとの個人的な独特の姿からは次第に引き離されていく。だが、そうやってありきたりのものになるぶん、現在の知覚にいっそう重なりやすく、種が個を包摂するようにして知覚を規定できるものになるのだ。やがて、そうして縮減された記憶が現在の知覚にぴたりとはまり込み、どこまでが知覚で、どこからが記憶なのかがもう言えなくなる時がやって来る。まさにこのとき、記憶力は自分のもつ表象を気まぐれに出没させるのをやめ、身体運動の細部に従う形で働いているのだ。

しかし、これらの記憶が運動に、ということは外的知覚にいっそう近づくにつれて、記憶力の働きは実践上のより高い重要性を獲得していく。過去のイマージュが、そのすべての細部から情感的な色合いまで込みで、そのまま再生されるとしたら、それは夢想や夢のイマージュである。行為することとわれわれが呼ぶのは、まさにこの記憶力が次第に自らを凝縮し、あるいはむしろ自分を研ぎ澄まして、最後にはその刃《やいば》の切っ先のみを経験に差し向け、そこへ斬り込んでいくようにすることだ。人はこれまで、記憶の喚起に見られる自動的なものを、時には見落とし、時には逆に過大評価してきたが、そうなるのは結局、そこでの記憶力の運動的要素をきちんと見分けておかなかったからである。われわれの考えでは、知覚が模倣運動へと自動的に分解され終わったまさにその時に、ようやくわれわれの能動的な活性へと呼び出しがかかる。その時には一つの下絵が与えられているわけで、われわれは遠近さまざまな記憶をそこに投射して、その細部と色彩を創り直すのである。だが、通常、人は決してこのようには考えない。ある場合には、精神に完全な自律性が与えられる。今存在している対象に対しても、もう存在しなくなった対象に対しても、自分の好きなように働きかけられる能力がある、とするのだ。そうなると、感覚－運動的平衡のごくわずかな変調に続いて注意力や記憶力の深刻な障害が生じうる理由は、もはや理解できない。また別の場合には、反対に、イマージュを生じさせるプロセスはどれも現在の知覚からの機械的結果だとされる。必然的かつ一様な進展を通じて、対象は感覚を出現させ、感覚は自分にぶら下がっている観念を出現させる、ということにしたいのだ。そうなると、最初は機械的だった現象が途中で本性を変える理由はないのだから、脳の中にさまざまな知的状態が貯められていて、それがそこで眠ったり目覚めたりする、といった仮説に至ることになる。以上、いずれの場合にも、身体の本当の機能が見逃されてしまっている。そして、機械的メカニズムの介入が不可欠になるのはどういう点においてなのかを理解しなかったために、ひとたびメカニズムに訴えて説明を始めてしまうと、それをどこでやめるべきかも分からなくなるのである。

だが、もうこうした一般論からは脱するべきである。これまでに知られている脳局在の諸事実によって、われわれの仮説は確証されるのか、覆《くつがえ》されるのかを調べなければならない。イマージュに関わる記憶力の障害のうち、脳皮質の局所的損傷に対応しているのは、視覚的再認一般ないし聴覚的再認一般（精神盲と精神聾）にせよ、あるいは言葉の再認（言語盲、言語聾など）にせよ、結局は必ず再認に関わる疾患である。したがって、われわれが検討すべきは、これらの障害である。

さて、もしわれわれの仮説が正しいとすれば、こうした再認の損傷は、脳の損傷部位に記憶が場を占めていたということには決して由来しないことになる。それは次の二通りの原因によるはずだ。ある場合には、われわれの身体のほうが、外からの刺激を前にして、記憶間での選別の仲介役になるはずの的確な態度を自動的にとれなくなっている。また別の場合には、記憶のほうが作用点、すなわち自分を引き延ばして行為にする手段を身体の中に見出せなくなっているのである。第一の場合に損傷が関係しているのは、取り集めた振動を自動的に行われる運動へと継続していく機構であろう。注意が、対象のほうから、しっかり固定できなくなるわけだ。また、第二の場合に損傷が関与しているのは、脳皮質上の特定の中枢、すなわち不可欠の前提となる感覚を用意して、続く意志的運動の準備をする中枢、その名称が正しいかはともかくとして、一般にはイマージュ中枢と呼ばれている中枢であろう。注意が、主体のほうから、しっかり固定できなくなるわけだ。だが、いずれの場合にしても、損傷を受けるのは目下の運動であり、準備されなくなるのはこれからの運動である。記憶そのものは破壊されていないはずだ。

ところで、病理学は、こうした予想を裏づけてくれている。病理学が明らかにしたのは、精神盲や精神聾、言語盲や言語聾にはまったく異なる二つの種類が存在する、ということだ。第一の種類では、視覚的記憶や聴覚的記憶は、なお喚起されるが、自分に対応する知覚に重なっていくことができなくなっている。第二の種類では、記憶の喚起そのものが妨げられている。では、損傷が関連しているのは、右に述べたように、第一の場合では自動的注意を行う感覚－運動上の機構であり、第二の場合では意志的注意を行うイマージュ関連の機構である、ということに実際になっているだろうか。われわれの仮説を検証するためには、明確な事例に話を限定しなければならない。事物一般の、特に言えば言葉に関しての視覚的な再認について、それがまず最初に半自動的な運動的プロセスを前提としており、次いでその上に、対応する態度にはまり込める記憶の能動的な投射を含意していることを示すのも、もちろん可能ではある。だが、われわれとしては、聴覚印象、中でも特に分節言語の聴取を取り上げたい。すべての事例の中で最も包括的なものだからである。実際、言葉を聞き取るというのは、まずその音声を再認し、次にその意味を見つけ直して、最後にその解釈をいくらかなりとも進める、ということであって、つまりそれは注意の諸段階すべてを通ること、記憶力がもつ複数の力能を順を追って次々に働かせていくことである。加えて、言葉の聴覚的記憶力の障害ほど頻繁に見られ、またこれほどよく研究されてきた障害はない。そして、最後に言えば、聴覚上の言語イマージュの消失は、皮質の特定の脳回の重い損傷なしには起こらない。異論の余地のない局在の事例が、こうしてわれわれに与えられることになるわけで、この事例に基づいて、脳は本当に記憶を蓄えることができるのかどうかを問うことができるだろう。かくして、われわれは、言葉の聴覚的再認において、次の二つがあることを示さなければならない。(1)自動的な感覚‐運動的プロセス。(2)イマージュ記憶の能動的で、いわば遠心的な投射。

(1)二人の人物が、私の知らない言語で会話するのを聞いているとしよう。二人の言うことを聞き取るには、それだけで十分だろうか。私に届く音の振動は、二人の耳を刺激しているものと同一である。しかしながら、私に知覚できるのは、どの音声もすべて似ている混乱した雑音だけである。私には何もはっきり区別できないし、復唱など不可能である。反対に、二人の対話者の側では、その同じ音の塊の中に、互いにほとんど類似することのないさまざまな子音や母音、音節を、つまりは個々別々の言葉を聞き分けている。彼らと私では、何が違うのだろうか。

問題は、記憶にすぎない一言語の知識が、いかにして現在の知覚の実質を変様し、同じ物理的条件にありながら、ある者たちには聞き取れないものを他の者たちには現に聞き取れるようにするのか、ということである。この場合には、記憶力に蓄えられた言葉の聴覚的記憶が、音声印象からの呼び出しに応えて、当の印象の効果を強めにくるのだ、と人はおそらく想定するだろう。しかし、聞いている会話が私にとっては雑音でしかない場合、音が強められたといくら仮定できても、より大きくなったところで、雑音がいっそう明晰なものになることはない。単語の記憶が耳にされた単語によって呼び起こされるためには、少なくとも、まず耳が単語を聞き取らなければならないのだ。もし音声がすでに分離され、区別され、結局は音節や単語として知覚されているのでなかったら、知覚された音声は、いったいどうやって記憶力に話しかけ、特に自分に重ねられるべきイマージュを聴覚的イマージュの倉庫から選び出せるというのか。

この困難は、感覚性失語症〔話せないのではなく、聞き取れない疾患のこと〕の理論家たちの注目を十分に引いてきてはいないようである。実際、言語聾において、患者は自分の言語に対して、ちょうど未知の言語が話されているのを聞く時にわれわれが置かれているのと同じ状況にある。患者は、一般に聴覚自体はそのまま保持しているのだが、言葉が発されるのを聞いても何も理解できないし、さらにはその言葉をはっきり切り分けて聞くことすらできない場合も少なくないのだ。単語の聴覚的記憶が脳皮質において破壊されているとか、皮質間ないし皮質下の障害のせいで聴覚的記憶が観念を呼び起こせなくなっている、あるいは知覚が記憶と結びつけなくなっているなどと言って、それでこの事実はもう十分に説明できたと人は思い込んでいる。しかし、少なくとも右で見た最後の症例〔言葉を切り分けられないケース〕に関して、次の心理学的な問いは手つかずのままである。損傷が消し去った意識的過程とは、いかなるものか。最初は耳に一つの音声連続体として与えられる単語や音節は、一般にどのような仲介によって、それぞれはっきり分別されるようになるのか。

もし本当に、われわれが一方では聴覚的印象だけを、他方では聴覚的記憶だけを相手にしているのだとしたら、困難はもう乗り越えようがない。だが、聴覚的印象によって生まれかけの運動がさまざまに組織され、それらが聴取されたフレーズに区切りを入れて、その主だった分節を際立たせることができるのだとすれば、話は違ってくる。その場合には、それらの自動的な内的随伴運動は、最初は混乱してうまく調整されていないにしても、繰り返されるうちに次第にはっきり浮かび上がってきて、最後には一つの単純化された図を描くことだろう。そして、聞き手は、この図の中に話し手の運動そのものの大きな線と主要な方向を再発見できるようになる。生まれかけの筋肉感覚の形でこのようにわれわれの意識内に展開されるものを、聞き取られた言葉の運動図式と呼ぶことにしよう。こうなると、新しい言語の諸要素に耳を慣らしていくというのは、なまの音を変様することでも、それに記憶を結びつけることでもない。それは、耳からの諸印象に合わせて発声筋の運動的諸傾向を調整すること、運動的随伴を完成させていくことであるはずだ。

体操を覚えるために、まずわれわれは運動をまとまった全体として模倣する。外から見る目からすると、運動は全体的なものに見えるし、実際そういうふうに行われているように思われたからである。運動の知覚は混乱したものだったから、それを反復しようとする運動も、また混乱したものとなる。しかし、視覚的知覚が一つの連続的全体の知覚だったのに対して、そのイマージュを再構成しようとする運動のほうは筋肉の多数の収縮と緊張で成り立っている。そして、それについての意識もまた、それ自身、関節のさまざまな動きからの多数の感覚を含んでいる。イマージュを模倣する混乱した運動は、したがってすでにして当のイマージュの潜在的分解なのだ。言ってみれば、その運動は自分を分析していくのに必要なものを、もう自分の内にもっているのである。反復と練習による進歩というのも、最初は内に含まれていたものを取り出して、要素的運動の一つ一つに自律性を与えて的確さを確保すること、ただし個々の運動は他の運動と緊密に連帯していなければ役に立たなくなるからには、この連帯性は保っておくということに尽きる。習慣は努力の反復によって獲得されるというのは正しいが、反復される努力がいつも同じことを再生するだけだとしたら、そんなものが何の役に立つだろう。反復の本当の効果とは、まずは分解し、その次には再構成し、そうやって身体の理解力に訴えかけることなのだ。反復は、新たに試みられるごとに、内に含まれていた運動を外に展開する。また、繰り返すそのたびごとに、それまでは見過ごされていた新しい細部に身体の注意を引きつける。身体が分割し、分類できるようにし、本質的なところを身体に強調してやる。全体の運動の中に、その内的構造を印づけている線を一つ一つ再発見していく。このような意味で、身体が納得して初めて、ある運動は習得されたと言えるのである。

耳にされた言葉の運動的随伴が音の集塊の連続を断ち切るのは、以上のようにしてである。ただし、この随伴とは何かについては、まだ問わなければならない。それは言葉そのものが内的にそのまま再生されたものだろうか。しかし、もしそうなら、子供は耳が判別できる単語をもうすべて反復できることになってしまうし、われわれ自身にしても、未知の言語であれ、理解さえできれば、それでもう正しいアクセントで発音もできるということになるだろう。そんなに単純にいくわけはない。あるメロディーをきちんと捉え、その大筋をたどり、記憶力に定着することはできても、やはり私にはそれが歌えない、ということはある。イギリス人がドイツ語を話しているのを聞いて、その抑揚や調子があれこれおかしいのに私は気づけるし、だから内心では彼を訂正するわけだが、だからといって私自身が話せばドイツ語のフレーズに正しい抑揚と調子を与えられる、ということにはならない。また、ここでは、そうした日常的な観察を臨床的事実も確証してくれている。人の言葉をたどり、それを理解することは相変わらずできても、自分で話すことはできなくなっている、というケースがあるのだ。運動性失語症〔話せない疾患〕は、言語聾を必ずしも伴わないのである。

これはつまり、耳にされた言葉に区切りを入れるのに用いられる図式は、言葉の目立った輪郭を際立たせるにすぎない、ということだ。言葉そのものに対しての図式は、完成された絵画に対しての下絵のようなものである。実際、難しい運動を理解するのと、それを実際に行えるのとは別のことである。理解のためであれば、その運動の本質的なところを、他にもありうる運動から区別するのに十分なだけ行えれば、それで足りる。しかし実際に行えるためには、さらに加えて、それを身体にも理解させておかなければならない。ところで、身体の論理は暗黙の理解というものを認めてはくれない。求められた運動を構成するすべての部分が一つずつ示された上で、合わせて一緒に再構成されることを、それは要求する。ここで必要になるのは、いかなる細部をも見落とさない完全な分析と、何一つ省略することのない現実の総合なのだ。イマージュの図式はいくつかの生まれかけの感覚から成るもので、これは下絵にすぎない。現実的かつ完全に経験されるさまざまな筋肉感覚が、それに色彩と生命を与えるのだ。

　残る問題は、この種の随伴はどのように生じるのか、そしてそれは実際にいつも生じているのかどうか、ということである。知られているように、ある単語を実際に発音するには、舌と唇が音の分節のために、喉頭が発声のために、そして胸筋が呼吸流を生み出すために、すべて同時に介入してくることが必要である。発音される音節の一つ一つには、脊髄と延髄の中枢にすっかり組み立てられた諸機構全体の発動が対応しているのだ。そして、それらの機構は脳皮質の上位の諸中枢へと精神－運動性領野〔有意運動に関わる部位〕にある錐体《すいたい》細胞の軸索《じくさく》突起によってつながれており、意志の衝動はこの経路に沿って進む。例えば、この音声を発したいと思えば、それに応じて、われわれはこれらの運動機構のうちのこれに活動命令を伝達する、といった具合になっているのだ。だが、分節と発声のさまざまにありうる運動に対応する組み立て済みの機構が、どういった種類の原因であれとにかく意志的な発話の際にそれらを発動させてくる諸原因とつながっているにしても、同じこれらの機構が単語の聴覚的知覚のほうとも連絡していることに疑念の余地を与えない諸事実がある。臨床家が報告する多種多様な失語症の中で、こうしたつながりを含意しているように見えるものとして、二種類のものがまず知られている（リヒトハイムの第四型、第六型）[*1]。例えば、リヒトハイム自身が観察したある症例において、患者は転落して以降、単語分節の記憶力を、またそれゆえ自発的に話す能力をも失った。しかし、彼は言われたことを非常に正確に反復できるのである[(1)]。他方、自発的発話は無傷だが完全に言語聾である症例において、患者は言われたことをもはやいっさい理解できないのだが、他人の言葉を反復する能力は完全に保たれたままだ、という場合もある[(2)]。バスティアンが主張するのと同じように、こうした現象が示しているのは、単に単語を分節したり聞き取ったりする記憶力の機能低下であって、この記憶力を〔他人の言葉という〕聴覚印象が麻痺状態から呼び覚ましただけの話だ、と言われるかもしれない[(3)]。そうした仮説については、われわれとしてもそれに一定の場所は用意するけれども、反響症という非常に奇妙な現象がそれで説明できるとは思われない。この反響症という現象は、ずっと以前から、ロンベルク[(4)]やヴォワザン[(5)]、ウィンズロウ[(6)]によって指摘されてきたもので、それをクスマウルは、確かにいささか誇張はあるものの、聴覚反射と呼んだのだった[(7)]。その患者は、聞こえた言葉を機械的に、そしておそらくは無意識に反復する。聴覚的感覚がひとりでに分節運動に変換されるような具合である。そこからして、ある特別な機構が言葉の聴覚的中枢を発話の分節中枢につないでいるのだ、と想定する者もいた(8)。正解は、これら二つの仮説の中間にあるように思われる。以上の多様な現象のうちには、すでにまったく機械的な作用を超えたもの、しかしまだ意志的記憶力に訴える呼びかけには至らないものがある。諸現象が示しているのは、聴覚的な言語印象には自らを引き延ばして分節運動になろうとする傾向性がある、ということだ。ただし、〔意志以前の傾向性だとはいっても〕われわれの意志の通常の統御を必ずすり抜けてしまうわけではなく、おそらく、ある初歩的な分別能力をすら前提とするものであって、それは正常な状態においては、耳にされた言葉の目立った諸特徴の内的反復として現れる。ところで、われわれの言う運動図式とは、これ以外のものではない。

(1) リヒトハイム〔Ludwig Lichtheim〕の論文「失語症について〔On Aphasia〕」(*Brain*, janv. 1885)、四四七頁。
(2) 同論文、四五四頁。
(3) バスティアン〔Henry Charlton Bastian〕の論文「さまざまな種類の失語症について〔On Different Kinds of Aphasia〕」(*British Medical Journal*, oct. et nov. 1887)、九三五頁。
(4) ロンベルク〔Moritz Heinrich Romberg〕『神経疾患教本〔*Lehrbuch der Nervenkrankheiten*〕』(1853, t. II)。
(5) ベイトマン〔Frederic Bateman〕によって引用されている。『失語症について〔*On Aphasia*〕』

(London, 1890)、七九頁。また、マルセ〔Louis-Victor Marcé〕の論文「病理生理学のいくつかの所見報告〔Mémoire sur quelques observations de physiologie pathologique〕」(*Mém. de la Soc. de Biologie*, 2e série, t. III)、一〇二頁とも比較せよ。

(6) ウィンズロウ〔Forbes Winslow〕『脳の不可解な疾病について〔*On Obscure Diseases of the Brain*〕』(London, 1861)、五〇五頁。

(7) クスマウル〔Adolf Kussmaul〕『言語障害〔*Les troubles de la parole*〕』(Paris, 1884)、六九頁以下。

(8) アルノー〔H. Arnaud〕の論文「言語聾の臨床的研究への寄与〔Contribution à l'étude clinique de la surdité verbale〕」(*Arch. de Neurologie*, 1887)、一九二頁。また、シュパマー〔Karl Spamer〕の論文「記号認知障害について〔Ueber Asymbolie〕」〔正確な題名は、「失語症と記号認知障害について。言語教育理論の研究を付す(Ueber Aphasie und Asymbolie, nebst Versuch einer Theorie der Sprachbildung)」〕(*Arch. f. Psychiatrie*, t. VI)、五〇七および五二四頁。

以上の仮説を深めてみれば、そこにこそおそらく、ある種の言語聾についてわれわれが先ほど求めた心理学的説明が見出されるだろう。聴覚的記憶が完全に残ったままの言語聾の症例があることは知られている。患者は、単語の聴覚的記憶も聴覚そのものも無傷のまま保っていたが、発音されるのを聞く単語のいずれも再認できないのだ(1)。ここで、人は皮質下損傷があると想定して、その損傷のせいで、聴覚的印象は聴覚的言語イマージュを、それが置かれているはずの皮質の諸中枢に見つけにいけなくなっているのだ、と考える。しかしまず問題なのは、まさに、イマージュを蓄えることが脳にできるのか、ということである。それに加えて、知覚を導いていく経路の損傷があると仮に認められたとしても、それで当の現象の心理学的な解釈はもう探究しなくてよい、ということにはならない。実際、そもそもの前提からして、聴覚的記憶は意識に呼び戻されうるものだし、同じく前提からして、聴覚印象も意識に到達している。したがって、この意識そのもののうちに、ある空隙が、ある切れ目が、つまり知覚と記憶の結合を妨げる何かがなければならないのだ。ところで、次の点に注目してみれば、事態は明らかになってこよう。すなわち、なまのままの聴覚的知覚は、まったくのところ音声連続体の知覚であるという点、そして習慣が打ち立てる感覚－運動的結合の役割は、通常の状態においては、それを分解することに違いないという点である。この意識されている機構が損傷すれば、もうその分解がなされなくなるわけで、かくしてこの損傷は自分に対応する知覚に重なっていこうとする記憶の勢いをきっぱり止めてしまうはずである。かくして、「運動図式」にこそ損傷は及んでいると見られる。聴覚的記憶を保ったままの言語聾はかなり稀なものだとはいえ、その症例を検討してみるなら、この点に関係して、特徴的ないくつかの細部に気づかれることと思う。言語聾における特徴的な事実としてアドラーが指摘するのは、患者たちは強い音であれ物音にはもう反応しなくなっているのに、彼らにおいて聴覚自体はこの上ない繊細さを保持したままである、ということだ[2]。言い換えるなら、これらの患者においては、音はその運動的反響をもはや見出せないわけである。シャルコーの、一時的な言語聾に陥ったある患者は、振り子時計の打つ音はよく聞こえたけれど、何回音が鳴ったのかを数えようとしてもだめだった、と語っている[3]。ということは、おそらく、この患者には音を分けて区別することができなかったのである。また、別の患者は、会話の言葉は聞こえるが、混乱した雑音のようだ、と言う(4)。最後にまた、耳で聞いた言葉の理解力を喪失した患者が、単語を何回も繰り返してもらったり、とりわけ音節ごとに区切りながら発音してもらったりすると、その理解力を取り戻す、という場合もある(5)。この最後の事実は、聴覚的記憶は保存したままの言語聾であることが完全に明らかである複数の症例で確認されたものだが、これはとりわけ意味深い事実ではないだろうか。

（1）特に、P・セリウ〔Paul Sérieux〕の論文「純然たる言語聾の一症例〔Sur un cas de surdité verbale pure〕」（*Revue de médecine*, 1893）、七三三頁以下、リヒトハイム、前掲論文、四六一頁、また、アルノー〔H. Arnaud〕の論文「言語聾の〔臨床的〕研究への寄与（第二論文）〔Contrib. à l'étude de la surdité verbale (2e article)〕」（*Arch. de Neurologie*, 1886）、三六六頁を参照。

（2）アドラー〔H. Adler〕の論文「感覚性失語症の稀な形態の研究への寄与〔Beitrag zur Kenntniss der seltneren Formen von sensorischer Aphasie〕」（*Neurol. Centralblatt*, 1891）、二九六および二九七頁。

（3）ベルナール〔Désiré Bernard〕『失語症について〔*De l'aphasie*〕』（Paris, 1889）、一四三頁。

（4）バレ〔Gilbert Ballet〕『内的言語〔*Le langage intérieur*〕』（Paris, 1888）、八五頁（Félix Alcan, édit.）。

（5）アルノーが論文「言語聾の臨床的研究への寄与（第二論文）〔Contrib. clinique à l'étude de la surdité verbale, 2e article〕」（*Archives de Neurologie*, 1886）、三六六頁以下で引いている三つの症例を参照。また、シュミット〔J. B. Schmidt〕の論文「卒中後の聴取障害・発話障害〔Gehörs- und Sprachstörung in Folge von Apoplexie〕」（*Allg. Zeitschr. f. Psychiatrie*, 1871, t. XXVII）、三〇四頁における症例とも

比較せよ。

シュトリッカー[(1)]の誤りは、聞こえた言葉の完全な内的反復があると考えたことである。彼のテーゼは、運動性失語症が言語聾を引き起こした症例が一つも知られていないという単純な事実によって、すでに反駁されているだろう。だが、音声の分節を切って、その図式を形成しようとする傾向性についてなら、事実のすべてが一致してその実在を立証している。ただし、先にも述べたように、この自動的な傾向性は、初歩的な知的働きもなしに進んでいくわけではない。もしそうだったなら、声質もさまざまで高さも異なって発音された複数の類似した言葉をどれも同じものと捉える、ということはつまり同一の図式でたどるということが、どうして可能だろうか。反復と再認を行うこうした内的運動は、意志的注意に対する、いわば前奏である。それは意志と自動運動の境界を記している。すでにほのめかしてきたように、これらの運動によってこそ、知的再認ならではの諸現象が準備され、そして開始されるのだ。しかし、この完全な再認、自己を十全に意識するに至った再認とは何のことだろうか。

（1）　シュトリッカー〔Salomon Stricker〕『言語と音楽〔*Du langage et de la musique*〕』（Paris, 1885）〔ドイツ語原書は『言語表象研究（*Studien über die Sprachvorstellungen*）』（Wien: W. Braumüller, 1880）。フランス語訳に際して章の追加と表題の改変が行われた〕。

記憶の現実化

(2)目下の研究の、第二のパートに取り組もう。運動から記憶に移ることにする。先に述べたように、注意的再認とは、まがうことなき一つの回路であり、そこにおいて外的対象はそれ自身のいっそう深い部分を明らかにしていくが、それはわれわれの記憶力が対象の反対側にあって、緊張を高めながら、そのさまざまな記憶を対象に向けて投射するのに応じてのことである。われわれが目下特に論じている〔言語の聴取と理解という〕事例で言えば、対象とは対話の話し手のことであり、その意識の中では、彼のさまざまな観念が展開して聴覚的表象となり、続いて発声される単語に物質化されている。したがって、われわれが正しければ、ここで必要となるのは聞き手の側が〔話し手の観念に〕対応した諸観念のあいだに一挙に身を置くことであり、さらにそれらの観念を展開して聴覚的表象となし、これらの聴覚的表象が運動図式にうまくはまり込んで、知覚されたままの音声をすっかり覆い直せるようにすることだろう。ある計算をたどるというのは、自分自身でそれをやり直すことである。同様に、他人の言葉を理解するというのも、耳が知覚した音声の連続を知性によって、というのはつまり観念のほうから出発して、再構成することであるはずだ。さらにより一般的に言えば、注意をすること、知性によって再認すること、解釈を行うことは、ただ一つの同じ働きに融合するだろう。精神がまず自分の水準を定め、そして、なまの知覚を前にしつつ、その知覚の〔定めた水準に応じて〕一定の近さに置かれる原因とちょうど対称になる点を精神自身の中で選び出し、その上で当の知覚に向けて、それを覆い直そうとする記憶を流し込んでいく、という働きである。

直ちに言っておくが、通常はこのようにはまったく考えられていない。連合主義的な習慣がわれわれにはあって、そのせいで、音声が近接によって聴覚的記憶を呼び起こし、聴覚的記憶は観念を呼び起こすというふうに考えてしまうのだ。加えて、記憶の消滅を引き起こすように見える脳の損傷も存在している。特に今われわれが論じている症例についてであれば、皮質性言語聾に特有の損傷を引き合いに出すことも可能だろう。かくして、心理学的観察と臨床的事実は合致すると見えるようになる。例えば、細胞の物理－化学的な変様といった形で、聴覚的表象は脳皮質の中に眠っている、ということにされる。外からの振動がそれらを目覚めさせ、当の聴覚的表象は、ある脳内プロセス、おそらくは補完的表象を探索する皮質間の運動を通じて諸観念を呼び起こす、という話になるわけだ。

だが、こうした仮説からの奇妙な諸帰結について、よく考えてみてほしい。ある語の聴覚的イマージュは、はっきり定められた輪郭をもつ一対象などではない。というのも、同じ語も、違った声で発音されれば、あるいは同じ声でも高さが違えば、さまざまに異なる音声を与えるからだ。とすれば、ある語の聴覚的記憶は、音の高さや声質がさまざまにあるのと同じ数だけ存在するということになる。それらのイマージュがすべて脳の中に詰め込まれるのだろうか。あるいは、脳はいずれかを選んで蓄えるのだとして、では脳が優先するのは、どのイマージュなのか。しかしまあそれでも、イマージュの一つを特に選ぶ理由を脳がもっているとしよう。だが、当の同じ語がまた別の人によって新たに発音された場合、いったいいかにしてその今度の語は、自分とは異なっている記憶に結合していけるのだろうか。実際、注意すべきだが、そもそもの仮定からして、この記憶は惰性的かつ受動的なものであって、それゆえ外的な差異のもとに内的な類似を把握する能力などはもたないことにされている。人は語の聴覚的イマージュのことを、まるで一つの独立したもの、〔個別例を含み込んだ〕一つの類であるかのように語るのだ。複雑な音声間の類似性を図式化できる能動的記憶力にとってなら、そういう類も疑いなく存在している。しかし、知覚されたさまざまな音声を、それらの物質性のままにただ記録し、またそれしか記録できない脳にとっては、同じ語についても無数の異なるイマージュがあることになるだろう。また別の声で発音されれば、その語は、これまでのイマージュに単に付け加えられる一つの新たなイマージュを構成するだろう。

だが、次のことも以上に劣らず困惑を呼ぶ。それとして抽出できるように先生から教わる以前には、語はわれわれにとって単語としての個体性をもたない。われわれが最初にその発声を習得するのは、単語ではなく、文である。単語はそれに伴う他の単語と常に融合しており、自分がその部分になっている文全体の運びや動きによって、さまざまに異なる相貌を帯びる。ちょうど、メロディーのある主題をなす音のそれぞれが漠然と主題全体を反映しているようなものだ。だから、モデルとなる聴覚的記憶が脳内機構の形で存在しており、音声的印象が行き過ぎるのを通路上で待っているのだと仮に認めたところで、それらの印象は再認されることなく通り過ぎてしまうだろう。実際、干からびて、惰性的で、孤立させられてしまったイマージュと、文と有機的に組織された語の生き生きした実在とのあいだでの共通の尺度、両者の接触点など、どこにあるというのか。自動的再認の端緒については、私にもよく理解できる。先に見たように、それは当の文の主要な分節を際立たせ、文の運動を引き受けることなのだろう。しかし、すべての人が同じ声をもって、同じ音調で型にはまった同じ文を発音するとでも想定しないかぎり、耳にされた単語がどうやって脳皮質に赴いてそこで自分のイマージュと結合できるのかは、どうにも理解できないのだ。

さて、もし本当に脳皮質の細胞の内に記憶が貯められているのだとすれば、例えば感覚性失語症において、特定の単語の修復不可能な消滅と、それら以外の単語の完全な保存が確認されてしかるべきだろう。しかし、実際には、事はそのように進まない。記憶の全体が消えて、精神的聴取の能力〔物理的音声の聴力ではなく、言葉を理解する働き〕もすっかり消失してしまう場合もあれば、この聴取機能だけが全体的に弱まる場合もある。しかし、通常、低下するのはあくまで機能のほうであって、記憶の数が減るのではない。患者は自分の聴覚的記憶をつかみ直す力をもはや失って、言語イマージュのまわりをぐるぐる飛びまわるばかりで、そこに止まれずにいるように見えるのだ。患者にある単語を見つけさせるには、最初の音節を示したり、(1)あるいは単に励ましたりして(2)彼にしかるべき道を示してやればそれで足りる、ということがしばしばある。(3)情動も同じ結果を生じさせうる。ただ、それでも、特定の一群の表象が記憶力から消されてしまったと確かに思われる症例も現に存在している。われわれもこの種の事実を数多く検討したが、その結果、それらは二つの完全に別個のカテゴリーに振り分けることができるように思われた。第一のカテゴリーでは、記憶力の消失は一般に突発的であるが、第二のカテゴリーだと、それは進行的である。第一のカテゴリーでは、記憶力から脱落する記憶は不特定で、その選択は恣意的、もっと言えば気まぐれである。特定の単語ということもあれば、特定の数字という場合もあり、あとで習得した言語の単語すべてということすらある。これが第二のカテゴリーになると、単語の消失は系統立った文法的順序、まさにリボーの法則が示す順序に沿って起こる。まず固有名詞が欠け、次いで一般名詞、最後に動詞が消えるのである[4]。だが、以上はまだ外的な差異である。われわれの考えでは、内的な差異とは以下のようなものだ。第一の種類の健忘は、まずほとんどすべてが激しいショックに続いて生じるものだが、これに関してわれわれは、一見消滅したかに思われる記憶は実際には存在したままであり、しかもただ存在するだけでなく働いてもいる、という考えに傾いている。よくウィンズロウから引かれる事例で言えば[5]、文字Ｆを、そしてこのＦだけを忘れてしまった患者の例がある。だが、ある特定の文字を、それが見つかる場所にかかわらず抽出することができる、それゆえ話し言葉でも書き言葉でも、とにかく当の文字が含まれていれば、それを脱落させることができる、というのは、最初にその文字をそれとして再認していなければ不可能ではないか。同じウィンズロウが引いている別の症例では[6]、患者は自分が習得した言語をみな忘れてしまい、また彼が書いた詩も忘れてしまった。しかし、もう一度詩を書いてみようという段になると、この患者はほとんど同じ章句を作り直す。また、そもそも、こうした症例では、消えてしまった記憶の完全な回復に立ち会うこともしばしばなのだ。この種の問題についてあまり断定的なことを言おうとは思わないが、これらの諸現象と、ピエール・ジャネ氏が報告する人格の分裂[(7)]とのあいだに、ある類似性を見ないわけにはいかない。以上の諸現象のあるものは、催眠術師が誘導する「否定的幻覚[*2]」や「目印つきの暗示[*3]」と驚くほど似ている[(8)]。——第二の種類の失語症、正真正銘の失語症は、以上とはまったく別物である。すぐあとで示すつもりだが、こちらの失語症の原因は、ありかのはっきりした一機能の減弱、すなわち単語の記憶を現勢化する能力の進行的減弱にある。健忘は、この場合、固有名詞から始まって、最後に動詞に至る系統立った進行をたどるのだが、このことをどう説明すべきだろうか。もしも言語イマージュが脳皮質の細胞の中に貯められているのだとしたら、それはまず説明しようがあるまい。実際、病変がそれらの細胞を常に同じ順序で冒していく、などというのは奇妙ではないか[(9)]。しかし、われわれとともに次のことを認めるなら、この事実も解明されよう。記憶は自分を現勢化するために運動的補助を必要としており、想起されるためには、ある種の精神的な態度が、それ自身、ある身体的な態度にはまり込んでいくことを要求している、ということだ。こう考えるなら、まさに動詞というのは模倣可能な行為を表すのがその本質であるから、言語の機能がわれわれから失われていく際にも身体的努力でつかみ直せる語である。反対に、固有名詞は、あらゆる語の中でも、身体が素描しうる非個人的な行為からいちばん遠いところにあるものなので、言語機能の減弱によって真っ先に損なわれる語なのだ。次の奇妙な事実にも着目しよう。ある失語症患者は、自分の探す実詞をどうしても見つけられないというのが常態となった。それで、彼はその実詞の代わりに適切な婉曲語法を使うのだが、そこには別のさまざまな実詞が、[10]それればかりか、しばしば当の思い出せなかった実詞そのものすら、ちゃんと登場するのだ。これはつまり、正しい単語を思い浮かべられないのでそれに対応する行為のほうを考えたのだが、この態度が運動の一般的な方向を決定し、その運動から当のフレーズが出てきた、ということである。われわれにしても、忘れた名前でも頭文字を覚えているなら、それを口に出してみると名前のほうまで思い出せることがあるが、[11]これも同じことだ。──このように、第二の種類に属する諸事実においては、全体として損なわれているのは機能のほうである。そして、第一の種類の諸事実では、忘却はよりいっそう明白だと外見上は思われるが、実際にはそれは何ら決定的なものではない。どちらの場合においても、われわれは、脳実質の特定の細胞に位置づけられ、それらの細胞の破壊によって消滅するような記憶を目にすることはないのだ。

（1）ベルナール、前掲書、一七二、一七九頁。バビレ〔William Babilée〕の『アルコール中毒における記憶障害〔*Les troubles de la mémoire dans l'alcoolisme*〕』(Paris, 1886)（博士論文）、四四頁とも比較せよ。

（2）リーガー〔Reinhold Rieger〕『脳損傷後の知的障害の記録〔*Beschreibung der Intelligenzstörungen in Folge einer Hirnverletzung*〕』(Würzburg, 1889)、三五頁。

（3）ウェルニッケ〔Carl Wernicke〕『失語症症候群〔*Der aphasische Symptomencomplex*〕』(Breslau, 1874)、三九頁。また、ヴァランタン〔Maurice Valentin〕の論文「外傷による失語症の一症例〔Sur un cas d'aphasie d'origine traumatique〕」(*Rev. médicale de l'Est*, 1880)、一七一頁とも比較せよ。

（4）リボー〔Théodule Ribot〕『記憶の病〔*Les maladies de la mémoire*〕』(Paris, 1881)、一三一頁以下(Félix Alcan, édit.)。

（5）ウィンズロウ〔Forbes Winslow〕『脳の不可解な疾病について〔*On Obscure Diseases of the Brain*〕』(London, 1861)。

（6）同書、三七二頁。

（7）ピエール・ジャネ〔Pierre Janet〕『ヒステリー患者の精神状態〔*Etat mental des hystériques*〕』(Paris, 1894)、II、二六三頁以下。彼の『心理学的自動症〔*L'automatisme psychologique*〕』(Paris, 1889)とも比較せよ。

（8）グラスハイ〔Hubert von Grashey〕の症例を参照。それはゾンマー〔Robert Sommer〕によって改めて検討されたが、ゾンマーはこの症例は失語症理論の現状では説明不可能だと述べている。この事例では、患者の行う運動は独立的記憶力に発せられる合図になっているように見える。ゾンマーの論文「言語の心理学について〔Zur Psychologie der Sprache〕」(*Zeitschr. f. Psychol. u. Physiol. der Sinnesorgane*, t. II, 1891)、一四三頁以下参照。また、ドイツ精神医学者会議〔Congrès des aliénistes allemands〕でなされた彼の報告とも比較せよ(*Arch. de Neurologie*, t. XXIV, 1892)。

（9）ヴント〔Wilhelm Wundt〕『生理学的心理学〔*Psychologie physiologique*〕』第I巻、二三九頁。

（10）ベルナール〔Désiré Bernard〕『失語症について〔*De l'aphasie*〕』(Paris, 1889)、一七一および一七四頁。

（11）いっさいの名前を忘れていたが、それらの頭文字を思い出すと、それによって名前を思い出せた患者の症例を、グレイヴズ〔Robert James Graves〕が報告している（ベルナール『失語症について』一七九頁による）。

だが、そもそも、われわれの意識に尋ねてみよう。理解したいと思いながら他人の言葉を聞いている時に何が起こっているかを、意識に問うてみるのだ。われわれは、受動的なままに、印象が自分自身のイマージュ〔＝対応する記憶〕を探しにいくのをただ待っているだろうか。むしろ、自分がある一定の構えに身を置くのを、われわれは感じないだろうか。この構えは、話し手が誰であるか、彼が何語で話すか、彼が表明する考えはどういった種類のものかに応じて変化するし、とりわけ彼が口にする文の一般的な運動によって変わる。言ってみれば、ここでわれわれは知性の働きの音程をまずは調整しているかのようなのだ。運動図式が、話し手のイントネーションを強調し、彼の思考の曲線をその屈曲に沿って追いかけつつ、われわれの思考に道を示してくれる。運動図式は空の容器だが、自分の形によって、流れ込んでくる流動体がどういった形をとるかを決定しているのだ。

しかし、人は解釈作用のメカニズムをこのように理解することにためらいを感じるだろう。われわれには打ち克ちがたい傾向性があって、それがどんな場合にも進展より事物を考えるよう促しているからである。先に述べたように、われわれの出発点は観念であり、それをわれわれは運動図式に入り込める聴覚的なイマージュ記憶に展開して、耳にされた音声をその記憶で覆い直す。ここにあるのは一つの連続的な進展であって、この進展において観念の雲は凝集しつつ判明な聴覚的イマージュになり、それらのまだ流動的なイマージュが、物質的なものとして知覚された音声と融合しつつ、最後には固体化するに至るのだ。以上のどの瞬間をとっても、観念や記憶イマージュが今終わったとか、記憶イマージュや感覚が今始まったなどと、正確に言えるものではない。そしてまた実際、ひとかたまりに知覚される音声の融合状態と、想起された聴覚的イマージュがそこに付け加える明晰さとを分ける境界線は、どこにあるのか。想起されたそれらのイマージュ自体の非連続性と、これらのイマージュが〔プリズムのように〕屈折させて別々の単語へと切り離してしまう、そのもともとの観念の連続性とを分ける境界線など、どこにあるというのか。しかし、科学的な思考は、諸変化のこうした切れ目のない系列を分析し、記号的描像化の抗しがたい欲求に屈して、こうした展開の主要な諸段階を停止させ、もうできあがってしまった事物へと固体化する。聞こえたそのままの音声については、ばらばらに切り離されそれぞれ欠けるところのない単語にしてしまうし、想起された聴覚的イマージュのほうも、それが展開する観念とはまた別個の存在物に仕立て上げてしまうのだ。こうして、なまの知覚、聴覚的イマージュ、観念というこれら三つの項は、それぞれ別個の全体を構成し、各々自分だけで完結している、ということになる。だが、純粋な経験にとどまろうとするなら、観念のほうから出発しないわけにはいかなかったはずである。複数の聴覚的記憶がうまく接合されるのは観念のおかげなのであるし、なまの音声のほうもまた記憶によって初めて完全なものになるのだから。にもかかわらず、人は、なまの音声を勝手に補完し、諸記憶もこれまた勝手にそれらだけで溶接してしまう。そうなれば、もう事柄の本来の順序をひっくり返して、われわれは知覚から記憶へ、そして記憶から観念へと進むなどと主張しても不都合はない、と考えることになるだろう。だが、どういう形においてであれ、いつかは断ち切られた三つの項の連続性を回復しなければならなくなる。それゆえ、人は、それら三つの項はそれぞれ延髄や脳皮質の別々の部位に居座りつつも相互の連絡は保っており、知覚は聴覚的記憶を目覚めさせ、記憶は記憶で観念を目覚めさせるようになっている、と想定する。展開過程の目立つ諸段階をそれぞれ独立した項へと固体化したのと同様に、今度は展開過程そのものを連絡線ないし衝撃の伝播へと物質化するわけである。こうして、人は本当の順序を逆転させ、またその必然的帰結として、系列内の項それぞれの中に、実際にはその項のあとでなければ実現されない要素を前もって忍び込ませるわけだが、こんなことは代償なしには済まない。分かたれざる進行の連続性をはっきり区別される複数の独立項に凝固させてしまうなら、それもまた代償なしには済まない。そんな表象の仕方でも、それを考え出すのに寄与した元の事実だけに厳しく限定しておくなら、おそらく十分に使えはしよう。しかし、新しい事実が出てくるたびに、描像はもっと複雑にせざるをえず、運動に沿って新しい停止点をさらに挟み込んでいくしかなくなるだろう。しかし、並置されるだけのそれらの停止点は、運動そのものを再構成するには決して至らないのである。

この点に関しては、感覚性失語症の「図式」の歴史ほど示唆に富むものはない。シャルコー[1]、ブロードベント[2]、クスマウル[3]、リヒトハイム[4]らの業績によって記される第一の時期においては、実際のところ、人は「観念中枢」が一つ存在していて、それが皮質間の諸経路によって多様な言語中枢につなげられている、という仮説で満足していた。しかし、この観念の中枢なるものは、分析が進むと、たちまち消え去ってしまった。実際、脳生理学は感覚や運動を局在化することにはますます成功したが、観念について、その場所を定めることは一度もできなかったのである。その一方では、感覚性失語症にはさまざまなものがあるために、臨床家たちは当の知的中枢を複数のイマージュ中枢に分けることを余儀なくされた。視覚的表象の中枢、触覚的表象の中枢、聴覚的表象の中枢、等々といった具合であり、その数は増えるばかりだった。それればかりか、それらの中枢をつなぐ道を二つの異なる経路、つまり上りと下りに分けて、中枢を双方向につながなければならないということも、しばしばであった[5]。続く時期に見られる図式、ヴィスマン[6]やメーリ[7]、フロイト[8]らの図式の特徴は、こうした点にある。かくして理論はますます複雑化したが、実在の複雑さをしっかりつかむことはできなかった。それればかりではない。図式がいっそう複雑になるにつれて、それらの図式自身が、次のような可能性を示し、また想定させることになっていく。思われていたより多種多様だということになるにせよ、損傷自体の一つ一つは実際にはずっと特殊かつ単純な〔それぞれ別個の〕ものであるべきではないか、そして図式が複雑化したのは、当初はまとめて一つのものとしてしまっていた中枢を複数のものに分けたことの当然の結果ではないか、といった可能性である。しかるに、ここで経験は、こんな理論をおよそ正当化してはくれなかった。理論は複数の単純な心理学的損傷を切り分けるが、経験のほうが示したのは、ほぼ常に、そうした損傷は部分部分が多様な仕方で、やはり複数結びつき合っている、ということだったのだ。失語症理論の複雑化がこうして自滅に至ったのであれば、最近の病理学がその種の図式にますます懐疑的になり、単なる諸事実の記述に立ち戻っているのを見ても、何を驚く必要があろう。(9)

(1) ベルナール〔Désiré Bernard〕『失語症について〔*De l'aphasie*〕』三七頁。
(2) ブロードベント〔William H. Broadbent〕の論文「発話の特殊な一病例〔A Case of Peculiar Affection of Speech〕」(*Brain*, 1879)、四九四頁。
(3) クスマウル〔Adolf Kussmaul〕『言語障害〔*Les troubles de la parole*〕』(Paris, 1884)、二三四頁。
(4) リヒトハイム〔Ludwig Lichtheim〕の論文「失語症について〔On Aphasia〕」(*Brain*, 1885)。しかし、注意すべきことに、感覚性失語症を最初に体系的に研究したウェルニッケ〔Carl Wernicke〕は概念中枢というものを必要としていなかった(『失語症症候群〔*Der aphasische Symptomencomplex*〕』(Breslau, 1874))。
(5) バスティアン〔Henry Charlton Bastian〕の論文「さまざまな種類の失語症について〔On Different Kinds of Aphasia〕」(*British Medical Journal*, 1887)。ベルネーム〔Hippolyte Bernheim〕による論文「事物についての精神盲〔De la cécité psychique des choses〕」(*Revue de Médecine*, 1885)での視覚的失語症の説明(ただし、可能な説明としてだけ示されている)とも比較せよ。
(6) ヴィスマン〔J. W. H. Wysman〕の論文「失語症とそれに関連する諸状態〔Aphasie und verwandte Zustände〕」(*Deutsches Archiv für klinische Medicin*, 1890)。また、スクウォルツォフ〔Nadine Skwortzoff〕の『言語盲〔*De la cécité des mots*〕』(博士論文)の図表1が示しているように、マニャン

〔Valentin Magnan〕もすでにこの道に進んでいた。

（7）メーリ〔Carl Moeli〕「視覚による対象知覚における失語症について〔Ueber Aphasie bei Wahrnehmung der Gegenstände durch das Gesicht〕」（*Berliner klinische Wochenschrift*, 28 avril 1890）。

（8）フロイト〔Sigmund Freud〕『失語症の理解に向けて〔*Zur Auffassung der Aphasien*〕』（Leipzig, 1891）。

（9）精神医学者会議でのゾンマー〔Robert Sommer〕の報告（*Arch. de Neurologie*, t. XXIV, 1892）。

しかし、こうなる以外に、どうしようがあっただろう。感覚性失語症のあれこれの理論家の話を聞いてみると、彼らは文というものの構造を一度もきちんと考察したことがないのか、と思われるだろう。彼らは、まるで文は複数の名詞だけでできていて、それらの名詞が事物のイマージュを喚起していくかのように論を進めるのだ。話を構成する多様な部分の中でも、イマージュのあいだに実にさまざまな関係やニュアンスを立てるのを役割とする部分は、どうなってしまうのか。そういった語ですら、確かにより漠然とはしていてもやはりどれも一定の物質的なイマージュを表していて、それらを喚起するのだ、と言われるかもしれない。しかしそうであるなら、同じ単語が、その占める場所やそれが結びつける項に応じて、どれだけ多くの異なる関係を表現できるのかを考えてみてほしいものだ。いや、そういうのはすでにかなり完成された言語ならではの洗練された姿であって、事物のイマージュを出現させることを目的とした具体的な名詞さえあれば言葉というものは可能なのだ、などと言いつのるのかもしれない。そういうことでも別に構わないが、もしあなたが私に話す言語が原始的なもので、関係を表す単語を欠いたものであるのなら、それだけ私の精神の活動にはいっそうの場所を与えてもらわなければならない。あなたがはっきり言い表していない諸関係は、私の精神のほうで立てるしかない、ということだから。そして、これはとりもなおさず、イマージュはそれぞれ自分に対応する観念がぶら下げられているのを取りに行く、というような仮説を徐々に放棄していくことである。実際のところ、以上はどこまでも程度上の問題でしかない。洗練されていようが、粗野なままであろうが、そもそも言語というものは、表現できるよりはるかに多くのことを言外に意味するものだからだ。言葉は、並置された単語を使う以上は本質的に非連続なのだから、それにできることと言えば、思考の運動の主要な段階を飛び飛びにたどることにすぎない。だから、あなたの考えに類似した思考のほうから出発して、そのさまざまな曲折をたどりつつ、その際にちょうど道標のように時々私に道を教えてくれる言語イマージュに助けてもらうなら、私にはあなたの話が理解できるだろう。しかし、あれこれの言語イマージュのほうから出発してしまえば、私にはあなたの話は理解できまい。相前後する二つの言語イマージュのあいだには、どんな具体的表象にも埋めることのできない隙間があるからだ。実際のところ、イマージュはどうしたところで事物でしかないのに対して、思考とは一つの運動なのである。

かくして、記憶イマージュや観念をすっかりできあがった事物として扱った上で、疑念の多い中枢をそれらの住み処として割り当てよう、というのは虚しい話なのである。解剖学や生理学から借用された言葉遣いでいくら当の仮説を偽装したところで、それは精神の生についての連合主義的な捉え方以外のものには決してならない。この仮説を支える味方になってくれるのは、進展を複数の段階に分断し、続いてそれらの段階をも事物に固体化しようとする論弁的知性の変わらぬ傾向性だけである。そして、この仮説は、一種の形而上学的先入見からアプリオリに生まれただけのものなので、意識の運動をたどる上での優位性も、事実の説明をより単純にしてくれる優位性も、もってはいないのだ。

だが、われわれは以上の錯覚を、それが明白な矛盾に至るまさにその点にまで追いつめていかねばならない。すでに述べたことだが、観念、すなわち純粋記憶は、記憶力の奥底から呼び出され、よりうまく運動図式に入り込めるイマージュ記憶へと自らを展開していく。より完全で具体的かつ意識的な表象の形をとるにつれて、これらの記憶は、自分を引き寄せている知覚、あるいはその枠組みを記憶のほうで引き受けている知覚と、ますます一体化していこうとする。だから、脳の中には、記憶が定着して蓄えられる部位はないし、あるはずもない。脳の損傷による記憶の破壊と言われているものは、記憶が現勢化する連続的進展の中断にすぎない。また、それゆえに、例えば単語の聴覚的記憶を、それでも脳の特定の一点にむりやり局在させようとすれば、〔もともとそんなものはないので〕そのイマージュ中枢を知覚中枢から区別することも、あるいはそれら二つの中枢をまとめて一つにしてしまうことも、いずれも同じだけの理由でできる、という話になってしまうのだ。ところで、実際にこのような次第であることは、経験が確かめてくれている。

実際、〔記憶局在説の〕理論が心理学的分析と病理学的事実の双方によって追い込まれていく奇妙な矛盾点に注意したい。まず一方では、もしかつて生じた知覚がその後も蓄えられた記憶の状態で脳に存在しているのだとすれば、それは知覚が印象を刻みつけた当の〔脳細胞などの〕諸要素そのものの後天的一配置としてでしかない、と考えられよう。知覚にそれ以外の保存場所を探せと言われても、いったいどうすべきか、〔印象を刻んだ時点以外の〕どの正確な時点に見つければいいのか〔分からないではないか〕、というわけだ。そして実際、ベイン(1)とリボー(2)は、こうした自然な解決にとどまったのだった。だが他方、病理学が存在しており、こちらが教えるところでは、一定の種類の記憶がまとめてわれわれから消えても、それに対応する知覚能力は無傷のままでいられる。精神盲でものが見えなくなりはしないし、精神聾でものが聞こえなくなるわけでもない、ということだ。より話を限って、単語の聴覚的記憶の消失——目下、われわれはこれだけを論じている——について言えば、それが左側頭葉の第一脳回・第二脳回の破壊的損傷に規則的に結びついていることを示す事実は数多く存在しているが(3)、この損傷が本来の意味での聾を引き起こしたという症例は一つも知られていない。それどころか、猿にこの損傷を与えても精神聾以外は何も生じない、つまり音声の解釈はできなくなったが音そのものは猿に聞こえ続けている、という実験すら可能だったのだ(4)。となれば、今度は、知覚と記憶には別個の神経要素を割り当てるしかなさそうである。だが、もしそうだとすると、そんな仮説はこの上なく基本的な心理学的観察を敵にまわすことになる。というのも、われわれが現に目にするように、記憶は強く明晰になるにつれて、だんだん知覚になろうとするものであって、そこに根本的な変化が生じる正確な一時点といったものはなく、ということは、記憶がイマージュを司る〔脳神経の〕要素から感覚的要素へと今まさに場所を移したと言ってよい時点も存在していないからだ。かくして、二つの仮説、すなわち知覚に関係する要素は記憶力に関係する要素と同一だとする仮説、それに対して両者を区別しようとする仮説、それらはいずれも突きつめれば相手の立場に帰着してしまい、われわれはそのどちらにも身を落ち着けられない、ということになっているのである。

（1）ベイン〔Alexander Bain〕『感覚と知性〔*Les sens et l'intelligence*〕』三〇四頁。スペンサー〔Herbert Spencer〕『心理学原理〔*Principes de psychologie*〕』第Ⅰ巻、四八三頁とも比較せよ〔英語原書は、それぞれ、*The Senses and the Intellect*, London: John W. Parker and Son, 1855; *The Principles of Psychology*, London: Longman, Brown, Green, and Longmans, 1855〕。

（2）リボー〔Théodule Ribot〕『記憶の病〔*Les maladies de la mémoire*〕』(Paris, 1881)、一〇頁。

（3）きわめて明白な症例の列挙については、ショウ〔E. A. Shaw〕の論文「失語症の感覚的側面〔The Sensory Side of Aphasia〕」(*Brain*, 1893)、五〇一頁を見よ。ただし、聴覚的な言語イマージュの消失に特有の損傷を第一脳回だけに限定する者は少なくない。特に、バレ〔Gilbert Ballet〕『内的言語〔*Le langage intérieur*〕』一五三頁を参照。

（4）ルシアーニ〔Luigi Luciani〕の実験。J・スーリ〔Jules Soury〕『脳の諸機能〔*Les fonctions du cerveau*〕』(Paris, 1892)、二一一頁に引かれている。

マージュを静的状態で考えて、一方は他方がなくともすでに完全であるような事物として扱ってしまっている。一方が他方になっていく動的な進展のことは考えられていないのだ。

しかし、こうなる以外に、どうしようがあるだろう。ここでもまた、人は判明な知覚とイマージュ記憶を静的状態で考えて、一方は他方がなくともすでに完全であるような事物として扱ってしまっている。

実際、完全な知覚というものは、われわれがその前へと投げかける記憶イマージュとその知覚が融合しているという点でのみ、それと定義され、他から区別されるものだ。注意はそのためにあるわけで、注意がない場合に存在するのは、機械的な反応を伴った諸感覚の受動的な並置だけである。しかし他方、もっと先で見るように、記憶イマージュというのも、純粋記憶の状態に縮減されているかぎりは効力をもたないままだろう。純粋記憶は潜在的なものであり、自分を引き寄せてくれる知覚によってでなければ現勢的なものになれない。また、それは無力なものでもあって、自分の生命と力は、そこへと自分が物質化していくところの現在の感覚のほうから借り受けるしかない。以上からすると、結局、判明な知覚が引き起こされるのは、向きが正反対の二つの流れ、一方は求心的で外的対象のほうに由来し、もう一方は遠心的でわれわれの言う「純粋記憶」を出発点としている、これら二つの流れによる、ということなのではないか。第一の流れは、それ単独だと、受動的知覚とそれに伴う機械的反作用しか与えてはくれまい。第二の流れは、単にそれだけだと、ある現勢化された記憶を与えようとするもので、それが強まったところで、当の記憶をより現勢的にするばかりだろう。互いに結びついてこそ、これら二つの流れは判明かつ再認された知覚を両者の合流点において形成できるのである。

以上が、内的観察の教えるところである。しかし、われわれはここで話を終える権限をもっていない。確かに、脳における局在をめぐる見通しがたい諸問題のただなかにおいて、十分な光もないまま迷ってしまう危険は大きい。しかし、完全な知覚と記憶イマージュとを切り離してしまうから臨床的観察と心理学的分析が齟齬をきたすことになったのだ、それが元で記憶の局在説には深刻な二律背反が生じているのだ、と述べたのは、このわれわれである。脳を記憶の貯蔵庫だと考えるのをやめた場合、既知の諸事実はどう理解されるようになるのか。この点を探究するのは、われわれの義務だろう[1]。

(1)　なお、われわれがここで素描する理論は、ある面では、ヴント〔Wilhelm Wundt〕のそれに類似している。直ちに共通点と相違点を述べておこう。われわれも、ヴントとともに、判明な知覚はある遠心的作用を前提する、と考えている。そこからして、いわゆるイマージュ中枢というのは実はむしろ感覚印象をまとめる中枢である、と（いくらか意味は異なるにせよ）ヴントとともに想定するよう、われわれも促されているわけだ。しかし、ヴントによると、この遠心的作用とは「統覚的刺激」〔意識に明確に捉える作用のこと〕なのだが、その本性は一般的にしか規定できておらず、それは注意の固定と通常言われているものに対応するだけのものに見える。それに対して、われわれのほうは、この遠心的作用は場合ごとに一つのはっきりした形をとると考えている。遠心的作用とは、次第に現勢化していこうとする「潜在的対象」の側の作用にほかならない、と見るわけだ。そこからして、諸中枢の役割をどう捉えるかに関して重要な相違が生じる。ヴントが想定するように導かれたのは、⑴前頭葉にある、統覚の全般的担当器官、⑵イマージュそのものを蓄えることはできないにせよ、イマージュを再生する傾向性ないし配置は保持している個別的諸中枢、だった。これとは反対に、われわれの主張では、脳実質の中にイマージュはいっさい残りようがないのであって、統覚中枢といったものもありはしない。脳実質に存在しているのは、記憶の意向に影響されるところの潜在的知覚の諸器官であり、それは末梢のほうには対象の作用から影響を受けるところの現実的知覚の諸器官があるのと同様の話である。(〔ヴント〕『生理学的心理学〔*Psychologie physiologique*〕』第I巻、二四二—二五二頁を参照のこと)。

さしあたり叙述を簡略化するために、外からの刺激が脳皮質ないしその他の中枢で要素的諸感覚を生む、ということを認めておく。その場合、われわれがもっているのは、あくまでも要素的感覚だけである。ところで、実際には、知覚の一つ一つには膨大な数のこうした諸感覚が含まれており、それらはすべて同時に存在しつつ、一定の秩序のうちに配置されている。この秩序は何に由来するのか、そしてこの共存は何が保証しているのか。現在の物質的対象の場合なら、答えは明らかである。秩序と共存は、外的対象から印象を受け取る感覚器官に由来するのだ。感覚器官というものは、まさに複数の同時的刺激が器官の表面のそれぞれ選ばれた部分へとすべて一挙に配分されながら、ある一定の仕方で、そしてある一定の秩序において印象を与えることができるように作られている。したがって、それは一個の巨大な鍵盤なのであって、この鍵盤上で外的対象は無数の音でできた自分の和音を一挙に鳴らし、感覚中枢が関係するすべての点に対応するところの膨大な要素的諸感覚を、ある一定の秩序において一度に引き起こすのだ。さて、ここで外的対象か感覚器官を、あるいはその両方を消してみよう。同じ要素的諸感覚がかき立てられることは可能なままである。というのも、弦はそのままにあって、以前と同じように鳴る準備はできているのだから。しかし、無数の弦を同時に叩いて、それだけたくさんの単音を同じ和音にまとめてくれる鍵盤は、どこにあるのか。われわれの考えでは、「イマージュ部位」というものが存在するのなら、それはこの種の鍵盤であるほかない。確かに、純粋に心理的な原因がそのまま直接、関係する弦すべてを作動させるというのも、まったく考えられない話ではない。しかし、われわれが目下それのみを論じているところの精神的聴取の症例では、聴取機能の局在は確実であるように見える。側頭葉の特定の損傷が、それを消滅させるからである。また他方、脳実質のある部位にイマージュの残滓が貯められているという事実は認められないし、そもそもそう考えることすらできない理由を、われわれはこれまでずっと示してきたのである。したがって、ただ一つの仮説だけが、見込みのあるものとして残る。イマージュ部位と呼ばれるその部位は、聴取の中枢に対して、感覚器官（この場合は耳）の反対側でそれと対称的な場所を占めている、という仮説だ。それは、いわば精神的な耳なのである。

だが、そうなれば、先に指摘された矛盾は解消する。一方では、想起された聴覚イマージュが、最初の知覚が振動させたのと同じ神経要素を振動させるということ、そしてそうやって記憶は次第に知覚に変じていくということが了解される。また、他方では、言葉のような複合的な音声を想起する能力が、音声そのものを知覚する能力とは別の神経実質の諸部分にも関連しうるということ、だからこそ精神聾において精神的聴取が消えても実際の聴力は残るということも理解されるのだ。依然として弦はそこにあり、外からの音声の影響を受ければ、相変わらず振動できる。内的な鍵盤のほうが欠けている、というわけである。

最後にもう一つ言い換えるなら、要素的感覚がそこで生まれる諸中枢は、言ってみれば異なる二つの側から、つまり前と後ろから作動させられうる、ということだ。前からは、感覚器官からの印象、ということは現実の対象からの印象を受け取る。後ろからは、中間段階を次々と経て、潜在的対象から影響をこうむる。イマージュ中枢というものが仮に存在するのなら、それは感覚中枢に対して、感覚器官とは反対側の対称的な器官である以外にない。それは純粋記憶、つまり潜在的対象の貯蔵庫などではない。感覚器官が現実の対象の保管庫ではないのと同じことである。

ただし、付言しておけば、以上は実際に起こりうることを非常に簡略化して述べたものである。聴覚的イマージュの喚起が単純な作用でないことは、多様な感覚性失語症が十分に示している。われわれが純粋記憶と呼ぶところの志向と本来の意味での聴覚的な記憶イマージュのあいだには、まずほとんどの場合、中間的なさまざまな記憶が入り込んできて、まずはそれらが〔聴覚中枢からは〕距離のある諸中枢において、記憶イマージュとして現実化しているに違いない。だとすれば、観念は、言語イマージュというある特定のイマージュへと具体化するために、複数の段階を順に踏んでいかなければならない。したがって、精神的聴取は、多様な中枢ならびにそれらをつなぐ諸経路がどれも損傷を受けていないことをその条件としている、とも言える。だが、このように話が複雑になったところで、事柄の根本は何も変わらない。中間に置かれる項の数や本性がどのようなものであるにせよ、われわれは知覚から観念に進むのではなく、観念から知覚に進む。そして、再認に特有のプロセスは、求心的ではなく、遠心的なのだ。

確かに、内から生じてくる刺激が、いかにして脳皮質ないしその他の中枢に働きかけて諸感覚を生み出すのか、という問題は残るだろう。ただ、それが単に便宜的な言い方であることは実に明白である。純粋記憶は、現勢化していくにつれて、自分に対応する諸感覚すべてを身体の内に引き起こそうとする。しかし、それらの感覚も潜在的なものであって、現実のものになるためには身体を働かせ、ふだん自分が生じる手前の条件となっている一定の運動や態度を身体に刻まなければならない。感覚中枢と称される中枢の振動は、身体が実際に行ったり下絵を描いたりする運動に通常先行しつつ、運動を開始することでそれらを準備するのを自らの通常の役割にしさえするものだが、そうしてみると、これらの振動は感覚の現実の原因であるというよりも、感覚の力強さの印であるとともに、その実効性の条件なのである。潜在的イマージュが自分を現実化していく進展とは、このイマージュが身体から有用な行動を獲得していく一連の段階にほかならない。いわゆる感覚中枢の興奮は、その最終段階だ。それは運動的反作用の前奏であり、空間内でなされる行為の端緒である。言い換えれば、潜在的イマージュは展開して潜在的感覚になり、さらに潜在的感覚は現実の運動へと展開する。そして、この運動は自ら現実化していきながら、ふつうはそれを引き延ばしていくと自分になるところの感覚と、感覚と一緒に具体化しようとしていた潜在的イマージュの双方をもまた現実化するのである。この潜在的状態を、より深く研究してみよう。そして、心的作用ならびに心身作用の内的メカニズムにいっそう踏み込んで、どういった連続的進展を経て、過去は自らを現勢化しつつ、失った影響力を取り戻すのかを示していくことにしよう。

訳注

*1 リヒトハイムの第四型、第六型――ルートヴィヒ・リヒトハイム（一八四五―一九二八年）による説明図式は続く論述の前提ともなるので、いくぶん簡略化しつつ説明しておく。

リヒトハイムは、大脳皮質に次の三つの中枢を想定する。

A：聴取中枢

聴覚神経から入力があり、それを語として認識する。次のBとMへとつながっている。ベルクソンがこの段落のあとのところで「聴覚的中枢（centre acoustique）」と呼んでいるもの。

B：概念中枢

観念やイマージュないし記憶像を表象しつつ、理解し、意志する中枢。Aから入力された言葉について、その意味を了解する。次のMに向けて有意的な発語や書字の命令を下す。

M：運動中枢

発語や書字を行うもので、関連する運動神経への出力を担う。Bからの入力で有意的な発語と書字を行い、Aからの入力では言葉の反復や単なる読み上げなどを行う。ベルクソンがこの段落で「発話の分節中枢（centre articulatoire de la parole）」と呼んでいるもの。

かくして、言語を聞いて理解するという場合を例にすれば、《聴覚神経↓A↓B》という経路が、また意志的に言語を発する場合だとすれば《B↓M↓発声運動機構》の経路が、健全でなければならない。

以上を前提として、言語の聴取と発話に関する障害＝失語症の発生メカニズムの「型」の分類が、次のように可能になる――(1)Mの皮質自体が損傷、(2)Aの皮質自体が損傷、(3)A↓Mの皮質間経路が損傷、(4)B↓Mの皮質間経路が損傷、(5)Mから運動機構へのアウトプット（皮質下経路）が損傷、(6)A↓Bの皮質間経路が損傷、(7)聴覚機構からAへのインプット（皮質下経路）が損傷（以上のように「皮質間(transcortical)」というのは「皮質上の中枢を結んでいる」という意味であり、「皮質下（sous-cortical)」というのは「中枢の外につながっている」という意味である）。

この段落で特に言及されている「第四型」というのは(4)で、BからMが切れているので有意的発話ができないタイプ。ただし、AからMはつながったままなので、聞いた言葉の復唱はできる。また、「第六型」＝(6)では、B＝概念中枢にAから入力ができないため、聞いた言葉を理解できない。しかし、BからMはつながっているので有意的発話は可能であり、またAからMの経路も生きているので聞いた言葉の復唱もできる。つまり、ここでのベルクソンは、第四型と第六型を取り上げることで、このA（聴取）からM（発話）への直接の経路の実在を言おうとしているわけである。

リヒトハイムの図式は、失語症の分類を容易にしてくれたため、脳機能の局在説にも強い支持を与えるものだった。ベルクソンも、A（言語聴取中枢）とM（発話運動中枢）については脳皮質上での一定の局在を認めている。しかし、ベルクソンがAに認めるのは、聴取した語の機械的な自動的分節（つまり「運動図式」化）までであり、過去の記憶像の保存や記憶と知覚の照合の機能などは認めていない。そして、イマージュ記憶や観念、思考や意志に関連すると言われるB（Begriffcenter：概念中枢。続く箇所では「観念（の）中枢（centre idéationnel, centre des idées)」、「イマージュの中枢（centre imaginatif)」とも呼ばれている）については、ベルクソンはその脳皮質上の存在そのものを認めない。ここで特に論及される「第四型」と「第六型」が、このBへの参照なしに生じる失語症類型であることに注意されたい。それらが脳皮質上の機構（AとMのつながり）によって十分に説明できると認めることは、かえってB——記憶表象や観念、思考や意志に関する中枢——については、それを脳皮質上に置く必要がないことをも示唆するだろう。ベルクソンが続く箇所で試みているのは、そうした立論である。

＊2 否定的幻覚（hallucinations négatives）——ないものが見えるのではなく、存在しているものが感知されずに、欠落してしまう錯覚。「陰性幻覚」とも訳される。

＊3 目印つきの暗示（suggestions avec point de repère）——術語としては定着しておらず、論者によって意味は異なる。ここでは、幻覚や暗示が生じる合図ないし目印になるもの（「ある物音がしたら」眠りに落ちよ、「カードの右上隅に染みがあったら」それを選べ、など）を被験者に与えた上でなされる暗示のこと。被験者は、暗示を受けたあと、合図をそれと意識しないまま、しかし暗示の指示どおりに行動する。

第三章　イマージュの残存について――記憶力と精神

純粋記憶

これまでのところを簡単に要約しておこう。われわれは三つの項を区別した。純粋記憶、イマージュ記憶、知覚である。ただし、事実上は、これらのいずれも、それだけで別々に生じたりはしない。知覚が、精神と現にある対象との単なる接触であることは決してない。知覚にはさまざまなイマージュ記憶がすっかり染み込んでおり、それらが知覚を解釈しながら補完している。だが、このイマージュ記憶のほうも、「純粋記憶」に与《あずか》って、それを物質化し始めているとともに、知覚にも与りつつ、自分をそこへと具体化しようとしているのであって、この観点からすると、イマージュ記憶は生まれかけの知覚とも定義できる。そして、最後に純粋記憶もまた、確かに権利上はそれとして独立したものであるが、通常それが姿を現すのは、それを明かしてくれる色彩と生命をそなえたイマージュの中に限られている。これら三つの項を一本の直線AD上の三つの相互に接した部分AB、BC、CDで表すとすれば、われわれの思考はこの直線をAからDまでの連続した一つの運動で描くものであって、一つの項がここで終わり、ここから次の項が始まる、と正確に述べるのは不可能だと言えよう。

　また、以上はそもそも、記憶力を分析するために、働いている記憶力の運動そのものをたどってみれば、いつでも意識自身によって容易に確認できるところでもある。ある記憶を見つけたり、自分の生涯の一時期を思い出したりする場合を取り上げてみよう。われわれが意識するのは、ある独特な働き、すなわち現在から離れてまずは過去一般に、続いて過去の一定の領域に身を置き直す、という働きだ。これはカメラのピント合わせにも似た、手探りの作業である。だが、われわれの記憶はまだ潜在的状態にあり、ここでわれわれは適切な態度をとりながら、それを受けとめる用意を整えているにすぎない。やがて、徐々に記憶は、凝集する雲のように現れ

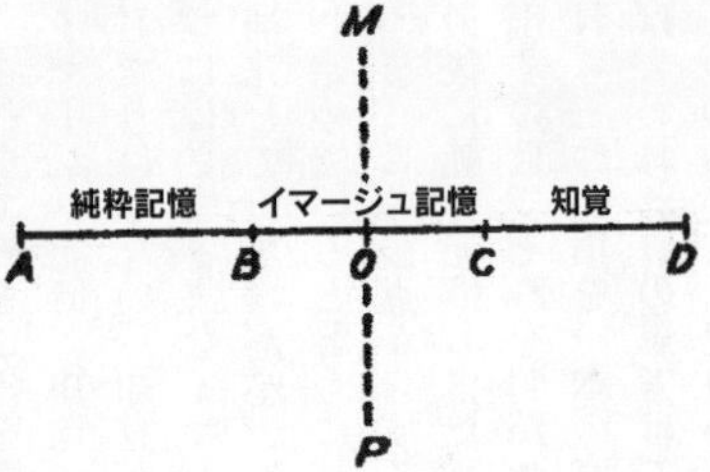

図2

てくる。記憶は潜在的な状態から現勢的な状態に移行し、輪郭が形をとり、表面が色彩を帯びてくるにつれて、知覚に似たものになっていく。しかし、記憶は、その深い根によって過去に結びついたままである。もし仮に、ひとたび現実化されても元の潜在性のなごりをとどめるということがなく、また現在の状態ではありつつも何か現在とははっきり区別されるようなものでもないとしたら、われわれにはそれを記憶だと認めることもできまい。

　連合主義がいつも犯す誤りは、生ける実在であるこうした生成の連続性を、並置される惰

性的要素の非連続的な複数性に置き換えてしまうところにある。そうやって拵《こしら》えられた諸要素は、もともとの起源からして、それに先立つものとそれに引き続くものの何かをどうしても含んでおり、まさにそれゆえに、われわれの目には、ある混合状態、いわば不純な状態という姿をとらざるをえない。だが他方、連合主義の原則からすると、いっさいの心的状態は、何か原子のようなもの、単純な要素でなければならない。かくして、段階をはっきり区別してしまった上で、その一つ一つに関して、安定したもののために不安定なものを犠牲にする、ということはつまり最後に成り立つもののために端緒のほうを犠牲にするしかなくなるのである。知覚についてはどうか。人は知覚の中に、それをさまざまに彩《いろど》っている諸感覚の寄せ集めばかりを見て、その見えにくい核をなしている想起されたイマージュのほうは見落とすことだろう。では、この想起されたイマージュについてはどうか。人は、それをもうすっかりできあがったものとして、弱い知覚という状態に現実化された形で捉えることだろう。そして、このイマージュが徐々に展開させてきた最初の純粋記憶のほうには目を閉ざすのだ。連合主義は安定したものと不安定なもののあいだに、このように競合関係を設定するわけで、そこでは知覚はいつもイマージュ記憶を押しのけ、イマージュ記憶はいつも純粋記憶を押しのけることになる。こうして、純粋記憶はもう完全に姿を消してしまうのである。連合主義は、ADという進展の全体を線分MOで二つに切って、切り分けられた部分ODには感覚しか見ようとしない。感覚はこのODの終端にすぎないのに、連合主義にとってはそれが知覚全体を構成していることになるのだ。――また他方、AOについても、連合主義はそれを現実化済みのイマージュに、すなわち純粋記憶が展開しながら最後に到達するところに切りつめてしまう。かくして、心的生の全体は、感覚とイマージュという二つの要素に還元される。そして、イマージュのもともとの状態であった純粋記憶をイマージュに埋没させてしまう一方で、知覚の中にあらかじめイマージュそのもののいくぶんかを置き、それで知覚のほうもイマージュに近づけたのであるから、これら二つの状態のあいだには、もはや程度の差異ないし強度の差異しか見出せなくなる。こうして生じてくるのが、強い状態と弱い状態が区別された上で、強い状態のほうはわれわれによって現在の知覚へと仕立て上げられ、弱い状態のほうは——理由は不明だが——過去の表象にされるのだ、という考えである。しかし、実際には、一挙に過去に身を置くのでなければ、われわれは決して過去に到達しない。本質的に潜在的なものである過去は、それがわれわれに過去として把握されるためには、過去が現在のイマージュへと展開しつつ暗闇から白日のもとに現れてくるその運動を、われわれが身をもってたどるしかないのだ。現勢的で、すでに現実化されてしまったもののうちに過去の痕跡を探そうとしても無駄なことだ。光の中に闇を探そうとするようなものである。連合主義の誤りとは、まさにこれだ。連合主義は、現勢的なもののうちに身を置いたままで、現実化された現在の状態そのものの中に過去の起源の印を何とか見つけて、それで記憶と知覚を区別し、自分ではじめから大きさの差異にすぎないと決めつけたものを何とか本性の差異に仕立てようと無駄な努力を重ねては困憊するばかりなのだ。

イマージュを思い描くことは、記憶を思い出すことではない。確かに記憶は、現勢化していくにつれて、イマージュの中で生き生きした姿をとってはいく。しかし、逆は正しくないのであって、単なるイマージュが私を過去に立ち返らせてくれるというのは、私がまず当のイマージュを実際に過去の内に探しに行った上で、それを闇から光へと連れ出してきた連続的な進展をたどった場合に限られる。心理学者たちがあまりにしばしば忘れているのはこのことであり、そのせいで彼らは、想起される過去の感覚はよくよく反芻しているとより現勢的になってくる、ということを理由にして、感覚の記憶は元から生まれかけの感覚であった、と結論してしまうのだ。彼らが根拠として持ち出す事実は、確かに正しい。過去の痛みを思い出そうとすればするほど、私はそれを現実に感じそうになっていく。だが、このことは難なく理解できる。先に述べたように、記憶のたどる進展とは自分を物質化していくところにあるのだから。問題なのは、では本当に痛みの記憶ははじめから痛みであったのか、という点だ。催眠術をかけられた被験者が何度も強く「熱い」と繰り返されると最後には実際に熱く感じるようになるからといって、だから暗示をかけた言葉そのものがすでに熱かったのだ、ということにはならない。それと同じで、ある感覚の記憶が引き延ばされてその感覚になるということから、もともと記憶とは生まれかけの感覚だったのだ、と結論してはならない。そしておそらく実際にも、この記憶はまさに、生まれようとする感覚に対しては、暗示を与える催眠術師の役割を演じているのだ。われわれが目下批判している推論は、以上のような形で述べてみると、すでに証明上の価値をもはやもっていないことが分かる。ただし、端的に誤っているとまではまだ言えない。記憶は現勢化するにつれて姿を変えるという異論の余地なく正しい事実に、当の推論は支えられているからである。だが、反対向きに推論してみれば、不条理さは明白になる――しかし、人が選ぶ仮説のほうでは、この反対向きでの推論も、やはり同じく正当なものにならなければならないはずだ。ということで、純粋記憶の側の強度を増大させるのではなく、感覚のほうの強度を減少させてみよう。こうなると、実際、もし記憶と感覚は単に程度においてのみ異なるというのなら、ある瞬間に感覚は記憶に変貌することになるはずだ。例えば、大きな痛みの記憶が弱い痛みでしかないというのなら、逆に私が現に感じている強い痛みが弱まっていけば、それは最後には思い出された大きな痛みになるだろう、ということである。しかるに、ある瞬間において、今感じているのが現に経験されている弱い感覚であるのか、それとも私が〔過去を〕イマージュ化した弱い感覚であるのかがはっきり言えない（そして、それは当然のことである。イマージュ記憶は、すでに感覚のいくぶんかを分かちもっているのだから）ということは確かにあるにせよ、この弱い状態が強い状態の記憶として私に現れる、ということは決してない。ゆえに、記憶はそれとはまったく別のものである。

しかし、記憶と知覚のあいだに程度の差異しか設定しないという錯覚は、連合主義からの単なる一帰結以上のもの、哲学の歴史における一つの偶然事以上のものである。それには深い根がある。この錯覚の土台をなしているのは、結局、外的知覚の本性ならびに目的についての誤った考えなのである。人は知覚のことを、純粋精神に向けての、しかもまったく思弁上の意味だけをもった情報としか考えない。ところで、記憶とはまさに、その対象はもう存在していない以上、本質的にその種の認識だというわけで、人は知覚と記憶のあいだに程度の差異しか見出すことができず、単により強いものが勝つというだけの掟《おきて》によって、知覚は記憶を押しのけて、われわれの現在を構成するのだ、という話になる。だが、過去と現在のあいだにあるのは、程度の差異とはまったく別の何かである。私の現在とは、私の関心を引くもの、私にとって生きているもの、つまりは私を行為に向かわせるものであるのに対して、私の過去は本質上、無力なものである。この点をよく検討しよう。現在の知覚と対比させてみるなら、それだけでも「純粋記憶」とわれわれが呼ぶものの本性が、よりいっそう理解できるようになる。

現在とは何のことか

実際、現在にある実在の、意識に受け入れられている具体的特徴のほうをまず定義しなければ、過去にあった状態の記憶の特徴を見定めようとしても無駄に終わることだろう。私にとって、現在の瞬間とは何か。時間に固有の本質とは、流れるということである。すでに流れた時間は過去であり、流れている瞬間をわれわれは現在と呼ぶ。しかし、ここでは数学的瞬間は問題になりえない。確かに、理念的で単に考えられるだけの現在、過去と未来を分けながら、それ自体はもう分けられない境界としての現在というものもあるだろう。しかし、実在的で、具体的で、現に生きられている現在、私が自分の現在の知覚について話をする場合に問題になっている現在は、必ず一定の持続を占めている。では、この持続が置かれているのはどこか。現在の瞬間を考えている時に理念的に定める数学的点の手前か、それとも向こう側か。どう見ても、明らかにそれは手前にも向こう側にも同じく存在しており、私が「私の現在」と呼ぶものは私の過去にも私の未来にも同じくはみ出している。まず私の過去にはみ出しているというのは「私の話す瞬間は、すでに私から遠い」[*1]からであり、また私の未来にはみ出しているというのは、この瞬間はまさに未来に傾き、私はまさに未来のほうに向かっていて、もし仮にこの不可分な現在、時間の曲線の微分的要素を固定できるなら、それは未来という方向を示すはずだからである。したがって、私が「私の現在」と呼ぶ心的状態は、直近の過去の知覚であると同時に、直近の未来の決定でもあるのでなければならない。しかるに、直近の過去とは、知覚されているかぎり、あとで見るように感覚である。どんな感覚も、非常に長期にわたる要素的振動の継起を翻訳しているものだからである。そして、直近の未来とは、自らを決定しつつあるという意味で、行為ないし運動である。したがって、私の現在とは感覚であると同時に運動でもあり、しかも私の現在は分かたれざる一つの全体をなしている以上、その運動は感覚に由来しつつ、当の感覚を引き延ばして行為にするものでなければならない。以上から私は、私の現在とは感覚と運動が結びついた一体系のことだ、と結論する。私の現在とは、本質上、感覚‐運動的なのである。

　これはつまり、私の現在とは、私が自分の身体についてもつ意識である、ということだ。空間に延長を有するものとして、私の身体は感覚をもつと同時に、運動を行っている。感覚も運動もこの延長の特定の諸点に位置づけられるのだから、ある時点をとれば、存在できる運動と感覚の体系はただ一つである。だからこそ、この私にとって、私の現在は完全に規定されたもの、そして私の過去とは際立った対照をなすものと見えるのだ。自分に影響を及ぼしてくる物質と自分が影響を与えていく物質とのあいだにあって、私の身体は行為の中心、すなわち受容された印象が自分のたどる経路を巧みに選択して、実際に遂行される運動に変じる場所となっている。したがって、私の身体は、まさに私の生成の現在の状態、私の持続における形成中のものを表している。より一般的に言えば、実在そのものであるところの生成する連続において現在の瞬間が構成されるのは、膨大な流動体の中でわれわれの知覚が行う、ほとんど瞬間的な切断による。そしてこの切断面こそ、まさにわれわれが物質界と呼んでいるものなのである。われわれの身体は、この物質界の中心を占める。それは、この物質界の中で、それが流れるのをわれわれが直接感じているところであり、その現在の状態にこそ、われわれの現在の現勢性は存しているのだ。空間に拡がっているかぎりでの物質は、われわれの考えでは、絶えず再開される現在と定義されるべきなのだが、だとすれば、また逆に、われわれの現在とは、われわれの存在の物質性そのもの、つまり感覚と運動の一総体のことであって、それ以外のものではない。そしてこの総体は、持続の瞬間ごとに唯一のもの、そのつど規定されているものである。というのも、まさに感覚や運動は空間の場所を占めるものであり、同じ場所に同時に複数のものは存在できないからだ。これほど単純で、これほど明白な真理、結局は常識の考えにすぎない真理を見誤ることが、いったいなぜ可能だったのだろうか。

それはまさに、現在の感覚と純粋記憶のあいだに、本性の差異ではなく、あくまで程度の差異だけを見ようとするからである。われわれの考えでは、両者間の差異は根本的である。私の現在の感覚は、私の身体の表面の特定の部位をそれぞれ占めるものだが、反対に純粋記憶は私の身体のいかなる部分にも関わらない。確かに、純粋記憶は自分を物質化しながら諸感覚を生み出す。しかし、まさにその時には、それはもう記憶であることをやめ、現に生きられている現在の事物という状態に移行しているだろう。私がこんなものに記憶という性格を改めて与えるとしたら、それはただ、潜在的だったそれを過去の奥底から呼び起こした働きに立ち戻るからでしかない。純粋記憶が現勢的なもの、すなわち運動を引き起こせる感覚になれるのも、それを私が改めて活動するものにしたからなのだ。だが反対に、ほとんどの心理学者は、純粋記憶をより弱い知覚、生まれかけの諸感覚の総体としか見ない。そうして感覚と記憶のあいだの本性の差異をあらかじめすっかり消してしまうので、彼らは自分の仮定の論理にそのまま導かれて、記憶のほうは物質化し、感覚のほうは観念化するということになる。記憶についてはどうか。彼らは記憶をイマージュという姿で、つまり生まれかけの感覚へとすでに具体化したものとしてしか捉えない。彼らは、そうして感覚の本質的なところを記憶に持ち込み、この記憶の観念性のうちには何か感覚とは別個のもの、感覚自体とははっきり区別されるものがあるとは考えようとしない。だから、改めて純粋感覚に戻った際には、そうやって生まれかけの感覚にひそかに与えた観念性を、純粋感覚のほうにも残すことを余儀なくされるのだ。実際、そもそもの仮定からしてもはや活動しない過去が弱い感覚の状態で存在し続けられるというのなら、つまりは無力な感覚なるものがある、という話にもなる。また、そもそもの仮定からして身体の特定の部分にはいっさい関わらない純粋記憶が生まれかけの感覚であるというのなら、感覚は本質的に身体の一点に位置づけられたものではない、という話にもなる。こうした次第で、感覚とはもともと拡がりをもたない浮遊する状態であって、それが拡がりを獲得して身体の内に固定されるのはたまたまのことにすぎない、という錯覚が生じるのだ。先に見たように、これこそは外的知覚の理論を根本から損なう錯覚であり、物質についてのさまざまな形而上学のあいだで決着を見ない多くの問題の元凶である。もういい加減にあきらめて、次のことを認めるべきだ。感覚は本質上、拡がりをもち、位置づけられている。それは運動の源泉である。そして、純粋記憶は拡がりをもたない無力なものであり、感覚の性質はいっさい分かちもたないのだ。

私が私の現在と呼んでいるのは、直近の未来に対する私の態度、私の切迫した行為のことである。だから、私の現在は、まさしく感覚－運動的なのだ。私の過去のうちで、イマージュになり、それによってまた少なくとも生まれかけの感覚になれるのは、この行為に協力し、この態度にはまり込めるもの、つまり有用になれるものだけである。だが、イマージュになるや否や、過去は純粋記憶の状態を去って、私の現在の一定の部分と一つになってしまう。だから、イマージュへと現勢化された記憶は、この純粋記憶とはもう根本的に異なっている。イマージュとは、現在の状態である。それでもそのイマージュが過去に与《あずか》れているのは、その出所としての記憶があるからでしかない。それとは反対に、記憶のほうは、無用でいるかぎりは無力なものであって、感覚の混入はいっさいなく、現在とのつながりもなく、したがって拡がりをもたないままなのだ。

無意識について

純粋記憶のこうした根本的な無力さは、まさに、どのようにそれが潜在的状態で保存されるのかを理解する助けになってくれるだろう。問題の核心にはまだ立ち入らず、次のことを指摘するにとどめておく。無意識の心的状態というものをわれわれが考えたがらないのは、われわれが意識を心的状態の本質的特性とみなしているからである。意識的であるのをやめてしまえば、心的状態はもう存在するのをやめるしかない、と思われるのだ。だが、もし意識というのが現在を、現に生きられているものを、ということはつまり働いているものを特徴づける印にすぎないのだとしたら、働いていないものは、意識に属するのをやめても、何らかの仕方で存在することまでは必ずしもやめずにいられるだろう。言い換えるなら、心的領域において、意識というのは存在の同義語ではなく、単に現実的行為ないし直接的実効性の同義語になるわけだ。そして、意識という語の外延がこのように制限されるなら、無意識的な心的状態というのは結局、無力な状態というわけで、そういうものなら、それを考える困難もそれほどはないだろう。仮に何の束縛もなしに働いた場合に意識それ自体がいかなる姿で現れるのかについては考えはさまざまであっても、さまざまな身体的機能を行っているような存在において意識は行為を統轄し、選択に光をあてることをその第一の役割にしている、ということに異論はありえまい。かくして、意識は自分の光を、決心の直前にある諸条件に、そしてまた過去の記憶のうちでもそれらの条件と有機的に結びついて役に立てるすべての記憶に、投げかけている。そして、それ以外のものは陰に隠れたままになるのだ。だが、ここでわれわれは、この研究の冒頭から追求している錯覚、絶えず甦ってくるあの錯覚を新しい姿で再び見出すことになる。人は意識というものを、身体的機能に結びつけられてはいても、それが実践的であるのはやはりただの偶然であって、本質的には思弁に向けられた能力であるように考えたがるのである。そうなれば、自分の保持している認識をわざわざ逃がして意識に何の得があるのかは分からなくなる。ここで意識は純粋認識という目的に定められてしまっているのだから。また、それと同様に、自分にとって完全に失われてはいないものに意識があえて光をあてようとしないことも理解できなくなる。ここからの帰結として、意識に権利上属しているのは、意識が事実上所有しているものに限られ、意識の領域において、いっさいの実在は現勢的なものとされることだろう。しかし、意識にその本当の役割を返してみよう。いったん知覚されたあとには過去は消え去る、という理由はなくなる。それは、物質的対象が、私が知覚するのをやめれば存在しなくなる、などと想定する理由がないのと同じである。

この最後の点を強調しておこう。そこにこそ、無意識の問題を取り巻くさまざまな困難の中心、さまざまな曖昧さの源泉があるからだ。無意識的表象という観念は、広まっている先入見にもかかわらず、明晰なものであって、われわれはそれをふつうに用いているし、常識にとってこれほどなじみの考えはない、と言ってもよいほどである。実際、われわれの知覚に目下現れているイマージュだけが物質の全体でないことは、誰もが認めている。だが他方、知覚されていない物質的対象、現に思い描かれていないイマージュとは、一種の無意識的精神状態でなければ、何でありえよう。あなたが目下知覚している部屋の壁の向こうには、隣の部屋があり、さらには家の他の部分があり、結局は街路や今住んでいる街までもが存在している。あなたが与《くみ》している物質理論は、どうでもよい。あなたが実在論者であろうと観念論者であろうと、街や街路、家の中の別の部屋の話をする時には、あなたの意識には現れていないにしても、意識の外で与えられている知覚のことをそれぞれについて考えていることは明らかである。そうした知覚は、あなたの意識が受け入れるにつれて創造されるわけではないのだから、何らかの仕方で、すでに存在していたのだ。そして、そもそもの仮定からして、あなたの意識はそれらを把握していなかった以上、それらはそれ自体として、無意識以外のどんな状態で存在しえたというのだろう。では、意識の外の存在というものが、客観対象についてなら明晰であり、主観について言われると曖昧だとわれわれに思われるのは、いったいどうしてなのか。現勢的なものも潜在的なものも合わせると、われわれの知覚は二本の線に沿って拡がっている。一つは水平線ＡＢであり、それは空間内の同時的諸対象すべてを含む。もう一つは垂直線ＣＩであり、その上には時間の中に並ぶ継起的なわれわれの諸記憶が配置される。二つの線の交点であるＩ、われわれの意識に現に与えられているのは、これだけである。直線ＡＢのほうなら、知覚されないながらもその全体が実在するのを

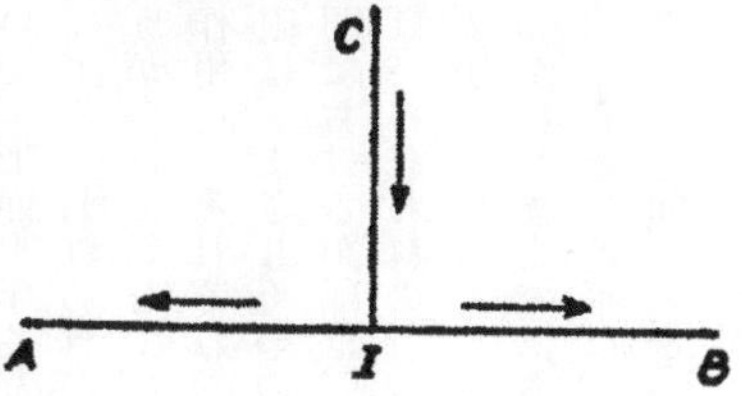

図3

われわれは躊躇なく認めるのに、それとは反対に、直線ＣＩについては、現に知覚されているＩだけが本当に存在している唯一の点であるように思われるのは、どうしてだろう。時間的系列と空間的系列のあいだでのこのような根本的な区別の底には、非常に多くの混乱し、まずく素描された観念、思弁的な価値をいっさい欠いた非常に多くの仮定があり、それらを一挙に分析し尽くすことはできない。錯覚を完全に暴き出そうとするなら、意識と無関係な客観的実在ならびに客観的実在性のない意識状態というこの両者をわれわれが措定するに至る二重の運動の起源を探り、その運動のあらゆる紆余曲折をたどる必要があるだろう。この両者が措定されてしまうと、空間はそこに立ち並ぶ事物を限りなく保存するように見えるのに対して、時間のほうは、その中で継起する状態を順々に破壊していく、ということになるのだ。そうした解明作業の一部は、第一章でわれわれが客観性一般を扱った際に行われた。残りの部分は、本書の最後で物質という観念を論じる際になされるだろう。ここでは、いくつかの本質的な論点を示すだけにする。

　まず言うと、直線ＡＢに沿って並ぶ諸対象は、われわれの目には、これからまさに知覚するものを表しているのに対して、直線ＣＩはすでに知覚済みのものしか含んではいない。ところで、過去とは、われわれにとってもはやどうでもよいものである。それはその可能な行為を使い果たしており、現在の知覚の活力を借りなければ、もう影響力を取り戻すことはない。反対に、直近の未来とは、切迫した行為、まだ使い果たされていないエネルギーである。物質的宇宙の現に知覚されていない部分は、さまざまな期待と脅威に満ちたものであるから、われわれにとっては、過去の生のもはや現に知覚されていない期間がもてでもしなければ、もつべきでもないような実在性を有しているのである。だが、この区別は、実践上の有用性と生命にとっての物質的欲求に完全に相対的なものでありながら、われわれの精神において、形而上学的な区別という姿を次第にはっきりとまとうようになっていく。

実際、われわれがすでに示したように、われわれのまわりにある諸対象は、われわれのほうが事物に対して行いうる行為、ないし、われわれのほうが事物からこうむらねばならない作用を、それぞれ異なる度合いで示している。この可能的行為が実際のものになるまでの期限は、まさしく当の行為に応じる対象との隔たりの大小によって示されており、それゆえ空間における距離は、脅威や期待の時間上の近さの尺度になっているのである。だから、空間は、われわれの近接した未来の図式を、こうして一挙に与えるわけだ。そして、この未来は際限なく流れていくはずだから、それを表す空間は、それ自体は動かないにしても限りなく開かれたままであることを、その特性とする。ここからして、われわれの知覚に与えられている直近の地平は、われわれにとっては必ず、知覚されてはいなくても存在しているより大きな円に囲まれており、そしてこの円それ自身もそれをさらに囲む別の円を想定しており……以下、果てしなく続く、というように見えるのだ。したがって、延長をもつものとしてのわれわれの目下の知覚は、その本質からして、自分を含んでいるもっと広大で無際限ですらある経験に対して、いつもそこに含まれたものである、ということになる。そしてその経験は、現に知覚されている地平を超え出ている以上、われわれの意識に現前してはいないが、それでもやはり現に与えられているように見えるのだ。しかし、われわれは物質的対象に対してなら、自分がそれらにつながっていると感じて、それらを現在の実在に仕立てるのだが、それと反対に、われわれの記憶というのは、もうそれは過ぎ去ったというかぎりでは、まさに厄介な重荷を引きずっているようなものであり、われわれとしては、そんなものはもう捨てたことにしたい。われわれは本能的に自分の眼前に空間を果てしなく開くが、それと同じ本能が、流れるにつれて時間を背後で閉ざしていくようにさせるのだ。そしてまた、延長を有するものとしての実在のほうは、われわれの知覚を限りなく超え出ているように見えるのに対して、内的生においては、現在の瞬間とともに始まるものだけが実在的だとわれわれには思われ、それ以外のものは実践上、破棄されてしまう。こうなれば、記憶が意識に再び現れると、まるで亡霊が甦ったかのように思われ、この亡霊の謎めいた出現は何か特別な原因で説明しなければならない、ということになる。だが実際には、その記憶がわれわれの現在の状態につながっているのは、今知覚されていない諸対象が知覚対象につながっているのとまったく同じ話であって、いずれの場合にも、無意識は同種の役割を演じているのである。

　だが、われわれは事柄をこのように考えることに大きな困難を覚える。空間内に並ぶ諸対象の系列と時間内で継起的に展開する諸状態の系列とのあいだで、それらの差異ばかりを強調し、反対に両者の類似点のほうは消してしまう、という習慣を身につけてしまっているからである。第一の諸対象の系列においては、諸項は完全に決定的な形で相互に条件づけ合っているので、一つ一つの項の出現も予見できた。だから、私には自分の部屋を出ると次にどんな部屋を通ることになるのかも分かるのだ。それとは反対に、私のあれこれの記憶のほうは、見たところ気まぐれな順序で現れる。だから、表象の秩序は、一方の場合には必然的で、他方の場合には偶然的だ。そして、私がいっさいの意識の外にある諸対象の存在を口にする場合には、私はその必然性を、言ってみれば実体化しているのである。今知覚していない諸対象全体もやはり与えられていると想定しても私は何の不都合も感じないが、それというのも、それらの対象間の厳密に決定された秩序のおかげで、諸対象には一本の鎖という姿が与えられるからである。私の知覚もその鎖をなす環の一つにすぎないわけで、そうなれば、この環は自分のもつ現実性を鎖の他のところにも移し与えていくことになる。——だが、仔細に見れば、われわれの記憶も同じような一つの鎖をなしているのであって、あれこれの決心の際にいつも現れるわれわれの性格とは、まさにわれわれの過去の状態すべての現勢的総合であるということが理解されるはずだ。そのように凝縮された形ではあれ、これまでの心的生は、われわれにとっては外の世界以上に実在しているとすら言える。われわれは外の世界のほんの一部しか知覚しないのに、それとは反対に、自分のこれまでの経験については、その全体を利用するからである。確かに、われわれは、この全体をそのように要約した形で手にしているにすぎない。過去の知覚は、それぞれ別個の個体として考えられるかぎりは、完全に消滅してしまったか、あるいは再び現れるにしても気まぐれのままでしかない、という印象を与える。だが、このように完全な破壊や気まぐれな復活のように見えるのは、ただ単に、現在の意識が有用なものは絶えず受け入れながら不要なものは一時的に退けているからにすぎない。現在の意識は常に行為に向かっているので、過去の知覚のうちでも、現在の知覚と有機的に結びついて、最終的な決心に協力できるものしか物質化できないのだ。意識としては、私の意志が空間のどこかある一点に姿を現すことができるためには、空間内の距離と呼ばれるものを総体として構成している中間物ないし障害物を一つずつ越えていかねばならないが、それとは反対に、この行為を照らすためには、目下の状況とそれに類似する以前の状況とを隔てる時間的間隔を飛び越えてしまうほうが役に立つ。そうやってひと飛びで以前の状況に身を移すから、あいだにある過去の部分は意識には把握されないのだ。というわけで、われわれの知覚が空間においては厳密に一つ一つ連続して配置されるのと同じ理由で、われわれの記憶のほうは時間において飛び飛びの不連続な形で照らされるのである。空間において現に知覚されていない対象と、時間において無意識な記憶について、われわれは二つの根本的に異なる存在形式を相手にしているわけではない。しかし、行為が求めてくるところが、一方におけるのと、もう一方におけるのとでは、逆になっているのだ。

だが、ここでわれわれは存在というものをめぐる、きわめて重要な問題にまで達している。この問題については、簡単に触れることしかできない。そうしておかないと、次々に問いが生じてきて、ほかならぬ形而上学の核心部にまで引き込まれてしまうからだ。次のことを述べるにとどめておく。経験上の事柄——目下われわれが論じているのは、それだけだ——については、存在は次の条件を二つ合わせて含意するものと思われる。(1)意識への現前、(2)そのように現れたものと、それに先行するもの、ならびに後続するものとの論理的またはは因果的な結合、である。われわれにとって、ある心的状態ないしある物質的対象が実在するというのは、われわれの意識がそれらを現に知覚しているということ、しかもそれらは、時間的であれ空間的であれ、諸項が相互に決定し合っている系列の一部分をなしているということ、以上二つのことを意味している。しかし、この二つの条件はさまざまな度合いを容れるものであり、両方とも不可欠ではあるものの、その満たされ方はさまざまだと考えられる。例えば、現在の内的諸状態であれば、結合はそれほど緊密ではなく、過去による現在の決定は偶然性に広い余地を残していて、数学的演繹といった性格はもっていない。——だが、その代わりに意識への現前のほうは完全であって、現在の心的状態は、われわれがそれを捉える働きそのものにおいて、内容の全体をわれわれにすっかり与えている。それとは反対に、外的対象に関してだと、結合のほうは完全である。それらの対象は必然的な法則に従っているのだから。だがこの場合、意識への現前というもう一つの条件については、部分的にしか満たされない。というのも、物質的対象は、数多くの知覚されない諸要素がそれを他の対象すべてに結びつけているというまさにそのせいで、現にわれわれに見えているもののより無限に多くのことを中に含んでいたり、背後に隠していたりするように思われるからである。したがって、経験的な意味では、存在とは、意識的把握と規則的結合の二つを同時に、ただし異なる度合いで含意している、と言うべきだろう。しかし、われわれの悟性は、きっぱりした区別を立てることをその役割としているので、物事をこのようには理解しない。悟性は、異なる比率で混じり合いながらもあらゆる場合に両方の要素が存在するのを認めるよりは、むしろ二つの要素を切り離そうとする。そのため、本当は単に優勢だと言われるべき条件がそれぞれ排他的に存在するように考えながら、二つの根本的に異なる存在様態を定め、それを一方では外的対象に、もう一方では内的状態に、という具合に割り当てようとするのだ。こうなってしまえば、心的状態の存在とは意識によって把握されることに尽きるとされ、外的現象の存在のほうも、それらが相伴い、あるいは継起する際の厳密な秩序のことに尽きるとされるだろう。かくして、現に存在するが知覚はされていない物質的対象がいささかなりとも意識に関与する余地も、また意識されていない内的状態がいささかなりとも存在に関与する余地も、ありえないことになってしまうのだ。われわれは、本書の最初で、第一の錯覚からの帰結を示しておいた。それは物質についての見方を誤らせるに至る。第二の錯覚は第一の錯覚と相互補完的なものだが、これは無意識の観念を人為的な曖昧さで覆うことによって、精神についての捉え方を損なってしまう。必然的な仕方で決定しているわけではないが、われわれの過去の心的生は、全体としてわれわれの現在の状態を条件づけてはいる。また、過去の諸状態のどれ一つとして性格のうちにはっきり姿を現しているわけではないが、過去の心的生は、全体として、われわれの性格のうちに現れている。以上二つの条件は、結びつきながら、過去の心的状態の一つ一つに、無意識ではあるが現実の存在を保証しているのである。

過去と現在の関係

だが、われわれは、実践上で最も利益になるように物事の本当の順序を逆転させる根深い習慣をもち、空間から取り出されたイメージにつきまとわれているので、記憶はどこに保存されるのか、と問わずにはいられない。物理-化学的現象は脳の中で起こること、脳は身体の中にあること、身体はそれを浸している空気の中にあることは分かる。だが、過去は、ひとたび生じたあとでも保存されるというのなら、どこにあるのだろう、というわけだ。分子変化として過去を脳実質の中に置くというのは、単純かつ明快な話に見える。なぜなら、その場合、われわれは現に与えられている一つのタンクを手にしているわけで、このタンクを開けば潜在的なイマージュが意識へと流れ出る、という話になるからである。だが、もし脳がそのような役には立てないのだとしたら、蓄積されたイマージュをわれわれはいったいどんな倉庫の中に入れておけばいいのか〔と言われよう〕。ここで忘れられているのは、含むものと含まれるものという関係が明快で、何にでもあてはまるもののように見えるのは、われわれにとってはいつも眼前には空間を開き、背後では持続を閉ざさなければならないという必然性があるからだ、という点である。あるものが別のものの中にあることを示したところで、当のものの保存という現象を、それで少しでも明らかにできたわけではない。そればかりではない。仮に、過去は脳の中に蓄えられた記憶として存続する、と認めておくとしよう。そうなると、脳は、記憶を保存できるためには、少なくとも自分自身を保存しなければなるまい。だが、この脳は、空間において延長を有するイマージュであるかぎり、現在の瞬間を占めるだけである。脳は、それ以外の物質的宇宙の全体とともに、絶えず更新される宇宙全体の生成の断面をなしているのだ。したがって、この宇宙は持続のあらゆる瞬間に正真正銘の奇跡によって消滅してはまた生まれていると想定するか、意識には認めない存在の連続性を宇宙のほうに移して、宇宙の過去は存続する実在であって現在へと自らを引き延ばすものだということにするか、そのいずれかしかない。ということは、記憶を物質の中に蓄えることにしても、あなたには何も得るところはないのであって、逆に、心的状態には認めなかった過去の余すところなき独立した存続を物質界の状態全体にまで拡張するほかなくなるのだ。したがって、こうした過去のそれ自体における存続は、形はどうあれ、どうしても認めるほかないのである。それを考えることにわれわれが困難を覚えるのは、空間内で瞬間的に知覚される諸物体全体についてしか成り立たない〔何かを中に〕含む・〔外の何かに〕含まれるという必然性を、時間における記憶の系列にまであてはめてしまうからにすぎない。根本的な錯覚は、流れつつある持続そのものに、われわれが持続において行う瞬間的切断面の形式を持ち込んでしまうところにあるのだ。

しかし、そもそもの仮定からして存在するのをやめたはずの過去が、いったいどうやって、それ自体で保存されうるというのか。そこには正真正銘の矛盾がありはしないか。——それに対して、われわれはこう答えよう。過去は存在するのをやめたのか、それとも単に有用であるのをやめただけなのかということがまさに問題なのだ、と。現在は存在するものであると勝手に定義されるが、実際のところ、現在とは単に成り行くものでしかない。過去と未来を分けながら、それ自体はもう分けられない境界のことを言っているのであれば、そんな現在の瞬間ほど存在しないものはない。この現在を、まさに存在しようとしているものと考える時には、それはまだ存在していないし、それを現に存在するものと考える時には、現在はすでに過ぎ去ってしまっているのだ。だが反対に、具体的で、意識によって実際に生きられている現在を考えてみるなら、この現在は大部分が直近の過去から成り立っている、と言うことができる。可能なかぎり短い光の知覚が占めるほんの数分の一秒にも、何兆もの振動が生じていたのであって、その最初の振動と最後の振動は非常に大きく離れた間隙によって隔てられている。したがって、あなたの知覚は、どんなに瞬間的なものであっても、数えきれないほど多くの想起された要素でできているのであり、実際には、すべての知覚作用はすでにして記憶力なのである。事実上、われわれは過去しか知覚していない。純粋な現在というのは、未来を噛みとっていく過去の捉えがたい進行なのだから。

　したがって、意識がその明かりで常に照らしているのは、未来へと傾きながら未来を実現し、それをまたわがものにしようと努めている過去の、その直近の部分なのである。このように未決定の未来を決定することに専念しているので、意識がそのいくらかの光を及ぼすことができるのは、過去にさらに遡った諸状態のうちでも、現在の状態に、というのはつまり直近の過去に、有機的に結合して役に立てるものだけだ。そして、それ以外は暗いままである。自分の歴史の、そのように光をあてられた部分に、われわれは自分をずっと位置づけ続ける。行為の法であるところの、生の根本的な掟《おきて》のゆえである。そこからして、われわれは、陰に隠れたまま保存される記憶というものを考えることに困難を覚えるようになる。こういうわけで、過去の余すところなき存続をわれわれが認めたがらないのは、われわれの心的生の方向づけそのもののせいなのだ。心的生とは諸状態のまがうことなき展開なのだが、われわれはそこで展開しつつあるものを見てばかりで、すっかり展開されてしまったものに目を注ごうという関心をもたないのである。

こうしてわれわれは、長いまわり道を経て、最初の出発点に戻ることになる。記憶力には、根本的に区別される二つのものがある、とわれわれは述べた。その一方は、身体の中に固定されたもので、これは投げかけられうるさまざまな問いに対して適切な応答がしっかりできるよう巧みに組み上げられた機構の総体にほかならない。これのおかげで、われわれは現在の状況に適応することができ、われわれの受けた作用はひとりでに反作用へと引き延ばされていって、しかもその反作用は、実際に遂行されるものであったり単に生まれかけのものであったりするが、程度の差はあれとにかく常に適切なものになるのである。それは記憶力というよりは、むしろ習慣であり、われわれの過去の経験を演じはしても、そのイマージュを喚起するものではない。もう一つのほうは、本当の記憶力である。それは意識と拡がりを同じくするもので、われわれが経験していく諸状態を、それらが生じるのにつれて保持し、順に並べていきながら、事実の一つ一つにその場所を与え、そしてそれゆえに、それぞれの日付を印づけていく。この記憶力は、もう確定した過去の中で実際に動いているのであり、第一の記憶力のように絶えず再開される現在の中で動いているのではない。しかしわれわれは、記憶力の以上二つの形式を根本的に区別しながら、両者のつながりを示してはいなかった。身体と、過去の行為の蓄積された努力を表している身体内の機構の上で、イマージュを描き反復する記憶力は、宙に浮かんだままだったのだ。だが、われわれが知覚するのは直近の過去以外では決してなく、現在についてのわれわれの意識はすでにして記憶力なのであれば、最初に分離した二項は密接に結びついていくだろう。実際、この新しい観点から考察されてみれば、われわれの身体とは、表象の中で変わることなく甦り続けている部分、常に現在にある部分、あるいはむしろいつも過ぎ去ったばかりの部分にほかならない。それ自体イマージュであるこの身体に、諸々のイマージュを蓄えることはできない。身体のほうが、それらイマージュの一部なのだから。だからこそ、脳の中に過去の知覚を、あるいは現在の知覚さえも位置づけようとする試みは、馬鹿げた空想にしかならないのである。知覚が脳の中にあるのではない。脳のほうが知覚の中にあるのだ。しかし、非常に特殊なイマージュ、つまり他のイマージュのただなかでしっかり存在し続けており、そして私が私の身体と呼んでいるこのイマージュは、先にも言ったように、宇宙全体の生成の横断面を一瞬ごとに構成している。したがって、それは受け取られる運動と送り返される運動の通過地点であ

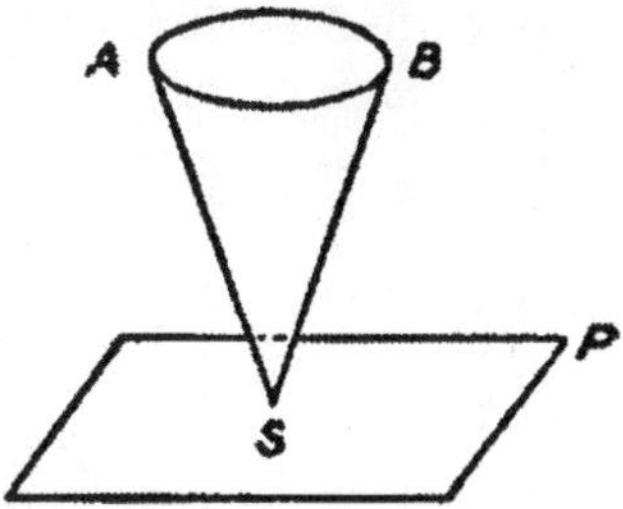

図４

り、私に作用してくる事物と私のほうから働きかける事物とのあいだの連結符であり、一言で言えば、感覚－運動的現象の座なのである。私の記憶力に蓄えられた記憶の全体を円錐ＳＡＢで表してみると、過去にある底面ＡＢは不動のままであるのに対して、そのつどいつも私の現在を表している頂点Ｓは、休みなく前進しつつ、宇宙についての現在の私の表象である動的平面Ｐに絶え間なく触れている。Ｓには身体のイマージュが集約されている。そして、このイマージュは平面Ｐの一部であるから、それが行うのは、平面を構成しているすべてのイマージュから発される諸作用を受けては返すことだけなのである。

したがって、習慣が有機的に組織してきた感覚－運動系の総体が構成する身体の記憶力とは、ほとんど瞬間的な記憶力であるが、その土台になってくれているのは、真の意味で過去の記憶力なのである。それらは二つの別個のものをなしているわけではなく、先にも言ったように、第一の記憶力は第二の記憶力によって経験の動きつつある平面に差し込まれた動的尖端でしかない。だから、両者が互いに支え合うのも当然のことである。実際、一方では、過去の記憶力は、感覚－運動的機構に対して、それらの任務を指導でき、経験の教えから示唆される方向に運動的反作用を導くことができるすべての記憶を提示する。そこに成り立つのが、まさに近接と類似による連合である。だが他方、感覚－運動的装置のほうも、無力な、つまり無意識の記憶に対して、身体を得る手段、自分を物質化する手段、つまりは現在になるための手段を提供する。実際、ある記憶が意識に再び現れるには、その記憶は純粋な記憶力の高みから、行為が遂行されるまさにその地点にまで降りてこなければならない。言い換えれば、記憶が応答する呼び出しが発されるのは現在からであり、加えて、記憶が自分に生命を与えてくれる熱を借り受けるのも、現在の行為の感覚－運動的要素からなのである。

二種類の記憶力の調和の堅固さ、相補的な両者が互いのうちに入り込む際の正確さによってこそ、われわれは「よく平衡〔＝バランス〕のとれた」精神の持ち主、つまるところ生に完全に適応している人間を、それと見分けるのではないだろうか。行動の人を特徴づけるのは、与えられた目下の状況における助けとなるように、関係するあらゆる記憶を素早く呼び出せるということだが、それはまた、この種の人においては、無用ないし無関係な記憶が意識の閾《いき》に顔を出そうとしても越えられない障壁がちゃんと用意されているということでもある。完全に純粋な現在に生きること、また、ある刺激に対してそれを引き延ばす即座の反応で応じること、それは下等動物の特性だ。そんなふうに事を進める人間は、衝動の人である。だが、そこに生きる楽しみゆえに過去に生きているような人間、目下の状況にとって何の利益もないのに記憶が意識の光へと現れ出てくるような人間も、行為に適応していないという点では、ほとんど変わらない。これは衝動の人ではなく、夢想の人である。この両極端のあいだに、記憶力のあるべき態度が位置づけられる。現在の状況の輪郭を正確にたどれるだけの素直さと、しかし同時にそれ以外の呼び出しにはすべて抵抗できるだけの力強さをともにそなえている、ということだ。良識、すなわち実践的センスとは、おそらくこれ以外のことではない。

たいていの子供において自発的記憶力が非常に発達しているのは、まさに自分の記憶力と行動をまだつなげられていないことに由来する。子供たちは目の前の印象を追いかけるのが常であり、彼らにおいては、行為が記憶の指示するところに従っていないのと同じく、記憶のほうもまた行為の必要に合わせて制約されていないのだ。彼らが物事を大人よりずっと簡単に記憶できるように見えるのは、単に彼らが大人のような分別もなく思い出すからにすぎない。だから、知能が発達するにつれて記憶力は衰えるように見えるが、それは次第に記憶が行為と一緒に組織されていくからである。こうして記憶力は拡がりを失うが、そのぶん鋭さを得る。記憶力は当初、夢のような記憶力の容易さをそなえていたが、それは記憶力が本当に夢見ていたからなのだ。なお、知能が幼児期段階をほとんど超えていないような人々においても、自発的記憶力の同様の過度な昂進が見られる。ある宣教師は、アフリカの未開人に長い説教を行ったのだが、そのあとで彼らの一人がその説教を最初から最後まで、一字一句そのまま、同じ身ぶりまでつけて繰り返すのを見たという[(1)]。

（1）ケイ〔David Kay〕『記憶とその強化法〔*Memory and How to Improve It*〕』〔正しい表題は、

Memory : What It Is and How to Improve It〕(New York, 1888)、一八頁。

しかし、自分の過去がわれわれにとってはほとんどすべて隠されたままである理由が、過去は現在の行為の必要によって抑止されている、ということであるのなら、われわれが実効的な行為に関心を失って、いわば夢の生に戻ってしまうような場合には必ず、過去は意識の閾を越えるだけの力を取り戻すだろう。眠りは、自然なものであれ人為的なものであれ、まさにその種の離脱を引き起こす。最近の一説によると、眠りにおいては、感覚的神経要素と運動的神経要素のあいだの接触が断たれるという(1)。この独創的な仮説は採らないとしても、覚醒時には受けた刺激を引き延ばして適切な反作用をしようと常に用意している神経組織の緊張が、睡眠中には、〔実際に神経末端が離れないとしても〕少なくとも機能の上で弛緩することを認めないわけにはいかない。ところで、ある種の夢や夢遊状態における記憶力の「昂進」は、ありふれた観察事実である。そこでは、消え去ったと思っていた記憶が驚くほど正確に再び現れてくる。完全に忘れていた幼少期の場面を、そのいっさいの細部に至るまでもう一度経験したり、学んだことすらもう思い出せない言語を話したりするのだ。だが、この点に関して最も示唆に富むのは、溺《おぼ》れた人や首を吊った人における突然の窒息の場合に時折生じる事態である。体験者が蘇生して述べるには、ほんのわずかのあいだに、自分の生涯の出来事が余すところなく、しかもそれらの周囲にあったほんの些細な状況まで伴いつつ、しかもかつて生じたままの順序で、眼前に次々と現れたというのだ(2)。

（1）マティアス・デュヴァル〔Mathias Duval〕の報告「眠りの組織学的理論〔Théorie histologique du sommeil〕」（Comptes Rendus *de la Soc. de Biologie*, 1895）、七四頁。また、レピーヌ〔R. Lépine〕の前掲報告（同書、八五頁）ならびに *Revue de Médecine*, août 1894〔論文「特異な形態のヒステリー症例について（Sur un cas d'hystérie à forme particulière）」〕、また、とりわけピュパン〔Charles Pupin〕『ニューロンと組織学的諸仮説〔*Le neurone et les hypothèses histologiques*〕』（Paris, 1896）とも比較せよ。

（2）ウィンズロウ〔Forbes Winslow〕『脳の不可解な疾病〔*Obscure Diseases of the Brain*〕』二五〇頁以下、リボー〔Théodule Ribot〕『記憶の病〔*Maladies de la mémoire*〕』一三九頁以下、モーリ〔Alfred Maury〕『眠りと夢〔*Le sommeil et les rêves*〕』（Paris, 1878）、四三九頁、エッジェル〔Victor Egger〕の論文「瀕死の者の自我〔Le moi des mourants〕」（*Revue Philosophique*, janvier et octobre 1896）を参照。また、ルイヤール〔Amédée Rouillard〕が、その『健忘症〔*Les amnésies*〕』（医学博士論文）（Paris, 1885）、二五頁で引用するバル〔Benjamin Ball〕の言葉「記憶力とは、何も失わず、すべてを記録する能力である」とも比較のこと。

そういったわけで、おそらく、自分の生をしっかり生きずにただ夢見るような人間であれば、これまでの自分の歴史の限りなく多くの細部をいつも視界に収めていることだろう。また反対に、そのような記憶力とそこから生まれるものすべてを退けるような人間であれば、おそらく自分の生を本当には表象しないまま、絶えず演じるばかりだろう。こんな人間は、意識をもつ自動機械として、刺激を適切な反作用へと引き延ばす有用な習慣の坂をそのままたどることだろう。最初のほうの〔夢見る〕人間は、特殊なもの、さらには個体的なものの外には決して出ない。イマージュ一つ一つに対して時間におけるその日付と空間におけるその場所を残しつつ、彼はイマージュが他のイマージュとどこで異なるかは見るだろうが、どこで類似しているかは見ないだろう。もう一方の、常に習慣に動かされている人間は、それとは反対に、ある状況の中に、それが以前の状況と実践上の意味で類似する側面ばかりを見分けることだろう。確かに、彼に普遍的なものを思考することはできまい。一般観念は、想起された多数のイマージュの表象、少なくとも潜在的な表象を前提とするものだから。しかし、それでも彼は、まさに普遍的なものの中で動いていることだろう。行為にとって習慣というのは、思考にとっての一般性のようなものであるから。こうした二つの極端な状態、すなわち記憶力がまったく観照的で、その視覚において特異なものだけを把握するような状態と、記憶力がまったく運動的で、その行動に一般性の印を刻みつけるような状態、これら二つが別個に切り離されてそのまま姿を現すのは、例外的なケースに限られる。通常の生においては、両者は内的に浸透し合って、ともに自分のもともとの純粋性をいくらか放棄している。第一の状態は差異の記憶として現れ、第二の状態は類似の知覚として現れる。この二つの流れが合流するところに、一般観念が現れることになる。

一般観念と記憶力

ここで一般観念についての問題に一挙にまとめて決着をつけようというのではない。一般観念の中には、知覚だけから生じるわけではないもの、物質的対象とは非常に遠くからしか関係しないものもある。そうした一般観念は脇に置くことにして、われわれが類似の知覚と呼ぶものに基礎をもつ一般観念だけを考察しよう。純粋な記憶力、過去全体の記憶力が運動的習慣の中にはまり込もうと連続的に努力していく様子を追跡してみたいのだ。そうすれば、この記憶力の役割と本性について、いっそう理解してもらえるだろうし、しかもそれと合わせて、類似と一般性という、いずれ劣らず曖昧な二つの概念についても、それらをあるきわめて特殊な側面から考察しつつ、おそらく解明を行えるはずである。

われわれの考えでは、一般観念の問題の周囲に生じてくる心理学上の諸困難は、できるかぎり突きつめて捉えてみれば、結局は次の循環内部に収められる。一般化するにはまず抽象しなければならないが、使いものになるような抽象をするにはすでに一般化できなければならない、という循環である。意識してかどうかはともかく、唯名論と概念論という二つの学説は、各々が相手側の不十分さを自分側の何よりの論拠としながら、まさしくこの循環の周囲でまわり続けている。実際、唯名論者は、一般観念について「それが指示する」外延にだけ着目して、一般観念とは個々の対象の際限なき開かれた系列のことでしかない、と考える。だから、唯名論者にとっては、観念の統一性は、それら別個の諸対象をわれわれが無差別に指し示すのに用いる記号の同一性のことでしかない。彼らの言うところによれば、われわれは、まず一つの事物を知覚し、それに一つの語を結びつける。そしてこの語は、他の限りなく多くの事物へと拡がっていく能力ないし習慣に助けられると、一般観念に昇格するというのだ。しかし、拡がりを増してもその語が自分の指し示すべき諸対象に限定されたままであるためには、以上に加えて、それらの対象のほうがわれわれにさまざまな類似性を示し、それによって諸対象は互いに近づけられるが、同時に当の語が適用されない諸対象からはすべてはっきり区別もされる、というのでなければならない。したがって、一般化は諸対象に共通する諸性質についての抽象的考察なしには不可能に思われるわけで、徐々に唯名論は一般観念をその内包で定義するよう導かれていき、最初に意図していたように単にその外延だけで定義することはもはやできなくなる。概念論は、まさにこの内包のほうから出発する。概念論によれば、知性は個体の表面的な統一性を多様な諸性質へと解きほぐす。そして、それらの性質の一つ一つは、自分を閉じ込めていた個体から切り離されると、まさにそのことによって、ある類を表すものになる、というのである。類がそれぞれ多数の対象を現勢的な形で含んでいると考える代わりに、今度は対象のほうがそれぞれ多数の類を潜在的な形で、いわば対象にとらわれた諸性質として、自分の中に閉じ込めていることにするわけだ。しかし、問題はまさに次の点にある。個体的な性質は、たとえ抽象の努力によってそれだけ切り離されたとしても、やはり最初と同じように個体的なままではないのか。そして、そうした性質を類に昇格させるためには、精神のもう一つ別の歩み、すなわち、まずそれぞれの性質に一つの名称を貼りつけた上で、その名称の下に多数の個体的対象を集めるという歩みが不可欠ではないのか。百合《ゆり》の白さは、積もった雪の白さではない。それらは雪や百合から切り離されても、やはり百合のあの白さ、雪のあの白さである。この二つの白さが自分の個体性を捨てるのは、われわれが両者の類似を考慮して、それらに一つの共通した名称を与える場合に限られる。その名称を類似した数限りない対象にさらに適用していく中で、われわれは当の名称がさまざまな事物に適用されていくことのうちに求めた一般性を、いわば跳ね返らせるようにして、改めて当初の性質の側に送り返すのである。しかし、このように推論を進める中で、人は最初に放棄したはずの外延の観点に戻ってしまってはいないだろうか。かくしてわれわれは、まさしく一つの循環の中をめぐっている。唯名論はわれわれを概念論に導き、概念論はわれわれを唯名論に連れ戻すのだ。一般化は、共通した性質の抽出によってしか可能ではない。しかし、諸性質が共通のものとして現れるには、それらはすでに一般化の働きを受けていなければならない、というわけである。

　ところで、これら二つの対立する理論を掘り下げてみると、それらには一つの共通した要請があることが見出されよう。どちらの理論も、われわれの出発点は個体的対象の知覚だと前提しているのである。唯名論は列挙から類を合成する。概念論は分析によって類を取り出してくる。しかし、その分析も列挙も、個体に対してのものだ。そして、個体的なものは直接的直観に与えられた実在だと考えられている。これが要請である。一見、自明のことだと思われるかもしれないが、それはどうもありそうもないし、事実に合致しているわけでもない。

　実際のところ、個体的な諸対象のはっきりした区別というのは知覚にとっての贅沢品であり、それは一般観念の明晰な表象というのが知性にとっての洗練の産物であるのと同じだということは、アプリオリに言えそうである。類を完全に概念として捉えるというのは、おそらく人間の思考だけに限られた特質だ。ある表象からその時間と場所の特殊性を抹消しようという反省的努力を必要とするからである。だが、そうした特殊性についての反省、それがなければ対象の個体性はわれわれに見逃されてしまうであろう反省の前提となるのは、差異に注目する能力であり、ということはすなわち、さまざまなイマージュを相手とする記憶力である。そして、この記憶力は明らかに人間と高等動物だけの特権である。だとすれば、われわれの出発点は、個物の知覚でも類の概念でもなく、むしろ、ある中間的な認識、特徴的性質[*2]ないし類似についての漠然とした感じであろう。それは完全に概念とされた一般性からも、きっぱりと知覚された個体性からも等しく隔たったものだが、この感じこそが、それら両者を、次第に分離させる形で生み出す。反省的分析がそれを純粋化していくと一般観念になり、区別を行う記憶力がそれを固体化していくと個物の知覚になるのだ。

しかし、以上は、われわれがもつ事物の知覚のまったく実利的な起源を考えてみれば、はっきり分かるはずのことである。ある状況においてわれわれの関心を引くもの、まずそこでわれわれが把握しなければならないもの、それは、当の状況がこちらの傾向ないし欲求に応じてくれそうな側面である。ところで、欲求とは、類似ないし性質へとまっすぐに赴くもので、個体の差異など気にかけたりはしない。動物の知覚は、通常このような有用なものの分別にとどまっているはずだ。草食動物を引きつけるのは、草一般である。草の色と匂いは、力として感じられ、こうむられるものとして（性質や類として思考されながら、とまでは言わない)、草食動物の知覚の唯一の直接与件をなしている。この一般性ないし類似を背景にして、その動物の記憶力はさまざまな対比を引き立たせることができるだろうし、そこからさまざまな差異化も生じてくるだろう。そしてそうなれば、ある風景は別の風景から区別され、ある草原は別の草原から区別されることだろう。だが、繰り返せば、それは知覚の余剰品であって、必需品ではない。これでは問題を後退させただけだ、類似が取り出され類が構成されるその作用を単に無意識に放り込んだにすぎない、という反論があるかもしれない。しかし、われわれは別に何も無意識に放り込んだりはしていない。その理由はごく単純で、われわれの考えでは、ここで類似を取り出しているのは心理的な努力ではないのである。この類似は、客観的な仕方で一つの力のように作用し、いつも同じ反作用を引き起こす。そしてそれは、原因が深いところで同一なら続いて生じる総体的結果も同じになるという、まったく物理的な法則に従ってのことなのだ。大理石であれ、チョークであれ、炭酸カルシウムに対してなら塩酸は常に同じように作用するということを理由にして、酸は異なる種《しゅ》のあいだで一つの類を特徴づける性質を見分けている、と言う人はいないだろう。ところで、この酸が塩からその塩基を取り出す働きと、植物がこの上なく異なる土壌から、自分の栄養分にできるはずの同じ諸元素を変わることなく抽出する作用とのあいだに、本質的な差異はない。では、もう一歩進んでみよう。水滴の中で動きまわっているアメーバの意識がたぶんそうであるような、まだ発達していない意識を想像してみるのだ。その微小な動物は、自分が同化できる有機物について、それらの類似は感知しても、差異を感じ取ることはないだろう。要するに、鉱物から植物、植物からごく単純な意識をもつ生物、動物から人間と進みながら、事物や生物が自分を引きつけるもの、実践上の関心を引くものを自分の周囲でつかまえる働きの進展を、ずっとたどっていけるのだ。そして、これらの事物や生物には、わざわざ抽象を行う必要がない。理由は単純であって、周囲にあるそれ以外のものは、当の事物や生物に対して、そもそも何の関係ももつことがないからだ。表面的にはさまざまに異なる作用に対する反作用の側の同一性こそ、人間の意識が一般観念にまで発展させる元の萌芽なのである。

実際、その構造的由来に照らしつつ、改めてわれわれの神経系の本来の役割について考えていただきたい。われわれが目にするのは、非常に多様な知覚器官が、中枢を介して、いずれも同じ運動器官に結びつけられていることである。感覚とは安定しないものであり、きわめて多様なニュアンスをとりうる。反対に、運動器官は、ひとたび組み上げられれば、変わることなく同じように機能する。したがって、あれこれの知覚が、その表面的なニュアンスに関してどんなに異なっていても構わない。もしそれらが継続されていく先が同じ運動的反作用であれば、身体が知覚から同じ有用な結果を引き出すことができれば、そしてさまざまな知覚が身体に同じ態度を刻印するなら、そこからは何か共通したものが浮かび上がってくるだろう。こうして、一般観念は、それとして表象される以前に、すでにまず感じられ、こうむられていることだろう。——したがって、ついにわれわれは、当初閉じ込められたと思われていた循環の外に出られたことになる。先に言ったのは、一般化するためには類似を抽象しなければならないが、使いものになるように類似を取り出すためにはすでに一般化できなければならない、ということだった。だが、本当は循環など存在していない。というのも、精神が出発点とする類似、最初に抽象する際のその類似とは、精神が意識して一般化した時に到達する類似ではないからである。出発点である類似とは、感じられ生きられているだけの、あるいはお望みであれば、自動的に演じられるだけの類似である。精神が最後に帰ってくる類似は、知性によって捉えられ思考された類似である。そしてまた、ほかでもないこうした精神の進行の中で、個物の知覚ならびに類の概念が、悟性と記憶力による二重の努力を通じて構成されてくる――記憶力は、おのずと抽象された類似の上にさまざまな区別を接《つ》ぎ木し、悟性のほうは、類似についての習慣から一般性についての明晰な観念を浮かび上がらせていくわけである。この一般性の観念は、最初は多様な状況における態度の同一性についての意識にすぎなかった。それは、ほかならぬ習慣が運動の領野から思考の領野へと遡ったものだったのだ。だが、われわれは、習慣によってこのように機械的に素描される類から、当の働き自体について反省する努力を経て、類〔*genre*〕というものの一般〔*générale*〕観念に移行したのだった。そして、この観念がいったん構成されると、今度は意図的に数限りない一般概念を構築していったのである。ここで知性を追って、この構築の細部まで見届ける必要はない。次のことを言うにとどめよう。悟性は、自然の働きを模倣しつつ、自分でも、ただし今度は人為的な運動器官を組み立てて、それらが無数の個体的対象に対して限られた数の応答をするようにした。こうしたメカニズムの総体が、分節言語である。

ただし、精神のそうした反対向きの作用、すなわち個物をそれぞれ見分ける作用と、類を構築する作用の二つは、要求する努力が同じであったり、進歩する速度が等しかったりするわけではない。第一の作用は記憶力の介入だけを要求するものなので、われわれの経験の最初から十分に行われる。それに対して、第二の作用は際限なく続くもので、これで完成ということは決してない。第一の作用が最後に構成するのは安定したイマージュであり、それらはそれらでまた記憶力に蓄えられていくが、第二の作用が形作るのは不安定で消えやすい表象である。この点を、もっとよく考えてみたい。われわれは、ここで精神の生の本質的な一現象に触れているのだ。

実際、一般観念の本質は、行為の領域と純粋記憶力の領域のあいだで休むことなく動いている、ということだ。先に描いた図式に立ち戻ってみてほしい。頂点Sには、自分の身体について、ということはすなわち一定の感覚－運動的平衡について私がもつ現在の知覚がある。底面AB上には、こう言ってよいなら、私のさまざまな記憶全体が残らず置かれているだろう。こう定められた円錐の中で、一般観念は頂点Sと底面ABのあいだを絶えず揺れ動いているだろう。一般観念は、Sでは、ある身体的態度ないし口にされる一単語という非常にはっきりした形をとるだろう。また、ABにおいてだと、一般観念の脆《もろ》い統一性は個体的な無数のイマージュへと砕け散るだろうが、そうやって一般観念が帯びることになる姿そのものは先に劣らずはっきりしたものである。そのせいで、もうできあがったものにばかりとらわれ、事物のみ認識して進展のことを知らないような心理学は、この運動について、揺れ動くその両端ばかりを捉えることになってしまう。そのような心理学は、一般観念を、それを演じる行為ないしそれを表現する語と同一視したり、記憶力においてその等価物となる数えきれない多くのイマージュのほうと同一視したりすることだろう。だが実際には、一般観念は、それら両端のいずれかに固定しようとした途端、逃げ去ってしまう。一般観念は、両端のあいだで行き来する二重の流れから成り立っている。だからいつでも、口にされる単語に結晶化することもできれば、数多くの記憶へと気化していくこともできるのである。

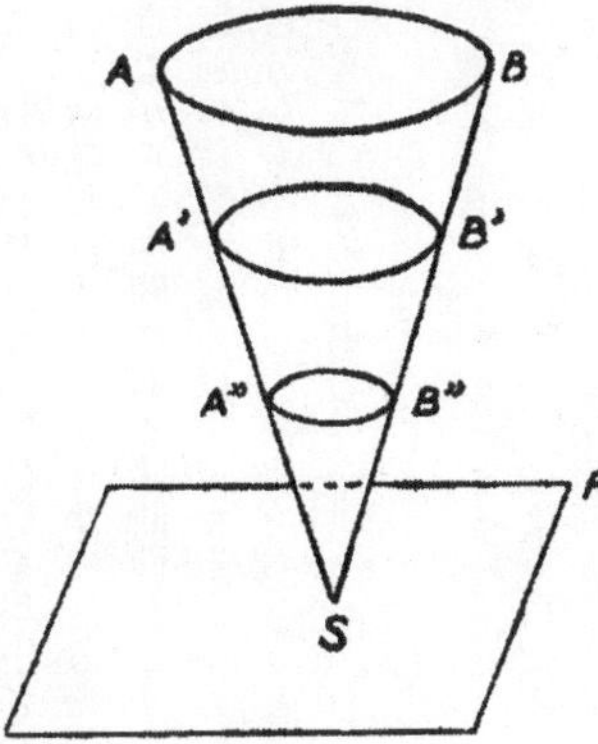

図５

以上は結局、先の第二章で前もって示唆しておいたように、点Ｓで図示される感覚－運動的機構とＡＢに置かれた記憶全体のあいだには、われわれの心的生が反復されたものが無数に存在している、ということであって、それらは同じ円錐の断面A'B'やA"B"などによって、それぞれ表すことができる。感覚的で運動的な状態からわが身をいっそう引き離し、夢の生を生きるようになるにつれて、われわれはＡＢへと自分を散乱させていく。また、感覚的刺激に運動的反作用で応じながら、目下の現実にいっそうしっかりとわが身を結びつけていくのに応じ

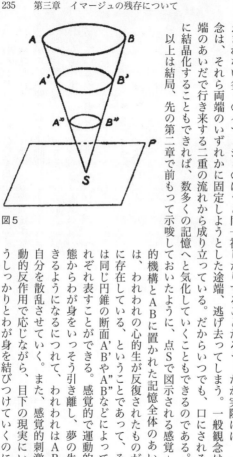

て、われわれはSへと自分を集中させていく。だが実際には、通常の自我がSないしABという極端な位置のいずれかに自分を固定することは決してない。自我は、両極のあいだを動きながら、中間にある諸断面が表すさまざまな位置をかわるがわる選び取っている。あるいは別の言葉で言えば、イマージュと観念が協力して現在の行為にうまく役に立てるように、自分がもっている表象に、ちょうどよい量のイマージュ、ならびにちょうどよい量の観念を与えているのである。

観念連合

低次の精神の生をこのように捉えるなら、そこから観念連合の諸法則を導き出すことが可能になる。だが、この点を深く追究するのに先立って、連合に関して、これまでに流布している諸理論の不十分さを示しておきたい。

精神の内に出現する観念のどれをとっても、精神のそれ以前の状態と類似ないし近接の関係をもっていること、これは異論の余地のないところである。しかし、この種の主張は、連合のメカニズムについて教えるところがなく、そればかりか、実を言うと、どんなこともいっさい教えてくれないものなのだ。実際、何らかの点で相互に類似する特徴をもたないような二つの観念、あるいは何らかの側面で相互に接していないような二つの観念を探そうとしても無駄だろう。類似について見てみよう。二つのイマージュについて、それらを隔てる差異がどんなに根本的であっても、十分に高いところまで遡ってみれば、両者が属する一つの共通類は必ず見つかるのであり、とすれば、両者の連結符になってくれる類似も必ず見つかるはずだ。近接を考えてみよう。ずっと前のところでも言ったことだが、ある知覚Aが「近接」によって過去のイマージュBを呼び起こせるのは、知覚Aが、まず最初に、自分に類似したイマージュA'をわれわれに思い出させる場合に限られる。なぜなら、記憶力の中で実際にBに接しているのは、知覚Aではなく、記憶A'だからである。だから、AとBという二つの項がどんなに離れていると想定したところで、両者のあいだに挟まってくるA'という項がAに対して「AとBの隔たりに」匹敵するほど遠くから類似を保ってさえいれば、AとBのあいだには必ず近接の関係が成立しうるのだ。結局、以上のことからすると、でたらめに選ばれた任意の二つの観念のあいだには、必ず類似があるし、お望みとあらば近接もまた存在する、ということになる。だから、続いて生じる二つの表象のあいだに近接ないし類似の関係を見つけ出したところで、なぜ一方がもう一方を呼び起こすのかについては何も説明できていないのである。

本当の問題は、どれも何らかの点では現在の知覚に類似している数限りない記憶の中から選別が行われるのはいかにしてか、そしてそれらのうちのただ一つ、あの記憶ではなくまさにこの記憶が意識の光へと現れ出てくるのはなぜか、というところにある。しかし、連合主義は、この問いに答えることができない。というのも、連合主義は、観念やイマージュを一つ一つ独立したものに仕立て上げ、それが内的空間の中をエピクロス流の原子のように漂《ただよ》いながら、偶然、相互の引力圏に入ると互いに接近して結合する、という具合に考えてしまっているからだ。そして、この点に関して連合主義説を掘り下げてみれば、その誤りが何だったかが分かる。それは、観念というものをあまりに知性化し、それらにまったく思弁的な役割を割り当てて、観念が存在するのはそれ自身のためであってわれわれのためではないと思い込み、それらと意志の能動的活動との関係を見落としてしまったことなのだ。もし能動性も形式ももたない意識の中を諸々の記憶が相互に無関心なままで、ふらふらさまよっているのだとしたら、現在の知覚がその中の一つを特に好んで引きつける理由など、いっさいあるまい。とすれば、私にできるのは、知覚と記憶の偶然の出会いがいったん生じたあとで当の出会いをただ追認し、そこには類似ないし近接があったのだ、と述べることだけである。そして、それは結局、意識状態は互いに対する親和力をもっているということを漠然と認めることにすぎない。

だが、この親和力、近接と類似という二重の形をとるとされる親和力そのものについても、連合主義は何の説明も与えられない。かくして、連合主義においては、連合のそのつどの特殊な諸形態と同じく、諸観念が連合しようとするもともとの一般的傾向のほうも曖昧なままになるわけだ。イマージュ記憶のことを、すっかりできあがった事物であって、その事物という姿のままでわれわれの精神の生に与えられてくるものに仕立てたせいで、連合主義としては、そうしたもののあいだに謎めいた引力を仮定するほかなくなる。しかも、その引力については、物理的引力についてとは異なり、どういった現象を通じて現れるのかを前もって言うこともできないありさまになるのだ。そもそもの仮定からしてそれだけで完結していることにされてしまえば、いったいどうして、あるイマージュが自分以外のイマージュを——たとえそれらが自分に似ていたり、自分と近接した形で与えられたことが以前にあったりしたところで——わざわざ自らに結びつけようとするというのか。だが、本当のところは、そういう個々独立のイマージュというのは、精神の所産、あとになって作られた人為的なものにすぎない。実際には、われわれは互いに類似する個物より先に類似を知覚し、また近接関係にある諸部分の集合においては、諸部分より先に全体を知覚している。われわれは、類似のほうから出発して、類似した諸対象へと進む。類似という共通したキャンバスがまずあって、その上にさまざまな個別の差異という刺繍を施していくのだ。そしてまた、われわれは、全体のほうから出発して、諸部分へと進む。それは解体の作業であり、その法則についてはまたあとで見るが、この作業は実在の連続を実践的生の便宜に最もかなうように細分化していくものなのだ。こうしたわけで、連合〔*association*〕は最初の事実ではない。われわれの出発点は、分解〔*dissociation*〕なのである。そして、すべての記憶が自分以外の記憶を自分に結びつけようとする傾向は、元の知覚がもっていた分割以前の統一へと精神が自然に立ち戻っていくことから説明される。

だが、ここに来て、われわれは連合主義の根本的な欠陥を発見する。ある現在の知覚がさまざまに異なる記憶と次々にあれこれの連合を形成する場合、この連合のメカニズムについては二つの捉え方がある、と先にわれわれは述べた。まず一つには、知覚は自己同一的なままだ、と考えることができる。知覚とはまがうことなき心理的原子であり、他の原子が傍《かたわ》らを通過するとそれを次々に自分に結びつけていく、というわけだ。これが連合主義の観点である。だが、二つ目の捉え方もある。そして、こちらが再認についてのわれわれなりの理論の中で先に示したものである。われわれの想定では、われわれの人格の全体が、記憶のすべてを携《たずさ》えながら、現在の知覚へと、分かたれないまま入り込んでいくのであった。この場合、現在の知覚がさまざまな記憶を次々に呼び起こすのは、知覚がそれ自体は不動のままで、自分のまわりに多くの要素をどんどん引き寄せていく、といった機械的付加によるのではない。それはわれわれの意識全体の膨張によるのであって、その場合、意識はより広大な面の上に自分を繰り広げながら、自分の蓄える富の目録をいっそう詳細に展開できるようになるのだ。これはちょうど、塊のように見える星雲が、だんだん強力な望遠鏡で観察されるにつれて、より多くの星々に分かれていくような具合である。第一の仮説（見かけの単純さと、誤解された原子論との類比以外に、それを支えてくれるものはほとんどない）では、記憶はそれぞれ独立して凝固した存在であるが、そんなものについては、それが他の記憶をわざわざ自分に結びつけようとする理由を言うことはできないし、仮に近接やら類似やらのおかげで他の記憶と連合するとしたところで、同等の権利をもつであろう無数の記憶のあいだでどうやって選択するのかの説明は不可能である。諸観念は偶然に衝突するのだとか、相互に謎めいた力を及ぼし合うのだ、といった仮定をしなければならなくなるわけだが、それでもなお、意識の証言がそれに異を唱えてくる。それぞれ独立した状態で漂《ただよ》う心的諸事実といったものを意識がわれわれに提示することは、決してない。第二の仮説であれば、心的事実相互の連帯性をそれとして確認しているだけのことである。直接的意識に対しては、それらの事実は分かたれざる一つの全体として常にまとめて与えられているのであって、反省の働きによってのみ、それは細分化されて別々の断片になるのだ。この場合、さらに説明すべきは、内的諸状態の凝集ではもはやなく、凝縮と拡張という二重の運動、すなわち意識が自らの内容の展開を引き絞ったり、緩め拡げたりする運動のほうだ、ということになるだろう。しかしこの運動は、すぐ見るように、生の根本的な必要から導き出される。そしてまた、この運動に沿ってわれわれが形成するように見えるさまざまな「連合」が、どうして近接ならびに類似の連続的段階を余すところなくカバーするものであるのかも容易に理解できるのだ。

夢の平面と行為の平面[*3]

実際、少しのあいだだけ、われわれの心的生が感覚－運動的機能だけに縮減されたと仮定してみよう。言い換えると、先に描いた図式（二三五頁）で、頂点Sは精神の生が可能なかぎり最も単純になった状態に対応しているが、このSに身を置いてみる、というわけである。この状態では、知覚はどれもひとりでに適切な反作用へと引き延ばされていく。というのも、以前の同じような知覚によって、さまざまに複雑な運動器官が組み上げられてきており、それがもう同じ呼び出しの反復だけで作動するようになっているからである。ところで、この機構には、類似による連合が存在している。現在の知覚が作用するのは、過去の知覚との類似性によるのだから。そしてまた、近接による連合も存在する。過去の知覚に続いた運動が改めて生じるばかりか、その運動も、さらに自分に続く形で、最初の行為に連携していた無数の諸行為まで一緒に引き起こしうるわけだから。したがってわれわれは、ここにおいて、類似による連合と近接による連合を、その源泉において、そしてほとんど両者が溶け合った状態で――確かにいっさい思考はされずとも、演じられ、生きられたものとして――つかんでいるわけである。これら二つの連合は、われわれの心的生がたまたまとった姿などではない。それらは同じただ一つの根本的傾向性の相補的な二側面を表している。すなわち、与えられた状況から有用なものを抽出するとともに、同種の状況で役立てられるように可能な反作用を運動的習慣の形で蓄えておくという、すべての有機体がもつ傾向性である。

今度は、精神の生のもう一方の端に、一気に身を移してみよう。例のやり方で、単に「演じられた」精神の生から、もっぱら「夢見られた」だけの生のほうに移ってみるのだ。言い換えれば、あの（二三五頁）記憶力の底面ＡＢ、われわれの流れ去った生におけるすべての出来事がほんのわずかな細部におけるまで描かれている底面に身を置くわけである。行為から離れて自分の過去の全体を一望に収めるようになった意識にとっては、その過去の他の部分ではなく、まさにこの部分のほうに注目する理由はまったくないはずだ。ある意味では、その意識がもつ記憶は、どれをとっても現在の知覚とは異なっている。多くの細部込みで見てみれば、二つの記憶がまったく同じということは決してないからである。だが、また別の意味では、任意の、どんな記憶も現在の状況に結びつけることができる。両者の類似だけが現れるように、この知覚と記憶において細部を無視すれば十分なのだ。それればかりか、いったん記憶が知覚に結びつけられれば、それとともに、当の記憶に近接した多くの出来事もまた知覚に結びつくことだろう。そして、そんな出来事の数は限りなく、もうここでやめると決めなければ、はてしないものになるだろう。だがここには、類似がもたらす結果、ひいては近接がもたらす結果を統御してくれる生の必要がもはや存在していない。そして結局のところ、すべては類似しているのだから、すべては連合しうる、ということになるのだ。先ほどの場合だと、現在の知覚は特定の運動に引き延ばされていくのであった。今度は、それは同等に可能な無数の記憶となって消えていく。というわけで、連合が引き起こすのは、ABにおいては恣意的な選択であり、Sにおいては既定の歩みだということになる。

しかし、これらの両端は、研究の便宜のために心理学者はそこにかかわるがわる身を置く必要はあるが、実際には決して到達されることのない極端なものにすぎない。少なくとも人間においては、まったく感覚－運動的な状態というものは存在しないし、漠然とした能動性の土台もなしにイマージュを思い浮かべるだけの生といったものも存在しない。すでに述べたように、われわれの通常の心的生は、これら両端のあいだで揺れ動いている。一方で、感覚－運動的状態であるSは、記憶力に方向を与えている。もともと、それは記憶力の現勢的で活動的な末端なのである。また他方、この記憶力自身も、われわれの過去の全体を携えながら前方に推し進みつつ、現在の行為の中に自分自身を可能なかぎり入り込ませようとしている。この二重の努力からは、記憶力がとりうる無数の諸状態が刻々と生じてくる。われわれの図式のA'B'やA"B"といった断面で表されているのが、それだ。すでに述べたように、それらはそれぞれ、われわれの過去の生全体を反復したものである。ただし、それらの断面の大きさは、底面のほうに近づくか、頂点のほうに近づくかに応じて変化する。そればかりか、断面のいずれも、われわれの過去を欠けるところなく表してはいるにしても、意識の光へともたらせるのは、感覚－運動的状態の枠にうまくはまり込めるもの、遂行すべき行為に照らして現在の知覚に類似しているものに限られる。言い換えれば、過去全体についての記憶力は、現在の状態からの呼び出しに、二つの同時的な運動で応じるのである。一つは並進運動であり、それによって記憶力は全体として経験の前に身を移しながら、行為を目指しつつ、自分を分割はしないものの、何らかの度合いで自分を凝縮させる。もう一つは自転運動であり、これによって記憶力は目下の状況に向かって方向を定め、最も有用な面をそちらに提示できるようにする。このような凝縮のさまざまな度合いに、類似による連合のさまざまな形態が対応しているのである。

意識の諸平面

かくして、言ってみれば、われわれの記憶は、われわれの過去の生についての無数の可能な縮図において、限りなく何度も反復されている。それらの記憶は、記憶力が自分を引き絞った場合には、それだけありふれた姿をとり、自分を膨張させる場合には、いっそう個人的な姿をとる。かくして、記憶は限りなく多くの互いに異なる「体系化」の中に入ることになる。ある外国語の単語が私の耳に向かって口にされた場合、その言語一般が思い浮かぶこともあれば、かつてその単語をある仕方で発音した声が思い浮かぶこともある。こうした類似による二種類の連合が生じるのは、かわるがわる二つの異なる表象が偶然に運ばれて、現在の知覚の引力圏内にたまたま到達したからではない。二つの連合が対応しているのは、二つの異なる精神の構えであり、こちらでは純粋なイマージュにより近づき、あちらでは即座の応答つまり行為に備えている、記憶力の二つの異なる緊張度なのだ。そうしたさまざまな体系を分類し、それぞれをわれわれの精神の生のさまざまな「音調」に結びつけている法則を探究し、それらの音調自身がまた、その時々の必要ならびにわれわれの個人的な努力によってどのように決定されているのかを示すというのは、難しい企てだろう。この種の心理学はまだまったく手つかずであり、われわれも今のところは、それに挑戦しようとすら思っていない。だが、そのような法則が現にあること、その種の安定した関係が存在することは、われわれの誰もがよく感じ取っている。例えば、心理小説を読んでいる場合、そこに描かれている観念連合のうち、あるものは本当のことに見え、実際に体験できそうなものであることが分かる。だがそれ以外に、われわれの気に障《さわ》り、現実だという印象を与えない観念連合もある。精神の異なる諸段階を機械的に結びつけた結果がそこに感じられ、言ってみれば、作者が最初に自分で選んだ精神の生の平面に身を置き続けられなかったかのようだからだ。このように記憶力には、相継ぎながらそれぞれに異なる緊張ないし活力の度合いというものが確かにある。それらははっきりした定義の難しいものではあるが、魂を描く画家がそれらを混同してしまっては、非難されないわけにはいかない。なお、ここでは病理学も——確かに粗雑な例に基づいてではあるが——われわれがみな本能的に理解している真理を確証してくれている。例えば、ヒステリー患者の「体系的健忘」[*4]において、消えたかに見える〔一群の〕記憶は、実際には現に存在している。だが、おそらく、それらはどれも知性の活力の特定の一音調に結びついており、そして患者はもうその音調には身を置くことができなくなっているのである。

このように、類似による連合について数限りない多様な諸平面が存在するのであれば、近接による連合についても同じことが言える。記憶力の底面を表すいちばん端の平面では、自分より前に生じた出来事ならびに、あとに続いた出来事の全体に近接関係で結びつけられないような記憶は存在しない。それに対して、空間におけるわれわれの行為が集約されている点では、近接は類似する以前の知覚に直結した反応だけを運動という形で甦らせるにとどまる。しかし、事実上は、近接による連合はどれも、精神が以上二つの極限のあいだに身を置いていることを前提として生じる。再びここでもわれわれの記憶全体の反復が無数に可能だと想定するなら、われわれの流れ去った生のそうした反復例は、各々それなりに特定の諸断片へと切り分けられているだろう。そして別の反復例に移るなら、分割のされ方もまた別物になるだろう。というのも、さまざまな反復例をそれとして特徴づけるのは、他の記憶が支点のようにしてもたれかかっている支配的記憶がどのようなものであるか、という点だからである。例えば、いっそう行為に近づくなら、近接はそれだけ類似の性質を帯び、単なる時間的継起の関係からは区別されるようになる。ある外国語の単語が記憶力において互いを喚起するような場合、それらの単語の連合が類似によるのか、近接によるのかをはっきり言えないのは、そのためである。反対に、現実の行動ないし可能的な行動から身を引き離すのに応じて、近接による連合は、われわれの過去の生においてそれに続いたイマージュをただ単に再生するほうに向かう。これらの多様な体系について立ち入った研究を行うのは、ここでは不可能だ。それらの体系は、原子のように並置された記憶から形成されているのではない、という指摘をしておけば十分だろう。どの体系においても、必ず何らかの支配的な記憶がある。それらは、まさに〔天体観測で言われるところの〕光点であり、それ以外の記憶は周囲でぼんやりとした雲を形成している。われわれの記憶力が膨張するのに応じて、これらの光点は数を増していく。ある記憶を過去の一点に位置づける、という過程を例にするなら、それはこれまで言われてきたのとはまったく異なっている。袋に飛び込むように記憶の集積に潜り込んで、当の位置づけるべき記憶の前後にあるあれこれの記憶を、だんだん間をつめながら引っ張り出してくる[*5]、といったことではないのだ。そうだとしたら、あいだに挟まってくる記憶はどんどん増えることになるが、われわれはいったいどんな都合のよい幸運のおかげで、それらをうまく手にできるというのだろう。実際には、位置づけの作業とは拡張の努力なのであり、この努力によって記憶力は、常に全体として自分自身に現前しつつ、そのさまざまな記憶をいっそう広い面の上に拡げる。そして、それまでは漠然としていた集合の中に、落ち着き場所の分からなかった記憶をそれと見分けるに至るのだ。なお、ここでもまた、記憶力に関する病理学からは示唆に富む情報が与えられている。逆向性健忘[*6]においては、意識から消失した記憶は、おそらく記憶力の上端のほうにある諸平面上では、そのまま保存されている。そして実際、何らかの例外的な努力、例えば催眠状態中で行うような努力をすれば、患者はそれらの記憶をそこに再び見出せるのだ。しかし、それより下の平面では、それらの記憶は、自分がそれにもたれて立てるような支配的イマージュを、言ってみれば待ち望んでいたのである。例えば、突然のショックや激しい情動は、それらの記憶が自分を結《ゆ》わえつけうる決定的出来事になりうる。そして、その決定的出来事が、突発的なものだという理由でわれわれの歴史上の他の部分から切り離されてしまうと、それを追って諸記憶のほうもまた忘却されるのである。だから、身体的なショックまたは精神的なショックに続いて生じる忘却が直前にあった出来事にまで及ぶということも理解可能なのだ――この現象は、記憶力についてわれわれのように考えない場合には、非常に説明が難しい。なお、ついでに指摘しておくが、今言ったようなある種の待望が記憶にはある、それも最近のものだけでなく比較的遠い記憶にもある、と想定しなければ、記憶力の通常の働きも理解できないものになってしまうだろう。〔しかし、話を戻して、なぜショック後の忘却がそれより前の記憶にまで遡及するのかというと〕その記憶が記憶力に刻まれた当の出来事は、どんなに単純なものだと想定しても、必ず一定の時間を占めるものだった。だから、この時間間隔の最初の部分を占めた知覚について見れば、それは今ではその後の知覚と結びついて一つのまとまった記憶を形成しているとはいえ、出来事の決定的な部分がまだ生じていないあいだは、文字どおり「宙に浮いて」いたのである〔だから、決定的な部分が忘却されると、先行する知覚も想起できなくなる〕。こういうわけで、ある記憶がその前置きをなしたさまざまな細部を道連れにして消失することと、逆向性健忘によってその時点より前の記憶が消滅してしまうことのあいだにあるのは、単なる程度の差異であって、本性の差異ではないのである。

生への注意

低次の精神の生についての以上のさまざまな考察からは、知性の平衡というものについての一定の考え方が導かれてくる。この平衡の乱れは、明らかに、平衡の素材となる諸要素の側の変調によってのみ生じるということだ。ここで精神病理学の諸問題に取り組むことは、とうてい不可能である。しかしながら、それらの問題を完全に避けて通るわけにもいかない。われわれは身体と精神の厳密な関係をはっきり見定めようとしているのだから。

われわれの想定したところでは、精神は行為の平面と夢の平面という二つの極限のあいだに含まれる中間段階を休むことなく駆けめぐっているのであった。例えば、ある決心をしなければならない場合を考えてみよう。精神は、自分の経験の全体を集めて、その精神の「性格」とわれわれが呼ぶものに組織しつつ、この経験の全体を自らの行為に向けて集中させていくはずである。そしてこの行為には、その素材となった過去だけでなく、人格がそこに刻みつける予見されざる形式が見出されることだろう。しかし行為が実現可能なのも、それが目下の状況という枠にうまくはまり込めてこそである。そして、この目下の状況というのは、時間と空間における身体の一定の位置から生じる周囲の状況の全体ということだ。あるいは、知的な働きとして一つの概念を形成するという場合、つまり数多くの記憶から多少とも一般的な観念を抽出する場合を考えてみよう。ここには大きな余地があって、それを気まぐれな想像に委ねることもできれば、ひたすら論理的なだけの細かい区分けに任せることもできる。だが、観念というものは、それが安定して成り立つためには、何らかの側面で目下の現実に触れていなければなるまい。つまり、精神によって表象されるだけでなく、それと同時に、だんだんと自分をいっそう小さく凝縮させながら、程度はどうあれとにかく身体によって演じられうることが必要なのだ。このように、われわれの身体は、それが受容する感覚ならびに自分で遂行可能な運動の双方を込みにして、まさにわれわれの精神を固定するもの、われわれの精神に安定のための重しを与え、平衡をもたらしてくれるものなのである。精神の活動は、蓄積された記憶の集合を限りなく超え出ており、またこの記憶の集合自体も現在の感覚や運動を限りなく超え出ている。しかし、これらの感覚と運動が、生への注意とも呼べるものを左右する条件をなすのだ。だからこそ、精神の通常の働きにおいて、すべては感覚と運動がしっかり結合しているかどうかに依存しているのである。言ってみれば、ピラミッドが頂点を下にして逆さまに立っているような具合なのだ。

神経系の繊細な構造がどんなものであるかを最近のさまざまな発見は示してくれているが、ここでそれを一瞥してほしい。伝導体は至る所に見て取られるが、中枢はどこにも存在していないのが分かるはずだ。端と端を合わせるように配置された神経繊維、流れが通過する場合にはおそらく相互に接近し合う末端をもった繊維、目に見えるのはこれですべてである。そして、本書のはじめからずっと想定してきたように、身体とは受容された刺激と遂行される運動が出会う待ち合わせ場所にすぎない、ということが正しいのであれば、実際に存在するのもこれでもうすべてなのだ。しかし、外的環境からさまざまな振動ないし刺激を受容し、それらをきちんと適切な反作用の形で環境に返している繊維、末梢から末梢へときわめて精妙に張られたこれらの繊維こそが、その結合の堅固さと相互の交差の正確さによって、身体の感覚－運動的な平衡を、つまりは現在の状況への身体の適応を保証しているのである。神経繊維の緊張を緩めて、この平衡を破ってみよう。いわば注意が生から離れ去るということになるはずだ。夢や精神異常がそれ以外のものであるとは、ほとんど考えられない。

精神の平衡

われわれは先ほど、眠りの原因をニューロン間の緊密なつながりが切れることだとする最近の仮説に言及した。仮にこの仮説を認めない（ただし、それはいくつかの注意深い実験によって確証を得てはいる）としても、深い睡眠のあいだには、神経系において確立されていた刺激と運動的反作用との関係が、少なくとも機能の上では切れてしまっている、という想定は、やはり避けられまい。だとすれば、やはり夢というのは、身体の感覚－運動的平衡によって自分の注意を固定できなくなっている精神の状態だということになるだろう。また、最近ますます確からしくなってきたのは、神経系のこうした弛緩は、覚醒状態での神経系の通常の活動から生じた老廃物が除去されずに残り、それが神経系自身の諸要素に中毒を引き起こすことから生じる、という説である。ところで、夢はあらゆる点で精神異常と似通っている。狂気の心理学的徴候はことごとく夢にも見出されるので、夢と狂気の比較はもう陳腐なものになっているのだが、それだけの話ではなく、どうやら精神異常を引き起こす原因は脳のある種の消耗であり、この消耗は、通常の疲労にも似て、神経系の諸要素に特定の毒物が蓄積されることから生じるとも見られるのである(1)。よく知られているように、精神異常は伝染病にかかったあとで生じることが多く、また狂気に見られる諸現象は、どれも実験的に、毒物を使って再現することができる(2)。とすれば、精神異常における精神の平衡の喪失の原因は、ただ単に、身体の内に立てられた感覚 - 運動的関係の側での変調である、というのは実にありそうなことではないか。そうした変調だけで、いわば一種の心理的なめまいが生じ、記憶力ならびに注意力はそのせいで現実との接触を失う、というわけである。ある種の狂人たちが自分の病の始まりについて語ったことを読んでみると、彼らがしばしば、ある見知らなさの感じ、あるいは彼らの言い方では「非現実」感を体験していることが分かる。彼らにとって、知覚されている事物は、そのめりはりや堅固さを失ってしまったかのようなのだ(3)。われわれの分析が正しいとすれば、目下の現実についてわれわれがもつ具体的な感じというのは、実際のところ、刺激に対して自分の身体がごく自然に反応して行う運動についての意識なのであって、それゆえ、感覚と運動のあいだの関係が弛緩したり、さらには損壊したりすると、現実感のほうも弱まり、さらには消滅してしまうことになるのである[4]。

（1）この考えは、近年、複数の研究者によって、さらに展開されている。コウルズ〔Edward Cowles〕の論文「狂気のメカニズム〔The Mechanism of Insanity〕」（*American Journal of Insanity*, 1890-91）に非常に包括的な報告が見られる。

（2）特に、モロー・ド・トゥール〔Jacques-Joseph Moreau de Tours〕『ハッシシについて〔*Du hachisch*〕』（Paris, 1845）を参照。

（3）バル〔Benjamin Ball〕『精神病講義〔*Leçons sur les maladies mentales*〕』（Paris, 1890）、六〇八頁以下。非常に興味深い分析である「幻視、個人的報告〔Visions, a Personal Narrative〕」〔匿名〕（*Journal of Mental Science*, 1896）、二八四頁とも比較せよ。

（4）本書二〇一頁〔以下〕を参照。

ただし、ここでは多くの区別を行うべきだろう。精神異常にも多様な形態があるというだけでなく、本来の意味での精神異常と人格の分裂に関しても、最近のある心理学説は非常に丁寧な考察によってその両者を近づけてはいるものの[1]、やはり区別をすべきなのだ。その種の人格の病では、一群の記憶が中心的な記憶力から切り離され、他の記憶との緊密なつながりを捨て去っているように見える。だが、それに伴って感覚能力と運動能力の分裂が観察されないというケースは稀である[2]。われわれとしては、こちらの現象が、先の〔記憶、ひいては人格の分断に関わる〕諸現象の本当の物質的基盤だと考えずにはいられない。われわれの知性の生を全体として支えるのはその尖端、つまり知性の生が目下の現実にうまくはまり込めるようにする感覚‐運動的諸機能だ、ということが正しければ、それらの機能がどのように損なわれるかに応じて、知性の平衡のほうもさまざまな仕方で乱されるはずである。ところで、感覚‐運動的諸機能の一般的活力を冒して、われわれが現実感と呼んだものを弱め、あるいは消滅させるような損傷とは別に、それらの機能のもはや動力学的ではなく単に機械的な減弱として現れる損傷も存在する。そこでは、ちょうど感覚‐運動的な結合のいくつかが単に他の結合から切り離されたようになるわけだ。われわれの仮説が正しければ、これら二つのケースで、記憶力の冒され方は非常に異なっているはずだ。第一のケースでは、どの記憶も切り離されてはいないが、記憶全体が安定のための重りを欠き、現実のほうにしっかり方向づけられなくなっており、そのせいで精神の平衡自体が本当に失われてしまうことになるだろう。第二のケースでは、平衡そのものは失われないが、その平衡はもともとの複雑さを失うことだろう。記憶はそれぞれ通常の姿を保ってはいるが、相互の緊密なつながりを一部、捨ててしまうのだ。諸記憶の感覚‐運動的な土台がこうむっているのは、言ってみれば化学的な変質ではなく機械的な減少だからである。だが、いずれのケースにおいても、記憶そのものが直接冒されたり損なわれたりしているわけではない。

（1） ピエール・ジャネ〔Pierre Janet〕『精神的アクシデント〔*Les accidents mentaux*〕』（Paris, 1894）、

二九二頁以下〔実際の指示対象は、ジャネの著作『ヒステリー患者の精神状態〔*Etat mental des hystériques*〕』(Paris: Rueff, 1894) 中の一セクション〕。

（2）ピエール・ジャネ〔Pierre Janet〕『心理学的自動症〔*L'automatisme psychologique*〕』(Paris, 1889)、九五頁以下。

身体の本来の役割

身体が記憶を脳内の諸機構という形で保存しているという考え、記憶力における消失や減少はそれらの機構が何らかの程度で壊れたことに由来し、また反対に記憶力の高揚や幻覚というのはその機構の活動の過剰のことだという考えは、かくして推論によっても事実によっても確証されはしない。実際のところ、そのような見解を観察が真っ先に示唆してくるような症例は、ただ一つだけだ。すなわち、失語症、より一般には聴覚的・視覚的再認の障害という症例である。これこそは、病変に対して、特定の脳回にその恒常的な座を割り当てることのできる唯一のケースである。だが同時に、まさにこのケースにおいて人が目にするのは、あれこれの記憶は機械的に消え、しかもいったん消えるともう決定的に失われる、といった事態ではなく、そこに関与する記憶力全体が機能の上で段階的に弱まっていくさまなのである。その上でわれわれは、脳の損傷からいかにしてそうした減弱が生じうるのかを説明したが、そこでも記憶が脳の中に積み重なって貯蔵されていると想定する必要はまったくなかった。実際に冒されているのは、その種の〔＝聴覚的・視覚的〕知覚に対応した感覚的・

運動的部位、中でも特に、それらの部位を内側から作動させることができる付属器官であって、その結果、もはや記憶は手がかりになるものを見つけられず、実際上、無力なものになってしまう。しかるに、心理学上、無力は無意識を意味する。以上の唯一のケースを除けば、損傷は、実際に観察されたものであれ、単に想定されただけのものであれ、その局在位置をはっきり定められたことは一度もないし、そうした損傷が影響を与えるのは、あくまでも、さまざまな感覚－運動的結合の総体にそれがもたらす変調を介してのことなのだ。損傷は、この結合全体を変質させることもあるし、あるいは断片化してしまうこともある。ここから知性の平衡の消滅あるいは単純化が生じ、それがさらに波及することで、記憶の混乱あるいは分断が生まれる、というわけだ。記憶力を脳の直接の機能とする学説は、解決不可能な理論上の諸困難を引き起こし、いっさいの想像力を超えるほど複雑にならざるをえず、そこからの帰結も内的観察からの与件と相容れない、といったものだが、以上からして、この学説は、脳病理学からの支持をあてにすることさえできない。あらゆる事実ならびに類推が軍配を上げる理論とは、脳というものを単に感覚と運動の仲介者と見る理論、この感覚と運動の総体は精神の生のいちばんの尖端であり、織り合わされた出来事に絶えず差し込まれていく尖端であるとする理論、かくして身体には記憶力を現実へと方向づけて現在に結びつける機能だけを割り当て、当の記憶力自体は物質からまったく独立したものと考える理論である。その意味で、脳は有用な記憶を喚起する役割を務めているが、しかしそれ以上に、他の記憶を一時的に退けておくことに寄与しているのだ。いったいどうしたら記憶力が物質のうちに宿れるのか、われわれには分からない。だが──現代のある哲学者の深い言葉を借りると──「物質性がわれわれのうちに忘却を置く[1]」ということなら、よく理解できるのである。

（1）ラヴェッソン〔Félix Ravaisson〕『十九世紀フランス哲学〔*La philosophie en France au XIXe siècle*〕』第三版、一七六頁。

訳注

＊1　「私の話す瞬間は、すでに私から遠い」──一七世紀の詩人・批評家ニコラ・ボワロー（Nicolas Boileau）（一六三六─一七一一年）の『書簡（*Epîtres*）』第三書簡に見られる有名な一節の引用。

＊2　特徴的性質（qualité marquante）──PUFの新しいエディションにおけるカミーユ・リキエ氏の注によると、デンマークの哲学者ハラルド・ヘフディング（Harald Höffding）（一八四三─一九三一年）の用語（"Bekanntheitsqualität"）である。再認の最初にまず気づかれるとされる類似性のこと。

＊3　原書に従うなら、この小見出しが置かれるのは一つか二つあとの段落になる。しかし、実際の内容からすると、それは不適切だろう。

＊4　体系的健忘（amnésie systématisée）──ピエール・ジャネ（一八五九─一九四七年）の用語。あるまとまりをもった一群の記憶だけがまとめて忘却される症状。

＊5　当の位置づけるべき記憶の前後にあるあれこれの記憶を、だんだん間をつめながら引っ張り出してくる──このようにして記憶は位置づけられるというのは、連合主義をとるイポリット・テーヌやテオデュール・リボー（一八三九─一九一六年）が述べた説である。

＊6　逆向性健忘（amnésie rétrograde）――発症より前の出来事が遡って忘却されるタイプの記憶障害。

＊7　動力学的（dynamique）ではなく単に機械的（mécanique）――ここでベルクソンが「機械的」というのは、機械部品のような独立した部分があることを前提とし、そうした部分に関わっている、といった意味。「機械的な減弱」や「機械的な減少」と言われているのは、つまり部分的な欠落、断片化、単純化のことである（基本的に、ジャネは、心理学的自動症や人格の多重化を、こうした分断の現象として説明する立場）。それに対して、「動力学的」（あるいは、続く箇所では「化学的」）というのは、特定の部分ではなく、むしろ全体に関係している、という意味。「動力学的な減弱」というのは、諸記憶は欠落をこうむっていないが、現実との接触が全体的に弱まっている、という事態である。

第四章　イマージュの限定と固定について――知覚と物質。魂と身体

二元論の問題

本書のこれまでの三章から、一つの一般的結論が出てくる。身体は常に行為へと方向づけられつつ、行為のために精神の生を限定することをその本質的機能としている、ということだ。身体は表象に対しては選別の、そしてこの選別のためだけの道具である。身体には、知的状態を一つとして生み出すことも引き起こすこともできない。知覚についてはどうか。宇宙の中で刻々と自分が占める場所によって、われわれの身体は、物質の中でもわれわれが影響を与えうる部分ならびに側面を示す。われわれの知覚は、それがまさに諸事物に対するわれわれの潜在的行為の尺度であることからして、現にわれわれの器官に影響を与えて運動を準備させている諸対象だけに限定されるのである。記憶力に関してはどうか。身体の役割は、記憶を蓄えることではない。その役割は、有用な記憶、すなわち最後の行為に役立つように現在の状況を補いつつ照らしてくれそうな記憶を選び出し、それに身体のほうから現実的実効性を与えて判明な意識へともたらす、ということに尽きる。確かに、この第二の選別は、第一の選別に比べると、はるかに厳密さを欠いている。われわれの過去の経験は自分だ

けの個別的なもので、もはや〔知覚のように〕共有される一般的な経験ではないからであり、また記憶自体、それぞれ異なりながらも同じ一つの目下の状況に等しく合致できるものが必ず複数存在しているからであり、ここにおいて自然は、知覚の場合とは違って、われわれの表象の範囲を限定する厳格な規則をもつことができないからである。だから、この場合には、どうしても気まぐれな空想に一定の余地が与えられることになる。動物たちは物質的欲求にとらわれているために、この余地をほとんど利用できてはいないが、それとは反対に、人間精神は、その記憶力の全体を伴って、身体が半開きにしてくれる扉を押し続けているだろう。そこから生じるのは気まぐれな空想の戯れや想像力の働きだが、それらはいずれも、精神が自然を相手にしながら手にした自由だと言えよう。しかしそれでも、われわれの意識は行為のほうに方向づけられているというのが、やはり心的生における根本法則だと思われる。

確かに、ここで話を終えても構わない。本書の研究に取りかかったのは、精神の生における身体の役割をはっきり見定めるためだったのだから。だが、われわれはその途中で形而上学的問題を提起することになったのであり、それを未解決のままにして済ませるわけにもいくまい。それに加えて、われわれの探究はまずもって心理学的なものではあったが、そこにおいては、当の形而上学的問題をすっかり解決する方法とまでは言わずとも、それにどういった角度から取り組むべきかについては、かいま見られる機会が何度もあったのだ。

その問題とは、まさに魂と身体の結合の問題にほかならない。この問題は、われわれに鋭い形で提起されてくる。われわれは物質と精神を根本的に区別するからである。しかも、われわれには、この問題を解決不可能とすることはできない。精神と物質を、相互の否定によってではなく、積極的な諸特性から定義するからである。まさしく物質の中にこそ純粋知覚はわれわれを置き入れるのであり、記憶力とともにわれわれはまさしく精神そのものの奥に入り込んでいるはずなのだ。また他方、物質と精神の区別をわれわれに示してくれた心理学的観察は、同時に両者の結合にも立ち会わせるものである。だとすれば、われわれの分析は、そもそもの最初から誤謬を犯しているのでないかぎり、当の分析が提起した諸困難からわれわれが脱する手助けにもなってくれるに違いない。

あらゆる理論において、この問題が見通しがたいものになるのは、われわれの悟性が一方では延長をもつものともたないもののあいだ、他方では質と量のあいだに二重の対立を立てることに由来する。精神は物質に対して、本質上分割可能な多に対する純粋な一としてまずは対立するということ、さらに、われわれの知覚は異質的な諸性質から構成されているのに対して、知覚される宇宙そのもののほうは等質的で計算可能な諸変化に還元されるはずだと見えること、これには異論の余地はない。そこからして、一方には非延長と性質が、もう一方には延長と量がある、ということになるわけだ。われわれは、第一の非延長と質という項を第二の延長と量という項から派生させようとする唯物論を退けた。だが、われわれは、第二の項を第一の項からの構築物にすぎないとする観念論のほうも同じく受け入れはしない。だが、われわれは唯物論に反対して、知覚は脳の状態を限りなく超える、と主張する。だが、われわれわれは観念論に反対して、物質はわれわれの側がもつ物質の表象をあらゆる面で超え出ているもので、表象とは巧みな選択によって精神が物質からいわば摘《つ》み取ったものだということを示そうとしてきたのである。それら二つの対立する学説のうち、一方は身体に、もう一方は精神に、正真正銘の創造能力を割り当てる。第一の学説はわれわれの脳が表象を生み出すことにしたいし、第二の学説はわれわれの悟性が自然の設計図を描くことにしたいわけだ。その上で、われわれは、この両学説の双方に反対して、同じ一つの証言、すなわち意識の証言を拠り所にする。意識の言うところでは、われわれの身体は自分以外のイマージュと何ら変わらない一つのイマージュであり、われわれの悟性とは論理に従って分離したり区別したり対立させたりする一つの能力ではあっても、決して創造や構築の能力ではない。こう言えば、われわれは心理学的分析に、ということは常識に自分からわざわざとらわれに行き、通俗的二元論が引き起こす争いを激化させた挙げ句、形而上学が開いてくれたはずの出口をもうすべて閉ざしてしまったようにも思われよう。

しかし、われわれが二元論を極端にまで推し進めたまさにそれゆえに、おそらくわれわれの分析は互いに矛盾する諸要素を二元論から切り離せている。もしそうなら、純粋知覚の理論と純粋記憶力の理論は、延長をもたないものともつもの、質と量が相互に歩み寄るための道を準備しているはずだ。

純粋知覚について見てみよう。脳の状態は行為の開始であって知覚の条件ではないとすることで、われわれは知覚されたイマージュをわれわれの身体というイマージュの外に投げ返した。つまり、われわれは知覚を事物そのものの内に置き戻したのである。しかし、そうなると、われわれの知覚は事物の一部なのだから、事物のほうも、われわれの知覚の本性を分かちもっていることになる。もはや物質の延長は、幾何学者が語るような多としての延長ではないし、またそんなものではありえない。それは、むしろわれわれの表象の分かたれざる拡がりにこそ似たものである。つまり、われわれは純粋知覚の分析のおかげで、拡がり〔*extension*〕という観念のうちに、延長をもつものともたないものが歩み寄る可能性をかいま見ることになったのだ。

だが、純粋記憶力についてのわれわれの考えのほうも、これと平行しつつ、第二の対立、すなわち質と量の対立を緩和することへと導いているはずだ。実際、われわれは純粋記憶を脳の状態から根本的に切り離し、脳の状態は記憶を継続して再び実効的なものにするだけだと考えた。したがって、記憶力はいささかも物質から生じたものではない。むしろ逆に、物質は、必ず一定の持続を占める具体的な知覚においてわれわれが捉える姿でのものとしては、大部分が記憶力に由来しているのだ。ところで、正確に言って、われわれの具体的な知覚に次々と現れる異質的な諸性質と、科学がそれらの知覚の背後で空間内に置く等質的な諸変化との差異は、どこにあるのか。諸性質は非連続であって相互の演繹は不可能だが、それとは反対に、諸変化は計算を受け入れる、という点だ。だが、諸変化が計算を受け入れるためには、それらを純粋な量にしてしまう必要はまったくない。それでは諸変化を無に還元してしまうも同然になる。ここでは諸変化の異質性がいわば十分に希釈されて、われわれの観点からは実際上無視できるものになれば、それで足りるのである。しかるに、いっさいの具体的な知覚は、どんなに短いものと想定されたところで、すでにして、相次いで生じる無数の「純粋知覚」が記憶力によって総合されたものであるとすれば、感覚的諸性質の異質性はわれわれの記憶力における純粋知覚の凝縮に、また客観的な諸変化の相対的な等質性は知覚のもともとの弛緩に、それぞれ由来すると考えるべきではないか。もしそうなら、量と質のあいだにある隔たりは、緊張〔*tension*〕の考察を通じて狭められうることにならないだろうか——拡がり〔extension〕の考察によって延長をもつものともたないものの距離が縮められるのと同様に。

従うべき方法[*1]

この道をさらに進んでいく前に、われわれが用いようと思う方法の一般的原理をはっきり述べておこう。その方法をわれわれはすでに以前の著作で用いたのだが、そればかりか、本書でもそうは言わないまま用いてきたのである。

人が通常事実と呼んでいるものは、直接的直観に現れるそのままの実在ではなく、実践の利害関心ならびに社会的生の要求に順応させられたものだ。純粋な直観は、外的なものであれ、内的なものであれ、分かたれざる連続性のそれである。だが、われわれは、それを並置された諸要素に細分化して、それがこちらではっきり区別される言葉に対応し、あちらでは互いに独立した対象に対応していることにしてしまう。しかし、そうやって最初の直観の統一性を分断したのが自分自身である以上、われわれは切り離された諸項のあいだに一つのつながりを立てなければならないとも感じている。だが、それはもはや外的で上から追加されるつながりにしかならない。内的な連続性から生まれていた生ける統一性に代えて、われわれは空虚な枠組み、自分が統一しておく諸項と同様にそれ自体も生命を欠いた枠による作りものの統一性を立てるのだ。経験論も独断論も、このように再構成された諸現象から出発するという点では結局同じであり、両者が異なるのは、独断論はその形式のほうに固執するのに対して、経験論はその内容ばかりを重視する、という点だけである。実際、経験論は、諸項を統一する関係には人為的なところがあることに漠然と気づいているので、項にばかりこだわって、関係のほうは軽視する。経験論の誤りとは、経験というものの価値をあまりに高く見積もることではない。それは逆に、真の経験、すなわち精神とその対象との直接の接触から生まれる経験の代わりに、ばらばらに解体され、そのためおそらく本性まで歪められて、いずれにしても行為と言語が最も容易になるように改変された経験を持ち出してしまう点にある。実在のこのような細分化は、まさに実践的生の諸要求のために行われたのだから、諸事物の構造内部を走る筋目そのものに従ったものではない。そのため、経験論は、大問題のいずれについても、精神を満足させる答えを用意できないばかりか、自分の原理を完全に自覚するに至ると、そうした問題を立てること自体を控えるようになるのだ。——独断論は、経験論が見ずに済ませている諸困難を、はっきりあらわにする。だが、実際のところ、独断論が諸困難の解決を探して進む先は、経験論がたどったのと同じ道なのだ。

独断論もまた、経験論がそれで満足していた非連続でばらばらの諸現象をそのまま受け入れた上で、単にそれらの現象を総合しようと努力するだけにとどまるのである。そして、そのような総合は、そもそも直観に与えられていないものなのだから、必ず常に恣意的な形式を帯びることになる。以上を言い換えれば、もし形而上学が構築物にすぎないのなら、同程度にもっともらしい複数の形而上学が存在し、その結果、それらは互いに論駁し合うことになって、最後の判定は批判哲学なるものに持ち越される。いっさいの認識は相対的で、事物の根底は精神の手が届くものではない、とされるのだ。実に哲学的思考の型どおりの進み方である。これこそが経験だと思ったものから出発し、その経験を構成しているように見える諸断片でどんな並び替えが可能なのかをさまざまに試すのだが、われわれの構築物がいずれもごく脆《もろ》いものであることに気づき、結局は構築を放棄する、というわけである。――しかし、まだ試みるべき最後の企てがあるはずだ。それは、経験を探し求めてその源泉にまで赴くこと、あるいはむしろ、経験がわれわれにとっての有用性の方向に向きを変えながらまさに人間的な経験となる、その決定的な転回点のさらに向こう側に赴くことであろう。カントが証明したような思弁的理性の無力さとは、おそらく結局のところ、身体的生が強いる一定の必要事に隷属し、欲求の満足のために解体すべき物質ばかりを相手にしてきた知性の無力さにすぎない。だとすれば、事物についてのわれわれの認識が相対的なのは、もはやわれわれの精神の根本的な構造に対してではなく、その表面的かつ後天的な習慣と、身体的な機能ならびに下位の欲求からそれがもつことになった偶然的な形態に対してのことにすぎない、ということになるだろう。だから、認識の相対性は決定的ではないはずなのだ。それらの欲求が作ったものを破壊することで、われわれは直観をその最初の純粋な形で再興し、実在との接触を回復することになるはずである。

　こうした方法を実際に適用すると、相当の困難が次々に生まれてくることになるだろう。というのも、この方法は、新しい問題ごとに、それを解決するためのまったく新しい努力を要求するものだからである。思考する上での、さらには知覚する上での一定の習慣を放棄するというのが、すでに簡単なことではない。しかもそれは、まだなすべき作業の消極的な部分にすぎない。それを片づけて、経験の転回点とわれわれが呼んだところに身を置き、直接的なものから有用なものへの移行を照らしつつ、人間的なわれわれの経験の始まりを告げる曙光を用いることができるようになっても、その上でまだなすべきことがある。それは、そうやって把握した実在の曲線の無限小の諸要素を用いて、それらの背後の暗がりに伸びている曲線そのものの形を再構成することだ。こうした意味で、われわれの考える哲学の課題とは、ある関数を微分から決定する数学者のそれと非常に似たものである。哲学的探究の最後の仕事は、まさしく積分の作業なのだ。

　われわれは、かつてこの方法を意識の問題に適用することを試みた。明らかになったのは、精神の実利的な働きとは、内的生の知覚に関しては、純粋持続をいわば空間のプリズムで屈折させるような作用である、ということだ。この屈折のおかげで、われわれは自分の心的状態をそれぞれに切り分け、それらをますます非個人的な姿へと導き、それらにむりやり名称を押しつけて、最後には社会的生の流れに入り込ませることができる、というわけである。経験論も独断論も、内的状態をそうした非連続的な姿で捉えてしまう。経験論のほうは、諸状態ばかりに固執して、自我は並置された諸事実の列でしかないと考える。それに対して、独断論のほうは、つながりの必要を理解しつつも、そのつながりを形式あるいは力と考えることしかできない――しかも、その形式というのも単に外的な形式であって、そこに諸状態の集まりが入り込むとされるだけであり、またその力というのも未規定でいわば物理的な力であって、それで諸要素の結合が保証されるとされるだけのことである。ここからして、自由の問題について対立する二つの観点が生じてくる。決定論にとって、行為とは諸要素相互が機械的に組み合わさって生じる合力である。その反対者にとっては、もし彼らが自分の原則を厳密に守っていたなら、自由な決心とは恣意的なフィアト[*2]、正真正銘の無からの創造でなければならなかったことだろう。――とるべき第三の立場があるはずだとわれわれは思った。純粋持続の中に身を置き直すこと、である。純粋持続の流れは連続的であり、そこでは、ある状態から別の状態への移行は、それと気づかれないほどなめらかなグラデーションでなされる。現実に生きられているのはこうした連続なのだが、それが日常の認識に最も便利になるように人為的に分解されてしまっているのだ。こうして、われわれが見届けたところでは、行為はそれに先立つ諸々の前件から独特の展開を通じて生じてくるのであり、だからこそ、その行為には自分を説明する前件を見出すことができるにせよ、それでも当の行為はそれらの前件に何かまったく新しいものを付け加える。前件を土台とした行為の進展とは、ちょうど花を踏まえて果実が実るような進展なのだ。こう言ったからといって、以前そう非難されたように、自由が感覚的自発性に還元される、などということはいっさいない。そう言えるのは、せいぜい動物についてだけだろう。動物の心的生は何より情感的なものだから。しかし、人間という思惟する存在においては、自由行為は感情と観念を総合したものであり、そこに至るまでの展開も一つの合理的な展開だと言ってよい。われわれのこうした方法ならではの工夫とは、端的に要約すれば、日常の有用な認識の観点と真の認識の観点とをはっきり区別する、ということに尽きる。そこにおいてわれわれが自分が行為しているのを眺める持続、そこではわれわれが自分を眺めるほうが有用であるような持続とは、その諸要素が互いに分離され、並置される持続である。しかし、そこにおいてわれわれが現に行為している持続とは、われわれの諸状態が互いに溶け合っている持続であって、行為の内的本性をありのままに考えようとする例外的かつ唯一の場合、つまり自由の理論においては、思考を傾けつつ、まさにそのような持続に自分の身を置き直すよう努力しなければならないのだ。

このような方法は、物質の問題にも適用可能だろうか。問題は、カントが語った「現象の多様」において、拡がりをもとうとする傾向を有しつつ漠と溶け合ったままの集合体を――われわれの内的生が無規定で空虚な時間から引き離され、再び純粋持続になれるのと同じように――、等質的空間に押しつけられ、空間を媒介にしてわれわれに次々と分割されていく、その手前で把握できるかどうか、である。確かに、外的知覚の根本的な諸条件から自分を解き放とうという試みは、馬鹿げた空想にしかなるまい。だが、まさに問題なのは、われわれが通常根本的だとみなしている一定の諸条件とは、事物についてわれわれが手にしうる純粋認識に関わるよりも、事物をどう利用し、そこからどんな実践的利益を引き出せるかということに関わるものではないのか、という点だ。より話を限って、具体的な延長、すなわち連続的で、多様でありながらも有機的に組織された延長について言えば、次のような見解には異議を唱えることができる。すなわち、この具体的延長の下には、能動性も形式ももたない空間がまず張りめぐらされており、当の延長はこの空間と固く結ばれている、といった見解である。ここで言われる空間というのは、際限なく分割できて、好きなように図形を切り出せるような空間であり、さらには別の場所で論じたように、そこには過去と現在の結合を保証するものが何もなく、そのため運動そのものも単に多数の瞬間的位置としてしか現れえないような空間のことだ。だから、延長から出てしまうことなく、空間からは身を引き離すことが、ある程度まで可能なはずであり、そこにはまさに直接的なものへの立ち戻りがあることになるだろう。延長についてはわれわれはそれを本当に知覚しているのに対して、空間は図式として思い描くだけだからである。そんな方法は直接的認識に特権的な価値を勝手に与えるだけのものだ、と非難されるだろうか。だが、反省が指摘してみせる困難や矛盾や、哲学が立ててみせる問題がなかったとしたら、ある認識について、わざわざ疑うどんな理由があるだろう。また、疑うという考えそのものが、そもそも生じただろうか。だとすれば、そうしたさまざまな困難や矛盾、問題が生まれるのは、何よりもまず、直接的認識を覆い隠してしまう記号的表象のせいだということが示せるなら、直接的認識はもうそれ自身のうちに自らの正当化と証明を見出すことになるのではないか。ただし、この記号的表象はわれわれにとって実在そのものになってしまっており、その厚い壁にうまく穴を開けることができるのは、並外れた強い努力だけなのだ。

この方法の適用から得ることのできるさまざまな帰結の中でも、われわれの目下の研究に関わるものを直ちに選び出そう。ただし、われわれは、いくつかの方向指示にとどめる。物質の一理論を構築することは、ここでは問題になりえない。

知覚と物質

I　あらゆる運動は、休止から休止までの移行であるかぎり、絶対に不可分である。

これは仮説ではなく事実である。一般に、仮説がこの事実を覆い隠してしまっているのである。

例えば、私の手が点Aに置かれているとする。これを点Bに、隔たりをひと息で通過しつつ移す。この運動の中には、私の目に映るイマージュと、私の筋肉の意識が把握する行為とが同時に存在している。筋肉の意識のほうは、一つの単純な事実についての内的感覚を私に与える。Aにあったのは休止であり、Bに今あるのも休止であり、AとBのあいだに位置づくのは一つの不可分な行為、あるいは少なくとも現に分割はされなかった行為、つまりは休止から休止への移行であって、これこそが運動にほかならないからだ。しかし、視覚のほうは、運動を、通過される線分ABという形で知覚する。そして、この線は、あらゆる空間と同じく、無限に分解できるものである。かくして、一見したところでは、私は自分の好きなように、この運動を多とみなすことも、不可分とみなすこともできるのであって、それは私が運動を空間において考察するか、時間において考察するか、すなわち私の外に描かれるイマージュとして扱うか、私自身が実際に行う行為として考えるか、それ次第のように思われる。

だが、いっさいの先入見を退けてみると、ここに選択の余地はないことがすぐに気づかれる。すなわち、私の視覚そのものも、AからBへの運動を一つの不可分な全体として把握しており、仮に視覚が何かを分割するとしても、それは通過されたと想定される線分であって、線分を通過していく運動ではないのである。なるほど、確かに私の手がAからBに進む時には、そのあいだの地点を順に越えていくほかないし、あいだにあるそれらの点は、道沿いにいくらでもたくさん配置される段階に似通ってはいるだろう。しかし、このように印をつけて分割された部分と、本来の意味での段階のあいだには、大きな違いがある。段階なら人はその一つ一つに実際に停止するが、この場合、あくまで動体は通過している、という違いだ。ところで、通過は運動であり、停止は不動性である。停止は運動を中断するが、通過は運動そのものと一体になっている。動体がある一点を通過するのを見る場合、確かに私はそれがそこで停止しうると考える。そして、実際にはそこで停止しない場合でも、少なくともその通過を考えるだけの時間が私には要るということで、その通過は無限に短い一休止だと考えるほうに私は傾く。しかし、ここで休んでいるのは私の想像力だけであり、動体の務めは、それとは反対に、動いていくことなのだ。だが、私にとって、空間のいっさいの点は必然的にもう固定したものだと見えるので、動体そのものを一瞬間だけ点と一致させ、この点の不動性を動体にも割り当てる、ということにしないでおくのは、なかなか難しい。そうなると、私には、全体の運動を再構成しようとすると、動体はそれが進む経路上のすべての点に、限りなく短い時間ではあれ、実際に逗留していたように思われてくるのだ。だが、運動を知覚する感覚の与件を、運動を再構成する精神の作為物と混同してはなるまい。感覚は、それだけに任せておくかぎり、実在的運動を二つの実在する停止点のあいだに、一つの堅固で分かたれざる全体として、われわれに示している。分割は、想像力の所産である。まさに想像力の機能とは、夜中に嵐の光景を照らし出す一瞬の稲妻のようにして、通常の経験の動きつつあるイマージュを固定するところにあるのだ。

ここでわれわれは、実在的運動の知覚につきまとってそれを覆い隠してしまう錯覚を、そのそもそもの原理において把握する。運動とは、明らかに、ある点からある点に移行することであり、したがって一定の空間を越えていくことである。ところで、越えられる空間は無限に分割可能であり、しかも運動はそれが通過していく線に、いわばぴったり張りついているので、運動はこの線に固く結ばれており、この線と同じく分割可能であるように見えてしまうのだ。しかし、実際に運動がその線を引いたのではないか。その線の上に順番に並べられた点を、運動は次々に越えていったのではないのか〔と言われよう〕。確かに、それはそうだ。しかし、それらの点が実在性をもつのは、すでに引かれた線、つまりもう動かない線においてでしかない。そして、順々にそれらの別々の点にあるものとして運動を考えてしまえば、それだけでどうしても、あなたは運動をそこで停止させてしまう。あなたの考える継起的な位置は、結局、想像上の停止点でしかないのである。あなたは通過を通過経路に置き換えたのであり、通過の前提としてまず経路があったはずだということで、通過そのものを通過経路と同じものだと思い込んでしまうのだ。だが、進展が事物と、運動が不動性と、どうして同じものでありえようか。

ここで錯覚を助長するのは、われわれが動体の通過に沿って位置をいくつも区別するのと同様に、持続の流れの中にも時点を区別する、ということである。ある点から別の点への運動が一つの分かたれざる全体をなしているとしても、やはりこの運動は一定の時間を占めており、その持続から一つの不可分な瞬間を取り出すなら、動体は、まさにその時点においてある一定の位置を占め、かくしてその位置も自分以外の位置からは切り離されているということにできる。したがって、運動の不可分性は瞬間というものの不可能性を含意しているわけで、実際、持続という観念をごく簡単にでも分析してみれば、どうしてわれわれは持続に瞬間を割り当てるのか、しかしどうして持続は瞬間というものをもちえないのかを同時に明らかにできるだろう。私の腕がAからBに移動する時の動きのような、単純な運動があるとする。この通過は、一つの分かたれざる全体として私の意識に与えられる。それは確かに持続するが、この持続はそもそも通過が私の意識に対してとる内的様相と一致しているもので、この様相と同じく、隙間や分割を含んでいない。さて、通過は、運動であるかぎりは一つの単純な事実として現れつつも、空間中に通過経路を描く。話を簡単にするために、それを一本の幾何学的線分とみなしてもよいだろう。この線分の両端は、抽象的な極限であるかぎり、もはや線ではなく、それ以上分割できない点である。ところで、動体が描いた線分が私にとってはその運動の持続を測る尺度になるのであれば、線が到達する点がこの持続の末端を示す記号にならないはずもないと思われる。加えて、この点が長さの上で不可分なものであるのなら、持続の上で不可分なものを用いて通過の持続の末端を記してはいけない理由もないように思われる。線分の全体が持続全体を表しているのだから、線の部分は持続の部分に、そして線上の点は時点に対応しているように思われるのだ。このように、持続における不可分なもの、すなわち時点というものは、対称関係を求めるところから生まれるのであり、空間に時間の十全な表現を求めてしまうと、人は自然にそこに至ることになるのだ。しかし、まさにここに誤りがある。線分ＡＢは、ＡからＢへと実際になされ終わった運動のすでに流れた持続を表すとしても、それ自体は不動なものなのだから、なされつつある運動、流れつつある持続を表すことは決してできない。そして、この線分のほうは部分に分けることができ、その末端は点であるとしても、それを理由に、それに対応する持続も互いに切り離された諸部分から成り立っており、瞬間によって限界づけられていると結論してはならない。

エレアのゼノンの議論[*3]の起源は、こうした錯覚にほかならない。その議論のいずれも、時間ならびに運動を、それらの下に引かれる線と同一視して、線に行えるのと同じ分割がそれらにもあることにし、つまるところ時間と運動を線として扱おうとするものである。この混同へとゼノンを促したものは一つには常識であって、これは運動の通過経路の特性を運動そのものにまで移し入れるのを常とする。また、もう一つには言語であって、言語はいつも運動と持続を翻訳して空間にする。だが、常識も言語も、ここでは自分の当然の権利を行使しているだけであり、そればかりか、ある意味では自分の本来の義務を果たしてもいるのだ。というのも、常に生成を利用可能な事物とみなすことで、常識と言語は、もう運動の内的組織などをいちいち気にかけなくてもよくなっているのだから。職人が自分の道具の分子構造など気にかけなくてもよいのと同じ話である。運動がその通過経路と同じく分割可能だとみなしつつ、常識はそれによって単に次の二つのことを表明しているだけであって、実践的生において重要なのは、その二点だけなのだ。すなわち、⑴あらゆる運動は一定の空間を描く、⑵その空間の各点において動体は停止することもありうる、という点である。だが、運動というものの内的本性を論じる哲学者は、運動にその本質たる動性を返還しなければならない。そして、ゼノンが行わないのは、これなのだ。第一の議論（「二分法」[*4]）によれば、動体は休止していると想定された上で、動体が通過していかねばならない線の上にある数限りない段階ばかりが考察される。そして、この隔たりを動体がどうやって越えていくのかはいくら考えても分からない、と言われるのである。だが、そうやって証明されたのは、アプリオリに不動のものから運動を構成するのは不可能である、ということにすぎない。しかし、そんな〔自明の〕ことまでは誰も疑っていない。問題があるとしたら、それは運動が一事実として措定されるにせよ、無限数の点が〔無限なのに〕通過され終わったということには、いわば振り返っての話にせよ、やはり一つの不条理がないか、という点だけである。しかし、われわれとしては、そんなことはごく当たり前の話にしか思えない。運動は分かたれざる一事実ないし分かたれざる諸事実の一系列であるのに対して、通過経路のほうは限りなく分割可能だ、ということにすぎないからである。第二の議論（「アキレス」[*5]）では、運動は確かにあることにされ、しかも運動は二つの動体に付与される。だが、相変わらず同じ誤りによって、それらの運動はそれぞれの通過経路と同じであり、経路と同じく恣意的に分解可能だということにされてしまうのである。亀は亀なりに歩み、アキレスはアキレスなりに走るのであって、これらの不可分な行為ないし跳躍が一定回数なされれば、アキレスは亀を追い抜いているはずなのに、そうなってしまうと、こんなことも認めないまま、アキレスの運動を好きなように、そして亀の運動もどうでも好きなように解体して構わない、と思い込むことになる。かくして、人は二つの運動を、恣意的で、動性の根本的な諸条件とはそもそも相容れない形成法則に従って再構築しては悦に入る、というわけである。同じ詭弁は、第三の議論（「矢」[*6]）においてさらに明瞭に現れる。この議論は、放たれた矢の通過経路上にいくつもの点を定めることができるという論拠から、通過の持続においても、それ以上不可分な諸瞬間を区別してよい、という結論を下すものである。だが、ゼノンの議論の中で最も示唆に富むのは、おそらく第四の議論（「競技場」[*7]）だ。われわれの見るところ、この議論は実に不当に軽視されてきたものだが、その不条理さが明白であるのも、他の三つの議論では隠されている要請が、ここではこの上なく率直に提示されているからである。(1) ここはふさわしい場所ではないので、細かい議論には立ち入らず、次のことを確認するにとどめよう。直接知覚される運動とは、きわめて明らかな事実であって、エレア学派によって指摘されたさまざまな困難や矛盾は、運動そのものよりもはるかに、精神による運動の再組織、人為的で脆《もろ》い再組織のほうに関わるものだ、ということである。ともかく、ここまでのところから結論を導くことにしよう。

(1) この議論を簡単に復習しておこう。一定の速度で移動している一つの動体があるとする。それが二つの物体の前を同時に通過する。一方の物体は不動で、もう一方の物体は動体と同速度だが、動体とは反対方向に動いている。当の動体は、第一の物体における一定の長さを通過するのと同時に、第二の物体では当然、その二倍の長さを越えていく。ここからゼノンは「ある持続は自分自身の二倍である」と結論する。――子供じみた推論だと言われるところだ。速度が、一方の場合におけるのと比べて、他方ではその二倍になっている、ということをゼノンは考慮できていない、というわけだ。――それはそうだ。だが、考えてほしいのだが、そもそもゼノンがこの点に気づけるわけがあろうか。一方は休止していて、他方は動いている二つの物体に関して、動体が同時間内に異なる長さを通過する、というのは、持続を一種の絶対的なものとみなし、それを意識、あるいは何か意識の性質をもったもののうちに置く者にとってなら、明らかなことだろう。実際、この意識された絶対的な持続のある一定の部分が流れるあいだに、同じ一つの動体が二つの物体に沿って空間を通過すれば、その空間の一方〔逆走する物体上での通過距離〕は他方

〔静止した物体上での距離〕の二倍になるだろう。しかし、そこからして、ある持続は自分自身の二倍である、とは結論できまい。持続とは、いずれの空間からも独立した何かであるからだ。だが、この議論全体におけるゼノンの誤りは、まさに、真の持続を脇にどけて、空間におけるその客観的な痕跡ばかりを考察する、という点にある。そうなれば、同じ動体が残した二つの痕跡は、持続を測る尺度として、同じ考察に値しないというわけにはいかない。そして、それら二つの痕跡は、一方が他方の二倍であるとしても、やはり同じ持続を示す、と言わないわけにはいかないだろう。ゼノンは自分の仮説の論理に従い続けているのであって、彼の第四の議論は他の三つの議論とまったく同等の価値をもっているのである。

II　実在的運動は存在している。

数学者は、常識の考えをよりいっそう正確に表しつつ、位置というものを基準点ないし座標軸からの距離で定義し、運動というものを距離の変化で定義する。したがって数学者は、運動については長さの変化しか認識しない。また、例えば、ある一点と座標軸とのあいだで変化する距離の絶対値は、座標軸に対する点のほうの移動とまったく同様に、点に対する座標軸のほうの移動も表すのだから、数学者としては、その同じ点を休止していることにしても、動いていることにしても、どちらでも構わない。したがって、運動が距離の変化に還元されるのだとしたら、どの基準点を選ぶかに応じて、同じ対象が動いていることにも、動いていないことにもなるわけで、絶対運動というものはない、ということになる。

だが、数学から物理学に移り、運動の抽象的研究から宇宙で実際に生じている具体的変化の考察に移ると、もうすでに様子は異なってくる。一つだけ切り離された物質点についてなら、それに休止を割り当てるか、運動を割り当てるかは、われわれの自由になるとしても、それでもやはり物質的宇宙の様相は変動し、現実にある系すべての内的布置は変化しているのであって、これらについては、もはや運動か休止かという選択はない。つまり、その内的本性が何であるにせよ、運動は反論の余地なき一つの実在になるのだ。全体の中でどの部分が動いているのかは言えないとしても、全体の中に運動が存在していることに変わりはない。だから、個々の運動はどれも相対的だと考える思想家たちが、運動全体については、それを一つの絶対者として扱うとしても、驚くことはない。この矛盾は、すでにデカルトにおいて指摘されたものだ。デカルトは、いっさいの運動は「相互的」だと主張することで、運動の相対性というテーゼにこの上なくラディカルな形を与えておきながら、[1]運動の諸法則を定式化する段になると、まるで運動が絶対者であるかのような口ぶりなのである。[2]まずライプニッツが、そして彼のあとにも多くの者が、この矛盾を指摘した。[3]だが、このような矛盾が生じたわけは、デカルトが運動を幾何学者として定義しつつ、そのあとでは運動を物理学者として扱った、ということにすぎない。幾何学者にとっては、あらゆる運動が相対的である。われわれの見るところ、これが意味するのは単に次のことだ。動いているのは動体であって、動体が関係づけられる座標軸ないし点のほうではない、ということを表せる数学的記号が存在しないのである。そして、これはごく当たり前のことだ。本来の目的が常に計測である以上、数学的記号には距離しか表せないのだから。しかし、実在的運動があることについては、誰も真面目に反論できない。それが存在しないというのなら、宇宙においては何も変化しないことになるし、またとりわけ、われわれが自分の行う運動についてもっている意識が何を示しているのか分からなくなる。デカルトとの論争において、モーラス〔＝ヘンリー・モア〕は冗談めかしたあてこすりで、この点を指摘している。「私がのんびり腰かけていて、ある別の人が私から何千歩も遠ざかりながら、疲れ果てて顔を真っ赤にしている場合、彼こそが動いているのであって、私のほうは休止しているのだ[4]」。

（1）デカルト〔René Descartes〕『哲学原理〔*Les principes de la philosophie*〕』第二部二九。
（2）『哲学原理』第二部三七以下。
（3）ライプニッツ〔Gottfried Wilhelm Leibniz〕「力学提要〔Specimen dynamicum〕」（*Mathem. Schriften*, Gerhardt, 2e section, 2 vol.）、二四六頁。
（4）H・モーラス〔Henricus Morus（ヘンリー・モア（Henry More））〕『哲学的著作〔*Scripta philosophica*〕』（1679）、第Ⅱ巻、二四八頁。

だが、もし絶対運動が存在するのであれば、運動とは場所の変化にすぎないといつまでも主張していられるものだろうか。そう言い続けるのなら、場所の相違を絶対的な差異に仕立て上げ、一つの絶対的空間の中に諸々の絶対的位置が区別されることにしなければならない。ニュートンはそこまで進んだし[1]、またオイラーやその他の者たちもそれに従った[2]。しかし、そんなことが想像できるだろうか。そもそも、それは考えられうることだろうか。ある場所が別の場所から区別されるのは、それがもつ質によるか、この場所と空間全体との関係によるしかあるまい。かくして、以上の仮説においては、空間は異質的な諸部分から構成されているか、あるいは有限である、ということになる。だが、有限な空間については、われわれはそれを遮《さえぎ》っている別の空間を用意できるし、空間の異質的な諸部分については、その下に、支えとなっている等質的空間が想像できてしまう。どちらにしても、われわれは等質的で際限のない空間に戻らざるをえない。だから、あらゆる場所は相対的なものとみなすしかないのに、絶対運動が存在するとも考えざるをえない、ということになる。

（1）ニュートン〔Isaac Newton〕『プリンキピア〔*Principia*〕』(éd. Thomson, 1871)、六頁以下。
（2）オイラー〔Leonhard Euler〕『固体運動論〔*Theoria motus corporum solidorum*〕』(1765)、三〇―三三頁。

そこで、こう言われるかもしれない。実在的運動が相対運動から区別されるのは、それが実在的原因を有していること、それがある力から発していることによるのではないか、と。だが、この力という語の意味については、よく了解しておく必要がある。自然科学においては、力とは質量と速度の関数にすぎない。それは加速度で見積もられるのだ。だから、力を認識して計測するには、力が空間において生じさせると考えられる当の運動のほうに依拠する以外にない。この運動と切り離せないものである以上、力も運動の相対性を分けもつことになる。かくして、以上のように定義された力に絶対運動の原理を求める物理学者は、自分の体系の論理そのものによって、最初は避けたかったはずの絶対空間の仮説に連れ戻されてしまうのである。(1) となると、再び〔自然科学とは異なる〕形而上学的な意味で力というものを考えるしかないし、空間内に知覚される運動の背後に、その支えとして深い原因を、すなわち努力の感情において把握できるとわれわれの意識が信じているのと類比的な原因を立てなければならないことになる。だが、努力の感情というのは、本当に、ある深い原因についての感情なのだろうか。この感情のうちにあるのは、身体の末梢部においてすでに行われたか、これから始められる運動についての意識であるということは、もはや決定的な分析によって示されているのではないか。*8 というわけで、運動から区別される原因で運動の実在性を根拠づけようというのは無理なのだ。分析は、いつもわれわれを運動それ自体に連れ戻すのである。

(1)　特にニュートン。

だが、そもそも、どうして他の場所を探さなければならないのか。それが通過する線に運動をもたれかからせているかぎりは、運動をどの原点に関係づけるかによって、同一の点が休止していたり動いていたりするように見える。だが、運動からその本質である動性を抽出するなら、そんなことはもう生じない。私の眼がある運動の感覚を与えているとき、この感覚は一つの実在であって、対象が私の眼に対して移動しているにせよ、あるいは私の眼のほうがその対象の前で動いているにせよ、実際に何かが起こっているのだ。さらに、私自身が生み出そうと意志した上である運動を実際に生み出し、筋肉感覚がその意識を私にもたらす時には、なおいっそう私は運動の実在性を確信できる。これはつまり、運動が私の中で、状態ないし質の変化として現れる時には、私は運動の実在性に触れている、ということだ。だが、そうであるなら、私が諸事物の中に質的変化を知覚している場合でも、同じ話にならないはずはない。音は静寂と絶対的に異なり、またある音は別の音と絶対的に異なる。光と闇のあいだでも、さまざまな色彩のあいだでも、色のさまざまなニュアンスのあいだであっても、差異は絶対的である。そして、一方からもう一方への移行もまた、絶対に実在する一つの現象なのである。かくして、私は鎖の両端、すなわち私の中の筋肉感覚と私の外の物質の感覚的諸性質を手にしているわけだが、そのどちらにおいても、運動が存在している場合には、私はそれを単なる関係として把握したりはしない。運動は、一つの絶対者なのである。――この両端のあいだに位置づけられてくるのが、〔位置移動という〕狭い意味での外的物体の運動である。これに関して、どうやって見かけの運動を実在的運動から区別すればいいのか。外から知覚されている対象について、そのどれが動いていて、どれが不動だと言うことなど可能なのか。だが、こんな問いを立てるというのは、常識が諸対象のあいだに立てる非連続性は正当な区別であって、諸対象はもともと互いに独立しており、それぞれが人格にも似た形で自分の個体性を有している、と認めてしまうことである。実際、それとは逆の仮説を立ててみれば、どういう具合に物質の特定の部分で位置の変化が生じているかなど、どうでもよくなるはずだ。その場合にむしろ問題になるのは、どういう具合に全体において様相の変化が生じているか、であろう。ただし、この様相の変化については、まだその本性をきちんと見定める必要がある。だから、直ちにわれわれの第三の命題を述べることにしよう。

Ⅲ　物質を完全に定まった輪郭をもつ独立の諸物体に分けるのは、すべて人為的な分割である。

物体、すなわちそれぞれ独立した物質的対象は、われわれに対しては、まずもって諸性質の体系として現れる。この体系においては、抵抗と色彩——視覚と触覚の所与——が中心を占めつつ、それ以外の諸性質をいわば吊り下げている。また他方、視覚と触覚の所与は、所与の中でも最も明白に空間中に延長しているものであり、そして空間の本質的性格とは連続性である。音のあいだには静寂の間隙がある。聴覚はいつも音に占められているわけではないからだ。さまざまな匂いや味のあいだにも空虚が見出される。嗅覚や味覚は時にたまたま働くという具合である。しかしそれとは反対に、目を開くや、われわれの視野は全体がくまなく彩《いろど》られている。また、固体は必ず互いに接している以上、われわれの触覚が物体の表面や稜線をたどりながら真の中断に出会うことは決してないはずである。どうしてわれわれは物質的延長の最初に看取される連続を諸物体に細分化して、それらの各々は実体かつ個体だ、ということにしてしまうのか。確かに、時が移れば、この連続はその様相を変える。しかし、どうしてわれわれはごく単純に、万華鏡をまわしたかのように全体が変化した、と言わないのか。そして最後に言えば、どうしてわれわれは全体の動きの中に、運動する物体がたどった跡ばかりを探すのか。われわれに与えられているのは、一つの動きつつある連続であり、そこにおいて、すべては変化しつつ、また同時に、とどまってもいる。どうしてわれわれは、この恒常性と変化という二つの項を分離して、恒常性のほうを物体で、変化のほうは空間内での等質的運動で表すのか。そんなものは直接的直観の与件ではないが、科学の要求するところでもない。というのも科学は、むしろ反対に、われわれが人為的に分断してしまった宇宙について、その本来のままの分節を再発見しようと努めるものだからだ。そればかりか、すべての物質的な点のあいだに相互作用があることをますます立証することで、科学は一見そう思われるのとは違って、すぐあとで見るように宇宙全体の連続という考えに立ち戻っているのである。科学《シアンス》と意識《コンシアンス》は、意識をその最も直接的な与件において考察し、科学のほうはその最もはるかな目標において考察するなら、結局のところ、一致しているのだ。では、はっきり分断された稜線で区切られ、位置だけ、ということはつまり相互の関係だけを変化させる諸物体で非連続的な物質的宇宙を構成しようとする抗《あらが》いがたい傾向は、いったいどこから出てくるのだろうか。

　意識と科学の他に、生というものがある。哲学者たちによってきわめて注意深く分析された思弁上の諸原理の下に、さまざまな傾向性がある。これまできちんと研究されてきてはいないが、これらの傾向性を説明するのは、単純に言って、われわれは生きなければならない、実際上のところで言えば行為しなければならない、という必要である。行為によって自分を現すという個々の意識に与えられた能力は、そのそれぞれが生物体に対応するところの個々別々の物質的領域が形成されることを、すでに要求している。この意味では、私自身の体、そしてそれとの類比で他の生物体というのは、私が宇宙の連続の中で真っ先に区別してよい物体なのである。だが、ひとたびこの物体が構成されて区別されると、自分の抱くさまざまな欲求に促されて、この物体はさらに他の諸物体を区別し構成していくことになる。生物の中で最も下等なものにおいても、栄養摂取は探索を、次に接触を、そして最後に一つの中心に集約される一連の努力を要求する。この中心は、まさに食物となるべき独立した対象になることだろう。物質の本性がどのようなものであるにせよ、生はそこにすでに最初の非連続性を立てるのであり、それは欲求と、欲求を満足させるのに役立つはずのものとの二元性を表していると言えるだろう。しかし、栄養摂取だけが唯一の欲求ではない。その周囲には、他のさまざまな欲求、どれも個体または種の保存を目的としている欲求が組織されてくる。しかるに、われわれは、そうした欲求のそれぞれに促されて、自分の身体に加え、それとは独立していて、われわれが探し求めたりそこから逃げたりしなければならない諸物体をも区別するようになる。したがって、われわれの欲求はそれぞれが光の束のようなものであって、これが感覚的諸性質の連続に向けられると、互いにはっきり区別される物体をそこに描く、というわけなのだ。欲求を満足させるには、その連続の中に一つの身体をまず自分用に裁断した上で、さらにそこに他の諸物体を限定し、自分の身体がそれらとちょうど人間を相手にするような関係に入れるようにしなければならない。このようにして分断された感覚的実在の諸部分間で、そのようにまったく独特の関係を打ち立てていくことこそ、まさしくわれわれが生きると称していることなのだ。

だが、もしこうした最初の実在内部の分割が、直接的直観よりもはるかに生の根本的諸欲求のほうに応じたものであるとしたら、分割をさらに遠くに進めることで事物についてのいっそう近似的な認識が得られることなど、どうしてありえよう。そんなことをしても生の動向を続けていくばかりで、真の認識には背を向けることになる。だからこそ、物体をそれと同じ性質の部分に分解していく粗雑な操作は、われわれを行き止まりに導く。どうしてこの分割が停止できるのかも、どのように分割が無限に続けられるのかも自分にはきちんと考えられないということに、われわれはすぐ気づくのである。実際のところ、こうした分解の操作が示しているのは有用な行為がとる通常の形であって、それが不適切にも純粋認識の領域に移し入れられているのだ。それゆえ、どんな粒子を用意したところで、物質のごく簡単な特性すら説明はできまい。ある物体がそれ以外の物体とどんな作用と反作用を交わすかを手がかりにして、当の物体そのものと同様に人為的な微粒子に至るのがせいぜいのところだろう。化学の目的は、まさにこれである。化学は物質よりもむしろ物体を研究する。だから化学は原子で探究を停止するのであり、この原子は物質の一般的諸特性を相変わらず有していると言ってよい。しかし、原子の物質性は、物理学者にとっては、まださらに分解されていくものである。例えば、原子を液体や気体ではなく、むしろ固体とみなす理由、あるいは原子間の相互作用をとりわけ衝突として思い描く理由は、何ら存在していない。われわれが思い浮かべるのが固体の原子であるのはなぜか、衝突であるのはなぜか。固体こそは、物体の中でも最も明白にわれわれが働きかけうるものであるために、外的世界との関係においてわれわれの関心を最も引くものだからであり、また接触こそは、自分の身体を他の物体に作用させるために使えるように思われた唯一の手段だからである。しかし、ごく単純な実験によって、押し合う二つの物体のあいだには決して本当の接触は存在しないことが示されている[1]。また他方、固体性というのも、物質において完全に区別される一状態だとはとても言えない[2]。このように、固体性や衝突というものは、その見かけの明晰さを実践的生における習慣と必要から借り受けているだけであって、この種のイメージは事物の根底に何ら光を投じてくれるものではないのである。

（1）この点については、マクスウェル〔James Clerk Maxwell〕の論文「遠隔作用〔On Action at a Distance〕」（*Scientific Papers*, Cambridge, 1890, t. II）、三一一—三一四頁を参照。

（2）マクスウェルの論文「物体の構成〔Constitution of Bodies〕」（*Scientific papers*, t. II）、六一八頁〔ベルクソンは表題を「分子的構成（Molecular Constitution）」と記しているが、誤記〕。他方、ファン・デル・ワールス〔Johannes van der Waals〕は、液体状態と気体状態の連続性を証明している。

そもそも、科学によってまったく異論の余地がないとされた真理があるとすれば、それは物質のあらゆる部分が相互に作用し合っている、ということである。物体の中に想定される分子のあいだにも引力と斥力が働いている。重力の影響は惑星間の空間を貫いて拡がっている。だから、原子のあいだには何ものかが存在するのだ。それはもはや物質ではなく力だ、と人は言うだろう。人は原子のあいだに糸が張られていると思い描き、その糸をだんだん細くしていって、最後には目に見えないものに、さらには当人のつもりからすれば非物質的なものにすらしてしまうだろう。だが、そんな粗雑なイメージが、いったい何の役に立つだろう。確かに、生の保存からの要求として、われわれは日常の経験において、惰性的な事物と、空間内でそれらによってなされる作用とを区別しなければならない。事物のありかを、それに触れることができるまさにその点に定めるのが有用なので、われわれにとっては、触知できる輪郭がその事物の現実の限界になる。そしてそうなると、作用のほうは事物からは切り離され、それとは異なる何か分からないものにされる。しかし物質の理論は、まさしく、われわれの欲求にまったく相対的なこの種の日常的イメージの下に実在を再発見しようとするものなのだから、何よりまず、こうしたイメージから身を引き離さなければならない。また事実、力と物質が生む諸効果の研究を物理学者が深めていくにつれて、この両者が次第に接近し結びついていくのを、われわれは目にする。力は物質化し、原子は観念化して、この二つの項はある共通の極限に収斂していき、かくして宇宙がその連続性を再び見出すのが目にされるのだ。それでもやはり人は原子について語るだろうし、原子は、それを分離するわれわれの精神にとっては、その個体性を保持さえするだろう。しかし、原子の固体性と惰性は運動や力線へと解体され、それらの相互の緊密なつながりによって宇宙全体の連続は回復されるだろう。物質の成り立ちについて探究を最も先まで進めた一九世紀の二人の哲学者トムソンとファラデーは、出発点はまったく異なりながらも、必然的に以上の結論に到達せざるをえなかった。ファラデーにとって、原子とは「力の中心」である。この彼の主張によれば、原子の個体性とは複数の力線が交差する数学的点から成るものであり、空間を貫いて放射されるこれらの果てしない力線こそが原子を実際に成り立たせているのである。かくして、原子の一つ一つは、彼の表現を借りるなら「重力が拡がる空間の全体」を占めており、「あらゆる原子は互いに浸透し合っている」とされる(1)。トムソンは、これとはまったく異なる考えに立って、完全で連続的で等質的かつ圧縮不可能な流体を想定し、それが空間を満たしているとする。われわれが原子と呼んでいるものは、この流体の連続の中で渦を巻きながら形を変えずにいる環のことであり、この環は自らの諸特性をその形に負い、そして自分の存在、したがって自分の個体性をその運動に負っている、とされるのだ(2)。しかし、いずれの仮説においても、物質の究極的な構成要素に接近するに従って、われわれの知覚が表面において立てていた非連続性が消えていくのを、われわれは目にする。すでに心理学的分析が、この非連続性がわれわれの諸欲求に相対的なものであることを示していた。そして自然哲学のほうでも、この非連続性は物質の一般的諸特性と相容れないことを、結局みなが認めるに至っているのである。

（1） ファラデー〔Michael Faraday〕の論文「電気伝導についての一考察〔A Speculation Touching Electric Conduction〕」(*Philos. Magazine*, 3e série, vol. XXIV〔1844〕)〔ベルクソンは“Touching”を“Concerning”と誤記している〕。

（2） トムソン〔William Thomson〕の論文「渦流原子について〔On Vortex Atoms〕」(*Proc. of the Roy. Soc. of Edinb.*, 1867)。これ以前にも同種の仮説が、グレアム〔Thomas Graham〕の論文「気体の分子運動について〔On the Molecular Mobility of Gases〕」(*Proc. of the Roy. Soc.*, 1863)、六二一頁以下）によって提出されている。

本当のところを言うと、渦や力線といったものも、物理学者の頭の中では、計算を図式化するための便宜的な形象にすぎない。だが、哲学がさらに問うべきは、なぜそうした記号が他の記号よりいっそう便宜にかない、物理学をさらに進歩させてくれるのかということである。渦や力線といった記号が対応する諸概念が少なくとも実在の正しい像を求めていくべき方向を示せていないのなら、それらの記号に基づいた作業を通じて経験に復帰できるはずもあるまい。ところで、それらが指し示している方向ははっきりしている。渦や力線といったものがわれわれに示しているのは、さまざまな変様や変動、すなわち緊張ないしエネルギーの諸変化が具体的延長を貫いて進んでいく姿であって、それ以外のものではない。何よりもこの点において、それらの記号は、運動についてわれわれが先にまず与えた単に心理学的な分析とつながっていくのである。あの分析の示すところでは、運動は、対象に一つの偶有性として付け加えられるような、単なる関係上の変化ではなかった。それは正真正銘の実在、ある意味でそれだけで自立した実在だったのである。とすれば、科学も意識も次の最後の命題に反対することはあるまい。

持続と緊張

IV　実在的運動とは、事物の移動ではなく、状態の変移である。

以上四つの命題を立てながらわれわれが行ってきたのは、実のところ、通常対立させられている二つの項、すなわち性質ないし感覚と運動とのあいだにある隔たりを次第に狭めていく、ということであった。一見したところ、この距離は超えようがないものに思われる。諸性質は互いに異質的であるのに対して、運動はどれも等質的である。また、感覚は本質的に不可分なものであって、計測できないのに対して、運動は必ず分割でき、方向と速度上の計算可能な差異で区別できる。諸性質は感覚という形で意識の中に置かれがちであるのに対して、運動は空間の中でわれわれとは独立して生じる。そうした運動がいくら互いに組み合わさったところで、運動以外のものが与えられることは決してない。それに対して、われわれの意識は、ある謎めいたプロセスによって、運動に直に触れることはできないまま運動を感覚に翻訳する。そして、さらにそれらの感覚は空間に投射され、いかにしてかは分からないが、それらが翻訳した元の運動に改めて重なる、といった次第なのだ。こうして、二つの異なる世界、奇跡によらなければ交流できない二世界が立てられることになる。空間における運動の世界と、諸感覚をもつ意識である。そして確かに、われわれ自身も別のところで示したように、質と純粋な量とのあいだで両者の差異は還元不可能だ。しかし、問題はまさに、実在的運動は本当にそれぞれのあいだで量的な差異しか示さないのか、それとも実はそれらは質にほかならず、運動というのはこの質がいわば内部で振動して、しばしば計算不可能なほど数多くの瞬間へと自らの存在を区切ったものなのではないか、という点にある。力学が研究する運動とは、すべての実在的運動を相互に比較するための抽象物、記号、共通の尺度、共通分母にすぎない。しかしそれらの運動は、それ自身において考察されるなら、何らかの持続を占める不可分な存在であり、それらは前と後を含み、変化する質という一本の糸で時間の継起的諸瞬間を結びつけている。そしてこの糸は、われわれ自身の意識の連続性と何らかの類比をもたないものでもないはずだ。例えば、知覚された二つの色は相互に還元不可能〔で非連続〕だが、それはとりわけ、両者はわれわれにとっての一瞬のあいだにも実際には数兆回の振動を行いつつ、それが非常に狭い持続に凝縮されているということに由来している、と考えることはできまいか。もし仮に、この持続を繰り広げることができるなら、というのはつまり、いっそう緩慢なリズムでそれを直に体験できるとしたら、リズムが遅くなるにつれて、二つの色は次第にあせていき、継起する複数の印象へと伸び拡がっていくのを、われわれは見ることになるのではないか。そして、それらの印象は、確かにまだ色彩を帯びているとはいえ、徐々に単なる振動と一体になっていく、ということにならないだろうか。運動のリズムが相当に遅く、われわれの意識の習慣にも適合できる場合には、例えば非常に音程の低い音に見られるように、知覚される質がひとりでに分解して、反復しつつ継起し、内的な連続性で互いにつながった振動になるのを、われわれは感知しないだろうか。通常、こうした関係づけを邪魔しているのは、運動を原子などの要素に結びつけるという根深い習慣である。そのような要素が、運動それ自体と、運動がその中に凝縮されている質とのあいだに、自分の固体性を割り込ませてしまうのだ。日常経験の示すところでは動くのは物体であるから、諸性質が還元される要素的運動についても、それを支えるために少なくとも微粒子という物体が必要だとわれわれには思われる。そうなると、われわれの想像力にとっては、運動は単なる一つの偶有性、一連の位置、他との関係の変化だということになってしまう。そして、安定したものが不安定なものに取って代わるというのがわれわれの表象の法則であるせいで、主要かつ中心的な要素は、われわれにとっては原子のほうになり、その運動は単に継起的な位置を結んでいくだけのものとなる。だが、このような考え方は、物質が引き起こすあらゆる問題を原子について再び引き起こすという不都合をもつだけではない。また、何よりも生の諸欲求に応じていると見られる物質の分割に絶対的な価値を割り当ててしまう点で誤っているだけでもない。それはさらに、われわれが知覚において、自分の意識の状態と同時に、われわれからは独立した実在を捉える、というプロセスを理解不能にしてしまうのだ。われわれの直接的知覚のこうした混合的性格、矛盾が現実化されているかのようなこの現象こそは、自分のもつ知覚と完全には一致しない外的世界の存在をわれわれが信じている理論上の主な理由である。そして、感覚とは運動の意識的翻訳にすぎず、しかもそれは運動とはまったく異質だとする学説においては、この理由は見逃されてしまうので、この学説は、唯一の所与であるとした感覚のほうだけで満足し、もう感覚には運動を付け加えないことにしなければならないだろう。運動は、感覚と何の接触ももちえないものなので、もはや感覚の無駄な複製でしかないからである。こうして、この意味での〔運動を感覚とは別のところにある実在とする〕実在論は自滅する。結局、われわれに選択の余地はないのだ。感覚的諸性質には多少とも等質的な基体があるというわれわれの信念が正しいのだとすれば、それを支える土台は、われわれの有する感覚を越えた何ものかを性質そのものの中に把握ないし推察させる作用以外にはありえない。それによって、感覚は、当然存在していると思われながら現に捉えられてはいない細部をはらむように見えてくるわけだ。そうなると、われわれの感覚の客観性、すなわち現に与える以上にそれが有しているものとは、まさに先に示唆したように、いわばそのサナギの内部で膨大な数の運動を行っているというところに存するはずだ。感覚は、表面では動かずに横たわっているが、奥底では生きて振動しているのである。

実を言えば、量と質の関係をこれとは別の仕方で考えている者はいない。現に知覚されている実在とは区別された実在の存在を信じるというのは、何にもまして、われわれのもつ知覚の秩序はその実在に依存していて、われわれの側には依存しない、ということを認めることである。したがって、任意のある瞬間を占めている知覚の総体の中に、次の瞬間に生じることの理由がなければならない。そして、機械論が物質の諸状態は互いから演繹できると主張する場合、機械論がしているのは、こうした信念をより正確に定式化する以上のことではない。確かに、そうした演繹が可能なのは、感覚的諸性質の見かけの異質性のもとに等質的で計算可能な諸要素が見出される場合に限られる。だが他方、それらの要素が、自分がその規則的な秩序を説明すべき当の諸性質に外的なものであるとしたら、それらは求められた務めを果たすことができなくなる。外的だとしたら、それらの要素にさらに諸性質が付け加わるのは一種の奇跡によるしかないし、それらに諸性質が対応するにも、予定調和にすがるしかないからである。かくして、それらの運動は、内的振動の形で、まさに性質の中に置かざるをえないし、合わせて、表面で見えるほどにはそうした振動は等質的ではなく、そうした性質のほうも異質的ではない、と考えるしかない。そして、振動と性質という二つの項の外見上の差異の由来は、その際限のないほど多くの振動は、短すぎてその中に複数の瞬間を区切ることのできない持続においてはもう凝縮されるほかない、という点にあると見るしかないのである。

この最後の点を強調しておきたい。本書の別の箇所ですでに少し触れたことだが、われわれはこれを実に重要な点だとみなしている。われわれの意識が体験している持続は、ある特定のリズムにおける持続であり、それは物理学者が論じる時間、すなわち与えられた間隔のうちにいくらでもたくさんの現象を収めることができる時間とは、まったく異なる。一秒のあいだに、赤色光——光の中で最も波長が長く、したがってその振動数が最も少ないもの——は継起的振動を四〇〇兆回行っている。これがどれくらいの数であるかを理解してもらうには、われわれの意識がそれを数えられるか、あるいはせめてその継起をそれとして記録できるまでにそれらの振動を相互に引き離して、当の継起が何日、何ヵ月、何年を占めることになるかを調べてみなければなるまい。ところで、われわれが意識できる最も短い時間の間隔は、エクスナーによれば、二ミリ秒である。その上、これほど短い間隔が複数続いた場合でもそれを〔きちんと〕知覚できるかどうかは疑わしい。それでも、われわれにはそれがはてしなくできる、ということにしておこう。つまり、一つ一つは瞬間的な四〇〇兆の振動が、互いに区別されるのに必要な二ミリ秒の間隔を空けながら並んでいるところに立ち会う意識というものを想像してみるのだ。ごく簡単な計算で、この作業を終えるには二万五〇〇〇年あまりが必要になることが分かる。したがって、われわれに一秒間体験される赤色光の感覚は、それ自体においては、われわれの持続で最も時間を節約して展開されても、われわれにとっての歴史の二万五〇〇〇年あまりを占めるような諸現象の継起に対応しているわけだ。そんなことが考えられるか〔と言われよう〕。だが、ここで必要なのは、われわれの持続と時間一般を、はっきり区別することである。われわれの持続、すなわちわれわれの意識が知覚する持続においては、ある与えられた間隔は、限られた数の意識現象しか含むことができない。では、この内容の数はもっと増えうると考えればいいのであって、限りなく分割可能な時間を語る場合にわれわれが考えているのはまさにそういう持続だ、ということなのだろうか。

空間についてなら、分割はいくらでも好きなだけ進めることができる。そのことで分割されるものの本性を変えてしまうことは、いっさいない。というのも空間は、定義からして、われわれにとって外的なものだからであり、空間の部分は、われわれがそれに関わるのをやめても、そのまま存続しているように見えるからである。だから、今のところは分割しないままにしておいても、空間の部分はそのまま待っていることができ、想像力を改めて働かせればその部分もまた分割できるものだ、ということは承知済みなのだ。また、当の部分もそれで空間であることをやめたりは決してしないのだから、それは並置を、したがって可能的分割を含意したままである。そもそも空間というものは、結局のところ、際限なき分割可能性の図式でしかないのである。だが、持続については、事情はまったく異なる。われわれの持続の部分の数は、持続を分割していく作用の時点の累計数と同じである。われわれが持続に瞬間をいくつか固定するなら、持続はそれと同じだけの部分をもつことになる。そして、われわれの意識がある間隔内にもう一定数の要素的作用しか見分けることができなくなり、どこかで分割を停止するなら、分割可能性もまたそこで止まる。われわれの想像力が何とかその先に進んで、分割した最後の諸部分をまたさらに分割し、いわばわれわれの内的現象のめぐりを速くしようとしたところで無駄である。自分の持続の分割をさらに進めようと努力しても、その当の努力が当の持続をそれだけ引き延ばしてしまうのだ。にもかかわらず、われわれの目からはせいぜい二、三の現象しか数えられないあいだにも、無数の現象が継起しているのを、われわれは知っている。それを教えてくれるのは、物理学だけではない。粗雑な感覚的経験も、すでにそのことを推察させる。自然の中には、われわれの内的状態の継起よりもはるかに早いさまざまな継起があることを、われわれは予想しているのである。そうした継起をどう考えるべきだろうか。あらゆる想像を超えた容量をもつ、この持続とはいかなるものなのだろうか。

それがわれわれの持続でないことは確かである。だが、それはまた、あの非個人的で等質的な持続、すなわち、すべてのものとすべての人間にとって同一であり、かつ持続するものの外で内容に関わらず空虚なままに流れていく、あの持続でもない。そうしたいわゆる等質的時間とは、別のところで証明を試みたように、言語による偶像であり、その起源も簡単に見つけられるフィクションである。実際には、持続には唯一のリズムしか存在しないわけではないのだ。われわれは数多くの異なるリズムを想像できる。ゆっくりか速いかに応じて、これらのリズムは、さまざまな意識の緊張度ないし弛緩度を示す尺度になるものであろうし、またこのことから諸存在の系列におけるそれらの意識それぞれの位置を定めるものでもあろう。伸縮度の異なる複数の持続というこの表象は、われわれの精神にとっておそらく考えにくいものではあるだろう。意識が直に体験する真の持続を、等質的で〔意識からは〕独立した時間に取り替える、という有用な習慣を身につけてしまっているからである。だが、まず言うなら、かつて示したように、以上のような表象を考えにくいものにしている錯覚を暴くことは容易だし、加えて言えば、そうした発想は実はわれわれの意識の暗黙の同意をとりつけている。眠っているあいだに、自分の内に同時にありながらも別々の二人の人間を捉えることがないだろうか。その一方は数分間眠っているだけなのに、もう一方は数日や数週間にわたる夢を見る、というわけだ。そしてさらに言えば、われわれの意識よりもいっそう緊張した意識にとっては、歴史の全体ですら、ごく短い時間に収まるのではないか。そして、そうした意識なら、人類の歩みに立ち会いつつ、それを歴史展開上の主要な諸段階にいわば凝縮するのではないだろうか。だとすれば結局、知覚とは、限りなく薄められた存在の長大な諸期間を、さらなる強度をそなえた生のいっそう異質化された諸瞬間に濃縮すること、かくして非常に長い歴史を要約してしまうことなのだ。知覚するとは、不動化するということなのである。

これはすなわち、知覚の作用において、われわれは知覚そのものを超え出る何ものかを把握するけれども、物質的宇宙は、われわれがそれについてもっている表象と本質的に異なる別のものなどではない、ということだ。確かに、ある意味では、私の知覚は私の中にある。それは、それ自体においては数えきれないほどの諸瞬間の上に繰り広げられるはずのものを、私の持続のたった一つの瞬間に凝縮しているからである。だが、私の意識を消すと、物質的宇宙は以前のままに存在し続けるにせよ、私が諸事物に作用を及ぼせる条件であった持続の特定のリズムはもう捨象したのであるから、当の諸事物は自分自身へと立ち戻って、科学が区別するとおりの多数の瞬間に区分けされていくだろうし、感覚的諸性質も、消滅はしないにせよ、〔私の持続とは〕比較にならないほど分割された持続の中に拡げられ、希釈されていくだろう。かくして、物質は無数の振動へと解きほぐされ、そしてそれらの振動はすべて、切れ目のない一つの連続性のうちにつながれて、緊密に結びつき合いながら、いわば身震いのように、ありとあらゆる方向に走っていく。――つまり、こういうことだ。日常経験における非連続的な諸対象を、改めて結び合わせてみよ。その次に、それらの連続しているがまだ不動である諸対象の性質を、その場での振動へと、さらに分解せよ。それらの運動にだけ目を注ぎ、下に張られる分割可能な空間は振り捨てて、それらの動性だけを、すなわち自分で行う運動においてあなたの意識が把握するのと同じ、あの分かたれざる作用だけを考えるようにせよ。そうやって物質について得られるヴィジョンは、あなたの想像力にとってはおそらく骨の折れるものだろうが、しかし純粋なものであり、生の要求のせいであなたが外的知覚を行う中で物質に付加してしまったものからはもう解放されているだろう。――今度は、私の意識を、そしてそれとともに生の要求を回復してみよ。次々と非常に広い間隔を空けながら、そしてそのつど諸事物の内的歴史の膨大な期間を飛び越えつつ、ほとんど瞬間的な光景が撮影されていく。だが今度は、その光景は色彩豊かなものであって、より際立つようになったその色彩は、数限りない要素的な反復ないし変化を濃縮しているだろう。これはちょうど、走者が次々ととる無数の姿勢がただ一つの記号的な態度に凝縮されたものが、われわれの目に知覚され、また芸術に複製されて、誰にとっても「走っている人間」のイメージと化すようなものである。かくして、われわれが自分の周囲に間を空けながら投げかけるまなざしが把握するのは、数多くの内的な反復と進展からの結果、まさにそのために非連続的である結果でしかなく、そしてわれわれはその連続性を、空間における「対象」に相対的運動を帰することで回復する、というわけなのだ。変化は至る所に、ただし深いところにある。それをわれわれはあちらこちらに位置づけるが、これは表面での話だ。こうしてわれわれは、性質に関しては安定していながら、同時に位置に関しては可動的であるような物体を構成する。しかし、われわれの見るところ、単なる一つの場所移動ですら、その内に宇宙全体の変貌を凝縮しているのだ。

延長と拡がり

ある意味では複数の対象が存在するということ、例えば、ある人間は別の人間から区別され、ある樹木は別の樹木から区別され、ある石は別の石から区別されるということ、そこに異論の余地はない。人間の一人一人、事物の一つ一つは、自分ならではの特徴をなす性質をもちながら、一定の展開法則に従っているからである。しかし、事物とその周囲は完全には切り離されない。一方から他方には、それと気づかれないほどなめらかな段階を経て移っていけるのだ。物質的宇宙のあらゆる対象を結びつけている緊密な連帯関係、ならびにそれら相互の作用反作用の恒久性は、われわれの付与する明確な境界を対象が実際には有していないことを十分に証明している。われわれの知覚が描いているのは、諸対象のいわば残滓の形なのだ。知覚は、それらに対するわれわれの可能的行為が停止する点、したがってわれわれの欲求を引きつけなくなるところに、諸対象の限界を定める。これが、知覚する精神が行ういちばんはじめの、そして最も明らかな働きである。すなわち、精神は欲求の示唆と実践的生の必要に従属するだけで、もうすでに延長の連続の中にさまざまな分割線を引くようになるのだ。だが、このように実在を分割できるためには、まずもって実在が恣意的に分割できることが確信できていなければならない。つまり、具体的延長であるところの感覚的諸性質の連続の下に、いくらでも形を変えることができいくらでも小さくすることのできる網の目を張りめぐらせておかなければならないのだ。単に考えられるだけの〔実際には知覚されない〕こうした基体、恣意的かつ際限のない分割可能性のまったく理念的なこの図式こそ、等質的空間にほかならない。――さて、目下のほとんど瞬間的なわれわれの知覚が物質を互いに独立した諸対象に分割しているのと同時に、われわれの記憶力は事物の連続的な流れを感覚的諸性質へと固体化している。われわれの記憶力は、過去を現在の中にまで引き延ばすというのも、われわれの行為が未来を自由にできるのは、われわれの知覚が記憶力で厚みをつけられ、過去を凝縮できるようになるのに厳密に比例してのことだからだ。受けた作用に対して、その作用のリズムに収まったままの反作用、受けた作用と何ら変わらない持続において継続されていく即座の反作用で応じること、現在に、しかも絶えず再開される現在の中に存在すること、これが物質の根本法則だ。そして、これこそ必然性というものである。それに対して、自由な行為、あるいは少なくとも部分的には非決定的な行為が存在するとすれば、それを担いうる存在とは、自分自身の生成が接している生成に対して、それを飛び飛びの形で固定し、別々の諸瞬間へと固体化して、そうしてその生成の物質的内容を濃縮し、さらにそれを吸収しつつ消化して、自然の必然性の網をくぐり抜けられるような反作用的運動に変えることができる、そのような存在以外にない。それらの存在の緊張の強弱は、結局のところ、それらの生の強度を表すものだが、以上のように、これこそが諸存在それぞれの知覚の集中力ならびに自由の程度を決定しているのだ。それらが物質に対して行う行為の独立性は、物質の流れのリズムから脱していくのに応じていっそう際立ってくる。このようなわけで、記憶力に裏打ちされたわれわれの知覚に現れるような感覚的性質とは、それぞれ実在の固体化から得られた継起的瞬間にほかならない。しかし、それらの瞬間を区別しようとするなら、そしてまた、われわれ自身の存在と諸事物の存在に共通の糸でそれらを結び直そうとするなら、どうしても継起一般の抽象的図式、等質的でその内容と関係をもたない場というものを思い描かないわけにはいかない。そして、空間が物質の流れに対してはその横の幅になるのと同様に、この場がその縦の長さだということになる。等質的時間とは、これのことだ。したがって、等質的空間も等質的時間も、事物そのものの特性ではないし、事物を認識するわれわれの能力の側の本質的条件でもない。それらが抽象的な形で表しているのは、われわれが実在の動きつつある連続に加える固体化ならびに分割という二重の作業、すなわち実在の連続の中に支点を確保し、働きかけるべき中心を定めつつ、そこに真の意味での変化を導き入れようとしてわれわれが行っている作業である。等質的空間と等質的時間は、物質を相手としたわれわれの行為の図式なのだ。この等質的な時間と空間を事物そのものの特性にしてしまうという最初の誤謬は、形而上学的独断論の乗り越えがたい諸困難に、われわれを導いてしまう。機械論であれ、力動論であれ、同じことだ。力動論は、流れつつある宇宙からわれわれが次々に切り取る切断面をそれぞれ絶対的なものとみなした上で、それらをなお一種の質的な演繹関係で互いに結び直そうとするのだが、これはどうにも無理な話である。それに対して、機械論は、それらの断面のいずれかを取り上げて、横向きの断面の中で分割される諸部分のほうに注目する。つまり、瞬間上での大きさや位置の差異に固執するわけだが、これまたどう頑張ったところで、それらの差異の変動で感覚的諸性質の継起を生み出すのは無理である。では、反対に独断論とは別の仮説の側につくことにして、カントとともに、時間と空間はわれわれの感性の側の形式だということにするか。だがそれも、物質も精神もともにあるがままには認識できない、という宣言に至るだけである。さて、以上の対立する二つの仮説〔独断論とカント的批判主義〕を比べてみると、それらには一つの共通した土台が見つかる。等質的時間と等質的空間を観照される実在とするか、観照する際の形式とみなすかの差はあれ、どちらの仮説も、空間と時間に、生に関わる利害ではなく、思弁に関わる関心を割り当てているのである。そうであってみれば、一方の形而上学的独断論と、もう一方の批判哲学とのあいだに、もう一つ学説の立つ余地があることになるだろう。その学説は、等質的な空間と時間のことを、認識のためではなく、行為のために実在に導入された分割と固体化の原理だとみなし、事物には実在的持続と実在的延長を割り当てるものとなるだろう。そして、この学説からすれば、あらゆる困難が生じてくる元は、実際に事物に属しつつわれわれの精神に直接現れている持続と延長にはなく、連続を分割し、生成を固定し、手がかりとなる作用点を自分の活動に用意しようとわれわれの側が持続や延長のもとに張りめぐらせるところの、等質的な空間と時間のほうにあることになるだろう。

しかし、感覚的性質と空間についての誤ったあれこれの捉え方は非常に根深いものなので、一斉に攻撃をかけようとしても、攻めるべき地点がどうにも多すぎる。だから、そうした捉え方のもつまた別の側面をあらわにするべく、それらが次の二つの要請を前提していることを指摘しよう。この要請は、実在論も観念論も容認してしまっているものである。(1)種類の異なる性質のあいだには、共通するものは何もない。(2)延長と純粋性質のあいだにも、共通するものは何もない。われわれの主張は逆である。異なる種類の性質のあいだにも何らかの共通するものはあるし、諸性質はいずれも、さまざまな程度において延長を分かちもっている。この二つの真理を見誤ってしまえば、物質の形而上学も知覚の心理学も、そしてより一般には意識と物質の関係についての問題も、無数の困難で身動きがとれないようにされてしまう。そうした帰結についての詳論は控える。今のところは、物質についてのさまざまな理論の根底に、われわれが異議を唱えたい二つの要請が存在していることを示すにとどめ、その由来となった錯覚に遡っていくことにしよう。

イギリス観念論の本質は、延長を触覚的知覚だけの特性とみなすところにある。イギリス観念論にとっては、性質は感覚以外のものではなく、この感覚自体、魂の状態以外のものではないので、異なる性質のあいだに、それらの現象のあいだの平行関係を基礎づけうるようなものもいっさいない。したがって、この平行関係は習慣で説明するしかないということになる。習慣のおかげで、現にある例えば視覚的な知覚が、ありうる触覚的感覚をわれわれに示唆するようになっているというわけだ。異なる二つの感官からの印象は、異なる二つの言語の単語と同様、互いに似ていないのだとすれば、一方の感官の所与をもう一つの感官からの所与からいくら演繹しようとしても、それは無理である。両者のあいだに共通の要素はないのだから。またここからすれば、必ず触覚的である延長と、触覚以外の感官からのいっさい延長をもたない所与とのあいだにも、共通するものはやはり何もないということになる。

だが他方、原子論的実在論にしても、運動は空間の中に置き、感覚は意識の中に置いてしまうので、延長の変様ないし現象とそれに対応するはずの感覚とのあいだに共通したものを見出すことは、まったく不可能である。こうなると、感覚は、延長の変様からあたかも燐光のように浮かび上がってくることにされたり、あるいは物質の姿を魂の言語に翻訳しているということにされたりする。しかし、いずれにしても、諸感覚は自分の原因のイマージュを映し出すものではない。確かに諸感覚も、遡れば一つの共通した原因、つまり空間における運動に至るのだが、感覚のそれぞれは空間の外で展開されるというのだから、まさにそれゆえに、それらは感覚であるかぎり、それぞれの原因を相互に結びつけていた類縁関係をもはや放棄しているのだ。諸感覚は、空間から絶縁することで、相互のあいだの縁を切ってしまう。かくして、他の感覚と何かを分かちもつこともなければ、延長の性質を帯びることもないものになるのである。

だから、この点に関しては、観念論も実在論もほとんど変わらない。観念論は延長を触覚的知覚にまで後退させて触覚だけの特性とするが、実在論はさらに遠くに延長を押しやっていっさいの知覚の外に置いてしまう、という違いはある。だが、異なる種類の感覚的性質は互いに連続性をもたないこと、そしてただ延長するだけのものといっさい延長をもたないものがあって、両者間の移行は唐突なものだということは、どちらの学説も一致して認めている。しかるに、両者が知覚理論において出会う主要な諸困難は、この共通の要請から生じてくるのである。

実際、バークリーとともに、延長の知覚は触覚だけに関係する、ということにしてみればどうか。確かに、聴覚や嗅覚、味覚の所与についてなら、拡がりなどないとすることはできようが、それでも最低限、触覚的空間と対応関係をもつものとしての視覚的空間の発生については説明が必要だろう。ここで持ち出されるのは、視覚は結局、最後には触覚の記号になること、空間的関係についての視覚的知覚には触覚的知覚を示唆する以上のものは含まれていないということであろう。だがそれにしても、例えば凹凸の視覚的知覚というのは独特の、しかももともと言い表しようのない一印象を与えるものだが、そんなものがいかにして触覚的感覚の単なる記憶と同じものでありうるのかについて、われわれを納得させるのは簡単ではあるまい。記憶が知覚に連合すれば、知覚を既知の要素で豊かにしつつ、より複雑にすることはできるかもしれないが、新しい種類の印象、新しい性質の知覚を創造するというのは無理である。しかるに、凹凸の視覚的知覚とは、あるまったく独特の性格を示すものなのだ。平面を使って凹凸の錯覚を作ることができるではないか、と言われるかもしれない。そこから言えるのは、凹凸をもった対象に見られる陰影の効果をある程度うまく真似ると、平面でもわれわれに凹凸を思い起こさせるのには十分だ、ということである。だが、思い起こされるためにも、まず凹凸はともかくかつて一度は知覚されたのでなければならない。もうこれまでにも述べてきたことだが、これは何度繰り返しても足りない。ある一定の機構が今となってみればいつでもある一定の知覚の錯覚を生み出せるのであれば、以前からそもそも当の知覚自体を生み出すのにもこの機構だけで十分だったのだ、という考えによって、知覚理論は完全に損なわれてしまうのである。原因が単純になったあとでも結果は複雑なまま保つ、というのがまさに記憶力の担う役割だということを忘れたかのような発想である。また反論として、網膜自体が平坦な面であり、われわれが視覚で何か延長を有するものを知覚するとしても、結局それは網膜像以外のものではない、と言われるかもしれない。だが、本当のところは、本書のはじめに示しておいたように、ある対象の視覚的知覚においては、脳、神経、網膜および対象それ自体が一つの緊密につながった全体、一つの連続したプロセスを形作っているのであり、網膜像はそのひとこまにすぎないのではないか。どんな権利で、この網膜像だけを切り離し、そこに知覚全体を集約しようというのか。もう一つ言えば、これもすでに示したことなのだが[1]、表面というものは、三つの次元が回復された空間においてでなければ、そもそも表面としても知覚されえないのではないか。ただしバークリーは、少なくとも自説が行き着く最後の点にまで進みはした。視覚には延長の知覚はいっさいない、としたのだ。しかしそうなれば、われわれが掲げる反論は、むしろ力を得るばかりである。単なる諸記憶の連合から、いったいどうやって線や面や立体といった視覚的知覚ならではの独特なものが創造されてくるのかが、やはり理解できないからだ。しかも、こうした視覚的知覚は非常に明確なものであって、数学者はそれで十分用に足るとみなし、通常はもっぱら視覚的な空間に基づいて推論を行っているほどなのである。だが、以上のさまざまな論点については、あまりこだわらない。また、開眼手術を受けた盲人たちの観察から引き出された、異論の余地のあるさまざまな議論にも深入りはしないでおく。いずれにせよ、バークリー以来古典的なものとなった理論、〔視覚上の延長や奥行きは〕視覚の後天的知覚である、という理論は、現代の心理学からの度重なる攻撃に耐えられるはずもないように見える。[2] 心理学上の諸困難は脇に置くことにして、われわれにとって本質的と思われる別の点に注意を促すだけにしよう。視覚は本来、空間的な関係についてわれわれに何も教えない、といったん仮定してみる。この場合、視覚上の形、視覚上の凹凸、視覚上の距離は、触覚上での形や凹凸や距離の知覚の記号になるわけだ。だが、どうしてこの記号化が成功するのかを言ってもらわなければならない。ここに諸対象があって、形を変えたり、運動していたりするとしよう。視覚は一定の変化を見て取り、続いて触覚がそれを確認する。ということは、視覚の系列と触覚の系列には、あるいは両者の原因の中には、両者を互いに対応させ、両者の平行関係の恒常性を保証してくれる何かが存在しているわけだ。では、こうした結合の原理とは何だろうか。

（1）　ベルクソン『意識に直接与えられたものについての試論〔*Essai sur les données immédiates de la conscience*〕』〔『時間と自由』〕(Paris, 1889)、七七および七八頁。
（2）　この点については、ポール・ジャネ〔Paul Janet〕の論文「距離の視覚的知覚〔La perception

visuelle de la distance〕」(*Revue philosophique*, 1879, t. VII)、一頁以下ならびに、ウィリアム・ジェイムズ〔William James〕『心理学原理〔*Principles of Psychology*〕』第II巻、第二二章を参照。延長の視覚的知覚については、デュナン〔Charles Dunan〕の論文「視覚的空間と触覚的空間〔L'espace visuel et l'espace tactile〕」(*Revue philosophique*, février et avril 1888, janvier 1889)も比較せよ。

イギリス観念論にとっては、それは何らかの機械仕掛けの神になるほかない。そして、われわれは不可解な謎に連れ戻されてしまう。通俗的実在論にとってなら、諸感覚相互の対応の原理が見出されるのは諸感覚からは区別された空間においてだということになる。だがこんな説は、困難を後退させるばかりか、なお深刻なものにしてしまう。というのも、この説は、空間内での一群の等質的運動が、どうやってそれらの運動と何の関係もない多様な感覚を呼び起こすのかまで言わなければならなくなるからだ。さっきは、イマージュが連合していくだけで空間の視覚的知覚が生まれるというところにまがうことなき無からの創造が前提されているように見えたのだが、今度はさらに、すべての感覚が無から生じる、あるいは少なくとも諸感覚を引き起こす運動とはいっさい関係がない、という話になる。結局のところこの実在論は、最初の観念論と、そう思われるほど異なってはいない。形をもたない空間や、押し合ったり衝突し合ったりしている原子とは、触覚的知覚が客観化されたものにすぎない。例外的な重要性が付与されるものであるために、触覚的知覚はそれ以外の知覚から切り離されて独立した実在に仕立て上げられつつ、自分以外の感覚からは区別され、そちらの諸感覚のほうは触覚の記号と化す、というわけなのだ。しかしまた、このような操作をする中で、触覚的知覚からもその内容の一部が差し引かれてしまっている。五感すべてを触覚を中心に集約した上で、人はこの触覚そのものについても、もう触覚的知覚の抽象的図式しか保持しないのだ。それで外的世界を構成できさえすればいいのだから。となれば、一方のこんな抽象物と、他方の諸感覚のあいだに、もはやいかなる連絡も見出せないのは当然ではないか。しかし、実際のところを言えば、空間はわれわれの外にも中にも存在するものではなく、諸感覚のうちの特権的な一群にだけ属するわけでもない。すべての感覚が、延長を分かちもっている。すべての感覚が、深さは異なるものの、延長の中に根を下ろしているのだ。通俗的実在論の諸困難がなぜ生じるのかと言えば、諸感覚相互の類縁性が抽象的に取り出されて、無際限かつ空虚な空間という形で別個に立てられてしまったために、諸感覚がいかにして延長を分かちもてるのかも、それらがいかにして対応し合えるのかも、もはや理解できなくなるからなのである。

　われわれの感覚はどれも何らかの程度で拡がりをもっているという考えは、現代の心理学に次第に浸透してきている。「外延性」[1]ないし「体積感」[2]をもたない感覚はない、と主張されるわけだが、見たところ、これにも一定の正当性がないわけではない。イギリス観念論の主張では、触覚的知覚に延長の独占権が与えられ、触覚以外の感覚が空間の中で働くのは、触覚の所与をわれわれに想起させる程度に応じてのことにすぎない、とされていた。だが、より注意深い心理学は、それとは反対に、われわれに次のことを明らかにしているし、今後もおそらく、その点をいっそう明らかにしていくことだろう。すなわち、すべての感覚はもともと拡がりをもっていると考える以外にないということ、ただし、それらの延長はやがて、触覚的延長がもちまたおそらく視覚的延長ももついっそうの強度ならびに有用性を前にして、色あせ、消えてしまうということである。

（1）ウォード〔James Ward〕による『エンサイクロペディア・ブリタニカ』中の項目「心理学〔Psychology〕」〔ここでベルクソンが用いている語は“extensité”. ウォードが用いている原語は“extensity”. いずれも造語〕。
（2）W・ジェイムズ〔William James〕『心理学原理〔*Principles of Psychology*〕』第II巻、一三四頁以下。ついでながら指摘すれば、確かに以上の見解をカントに帰することもできる。超越論的感性論は、さまざまな感官の所与のあいだで、それぞれがもつ空間的拡がりに関しては違いを設けていないからである。しかし、忘れてはならないのは、〔カント哲学の言う〕批判の観点は心理学の観点とはまったく別のものであること、批判の目的にとっては、知覚がその決定的な姿を獲得した時にはわれわれの感覚すべてが結局は空間の中に位置づけられるという事実で十分だ、ということである〔ここでベルクソンが用いている語は“un sentiment de volume”. ジェイムズが用いている原語は“element of voluminousness”〕。

このように考えると、空間とは、まさしく固定性と無限分割可能性の記号なのである。具体的延長、すなわち感覚的諸性質の多様は、空間の中に存在しているのではない。空間のほうを、われわれが具体的延長の中に置くのだ。空間とは、実在的運動がその上に置かれる支持体ではない。反対に、実在的運動のほうが、自分の下に空間を置いていくのだ。だが、われわれの想像力は、何よりもまず言葉にする際の便利さと物質的生の諸要求に心を奪われているので、以上の項の本来の順序を逆転させるほうを好む。この想像力は、すっかり構成済みでもう動かないイマージュ、われわれの低次の諸欲求の変わらなさを何よりも反映しながら外見上固定されたイマージュから成る世界の中に自分の支点を求めることを習慣としているので、どうしても休止のほうが動きに先立つと考え、休止を基準点扱いして、そこに身を落ち着けてしまい、最後には、運動とは距離の変化にすぎず、空間は運動に先立って存在する、ということにせざるをえないのである。かくして、われわれの想像力は、等質的で限りなく分割可能な空間の中に通過経路を描き、複数の位置を固定するようになる。そしてその次には、運動を経路にむりやり重ね合わせ、その経路の線分と同様に運動も分割可能で、線分と同様に運動も質をもたないことにするだろう。われわれの悟性が、そのあとになって、実在の反転をまさに示すこのような発想を基礎にしつつ働けば、そこに悟性が見出すのはさまざまな矛盾ばかりということになっても驚くにはあたらない。運動は空間と同一視されてしまったのだから、運動は、空間と同様、等質的だとされる。さまざまな運動のあいだにはもはや方向と速度の計算可能な差異しか設けられないのだから、運動と質のあいだのあらゆる関係は破棄される。そうなればあとは、運動のほうは空間に、質のほうは意識にそれぞれ押し込むだけであり、しかも運動と感覚の二系列は、そもそもの仮定からして二度と結びつきようがないものにされているのだから、両者のあいだに謎めいた対応を立てれば、もうそれで終わりである。感覚的性質は、意識の中に閉じ込められて、再び延長を得ることはできなくなる。運動のほうも、空間、しかも抽象的な空間の中へ追放され、そしてこの抽象的空間においてはただ一つの瞬間しか存在できず、常にすべては再開されているのであるから、運動はその本質にほかならない現在と過去のつながりを放棄することになる。さらに、知覚のこれら二つの側面、つまり質と運動はともに等しい曖昧さに覆われてしまうので、知覚という現象も、空間と無縁のまま自閉した意識が、空間で生じていることを翻訳していることにされて、一つの不可解な謎と化すのだ。——反対に、解釈や計測に関するいっさいの先入見を捨てて、直接的な実在に向き合ってみよう。そうすれば、もはやわれわれは、知覚と知覚されるもののあいだ、性質と運動のあいだに、越えようのない隔たりも、本質的な差異も、さらには本当の区別すらも見出すことはない。

魂と身体

こうしてわれわれは、長いまわり道を経て、本書の第一章ですでに取り出しておいた結論に戻ってくる。われわれはこう述べた——われわれの知覚は、本来、精神の中ではなく事物の中に、われわれの中ではなくわれわれの外に、存在している。種類の異なる知覚も、それぞれ実在の側に存在する本当の方向を示している。だが、われわれはこうも付け加えた——自分の対象と合致するこのような知覚の存在は、事実上のものではなく、むしろ権利上のものである。瞬間においてなら成り立つ知覚だ、ということである。具体的な知覚には、記憶力が介入している。また、感覚的諸性質は主観的なものだが、この主観性はまさに、まず最初は記憶力以外のものではないわれわれの意識が複数の瞬間を互いの中に引き延ばしながら単一の直観の中に凝縮することに由来する。

意識と物質、魂と身体は、知覚の中で以上のように接触していたのであった。だが、この考えには、ある曖昧なところが残っていた。こう考える場合、物質に割り当てられる分割可能性を、われわれの知覚も、ということは、われわれの意識のほうも分かちもつことになると思われるからである。二元論的仮説において、われわれは知覚対象と知覚主体の部分的合致など認めようとしないのがふつうだが、それというのも、知覚には分かたれざる統一性があると意識されるのに対して、対象のほうは、その本質からして際限なく分割可能なものに見えるからだ。ここから生まれるのが、拡がりをもたない諸感覚をもった一なる意識が延長した多を前にしている、と考える仮説である。しかし、物質の分割可能性というものが物質への われわれの行為に完全に相対的なもの、つまり物質の姿に変更を加えるわれわれの側の能力に相対的なものであり、それが属するのは物質そのものではなく、われわれが自分の影響下に収めようとして物質の下に張りめぐらす空間のほうであるのなら、以上の困難は消え去る。延長した物質は、その全体において考えられるなら、そこではすべてが均衡し、相殺し、打ち消し合っている一つの意識のようなものである。それは、紛れもなく、われわれの知覚のもつ不可分性を示している。ということは、逆に知覚のほうに物質の延長のいくぶんかを躊躇なく割り当ててもよいのである。知覚と物質という二つの項は、行為ゆえの先入見とでもいったものからわれわれが解き放たれていくのにつれて、次第に歩み寄っていく。感覚は拡がりを取り戻し、具体的延長もその本来の連続性と不可分性を回復するのである。そして等質的空間は、それまでは知覚と物質のあいだで越えられない壁のように聳《そび》えていたのが、もはや図式や記号ほどの実在性しかもたないものになる。等質的空間は、物質に働きかけようとする存在〔生物〕の歩みの関心を引くものではあっても、物質の本質をありのままに考えようとする精神にとっての関心事ではないのだ。

まさにここからして、われわれのすべての探究の集約点となる問題、すなわち魂と身体の結合の問いも、ある程度まで明らかになってくる。二元論的仮説において心身結合の問題が見通しがたいものになるのは、人は物質を本質的に分割可能なものと考え、魂の状態のほうはどれも拡がりをいっさいもたないものとみなすからだ。両項のあいだの交流を最初から断ってしまうのである。そこで、その二つの要請に立ち入って考察してみると、物質に関しては、具体的で不可分な延長とその下に張られる空間との混同が見出され、そして精神に関しては、延長をもつものともたないもののあいだに諸段階や移行などあるはずがない、という事実誤認が見出される。だが、もしこの二つの要請が両者共通の一つの誤りを含んでいるとしたら、すなわち実際には観念からイマージュへの、そしてイマージュから感覚への段階的な移行が存在しており、その上で魂の状態は現勢性、すなわち行為へと展開するにつれて次第に拡がりに近づいていくものなのだとしたら、そして最後に、拡がりにたどりついたとしても、その拡がりはやはり分かたれないままであって、魂の統一性と何ら対立するものではないのだとしたら、その場合には、精神は純粋知覚の働きにおいて物質に重なり、つまりは結合するが、それでも根本的に物質とは区別される、ということも理解されよう。どこで区別されるのかと言えば、この場合においても、精神は記憶力、すなわち未来を目指しての過去と現在の総合である点においてであり、またこの物質の側の諸瞬間を凝縮して自分が利用できるものにし、身体との結合のそもそもの存在理由であるところの行為によって自分を表そうとする点においてである。だから、本書のはじめで、身体と精神の区別は、空間ではなく時間との関係において立てられるべきだ、とわれわれが述べたのも正しかったわけだ。

通俗的二元論の誤りは、空間の観点に身を置いて、一方には物質とその諸変様を空間の中に据え、他方には拡がりをもたない諸感覚を意識の中に置いてしまうところにある。そのせいで、いかにして精神が身体に作用し、身体が精神に働きかけるのかは理解不可能になる。そして、その上で生じてくる仮説は、〔両者が作用し合っているという〕事実を誤った形で確認するものにすぎず、またそうである以外にない。並行論、あるいは予定調和という発想が、これだ。しかし同時に、記憶力についての心理学を立てることも、物質についての形而上学を立てることも不可能になる。それに対して、われわれが示そうとしたのは、この心理学とこの形而上学は緊密に結びついているということ、そしてまた、主観と客観対象が合致する純粋知覚をまず出発点とした上で両者をそれぞれの持続へと発展させていくような二元論においては、さまざまな困難も緩和されるということである。——物質のほうは、分析を続けていけば、無限に速い諸瞬間の継起にすぎなくなっていき、それらの瞬間は互いから演繹され、それゆえ互いに等価なものになっていくだろう。精神のほうは、すでに知覚においても記憶力であったが、さらにそれは自分が現在への過去の引き延ばしであり、進展であり、正真正銘の展開であることを際立たせていくだろう。

だが、以上によって、身体と精神の関係もこれまでより明らかなものになるのか。空間的区別に代えて、われわれは時間的区別を採ったわけだが、それによって身体と精神の結合はいっそう容易になるのか。〔そう言われるかもしれないが〕ここで注意してほしいのは、空間的区別は程度の段階を含まないという点だ。物質は空間の中にあり、精神は空間の外にあり、そして両者間の移行は不可能なのである。それとは反対に、もし精神の最も低次の役割は事物の持続の継起的瞬間を結びつけることであり、この働きにおいて精神は物質と接触し、またまずそこにおいて物質から区別されるということなら、物質と、十全に発展した精神、単に非決定的なだけでなく理性的かつ反省的な行為をなしうる精神とのあいだに、無数の段階を考えることができる。それらの段階を登っていけば、生の強度も高まっていくわけで、この場合、それぞれの段階は、持続のより高い緊張度に対応すると同時に、外に対しては感覚－運動系のいっそうの発展という形で表されることになる。では、この神経系を見てみよう。その複雑性が増すほどに、生物の活動性に委ねられる余地は大きなものになると見られる。なお、この活動性というのは、反作用を返す前に待つ能力、受けた刺激をより豊かなさまざまの運動機構メカニズムにつなげていく能力のことである。しかし、これは外面にすぎないのであって、神経系のより複雑な組織は、物質に対するいっそうの独立性を生物に確保してくれる当のものに見えるが、実はそれはこの独立性そのもの、ある内的な力を物質的な形で示しているだけなのだ。ここで内的な力というのは、生物が事物の流れのリズムから身を離して、よりいっそう過去を保持しつつ、未来にいっそう深い影響を及ぼせるようにする力、つまりはわれわれがこの語に与える特別な意味での記憶力のことである。かくして、単なる物質と、反省能力を最大限にそなえた精神とのあいだには、記憶力のもちうるすべての強度が、あるいは同じことだが、自由の程度の全段階が、存在するわけである。第一の仮説、つまり精神と身体の区別を空間的に表す仮説においては、身体と精神は、言ってみれば直交する二本の線路のようなものだ。だが、第二の仮説においては、レールはカーブに沿ってつながっており、一方から他方には、それと気づかれないほどなめらかに移っていけるのである。

しかし、それは単なる比喩的イメージではないか。本来の意味での物質と、最も低い段階の自由ないし記憶力とのあいだでも、やはり区別はきっぱりとしたもので、対立は相変わらず還元不可能なままではないのか〔とも言われよう〕。確かにそのとおりであって、区別は存在し続ける。だが、結合は可能になっている。部分的合致という根本的な姿において、結合は純粋知覚において与えられる、ということになるのだから。通俗的二元論の諸困難は、二項が区別されることに由来するのではなく、二項がどのように継ぎ合わされるのかが分からないという点から生じる。しかるに、われわれが示したように、最低段階の精神、つまり記憶力なき精神であるところの純粋知覚は、紛れもなく、われわれが考えるような物質の一部分になっているのである。さらに言えば、記憶力がさらに介入してくる時にも、それは物質が何ら予想していない機能、物質なりにすでに模倣したことなどいっさいないような機能として割り込んでくるわけではない。物質が過去を思い出さないのは、物質は絶えず過去を反復しているからであり、必然性に服しつつ、直前の瞬間と等価でそこから自分も演繹されうるような瞬間の系列を繰り広げているからである。だから、物質の過去は、紛れもなく、その現在のうちに与えられているのだ。だが、程度はどうあれ自由に展開していく存在は、瞬間ごとに何か新しいものを創造している。だから、過去がその存在の中に記憶という状態で貯《たくわ》えられていなかったとしたら、当の存在に関して、その過去をその現在のうちに読み取ろうとしても無駄なのだ。かくして、本書で幾度も出てきたメタファーをもう一度用いるなら、以上と同じ理由からして、過去というものは、物質によっては演じられ、精神によっては思い浮かべられるしかないのである。

訳注

＊1　原書に従うなら、この小見出しが置かれるのはもっとあとの段落冒頭になるが、内容からすれば明らかにここに置くべきだろう。

＊2　フィアト（fiat）——「あれ」（「光あれ」のように）という命令を意味するラテン語。ウィリアム・ジェイムズ（一八四二—一九一〇年）が『心理学原理』（一八九〇年）で意志の働きを論じる際に用語化したものであるが、ベルクソンの理解では、この「フィアト」は、それまでの経緯や文脈を断ち切る、ほとんど瞬間的な作用だとされている。

＊3　エレアのゼノンの議論――いわゆるゼノンのパラドックス。アリストテレスによって四つのものが伝えられている。

＊4　二分法（la Dichotomie）――動体は、目的地点に達するまでに、まずその半分の地点に到着しなければならない。そして、その半分の地点に到着するには、まずさらにその半分の地点に到着しなければならない。以下、無限に同様……という理由で、運動は不可能だとする議論。

＊5　アキレス（l'Achille）――アキレスは亀に追いつけない。亀がいる地点にアキレスが到着したとき、亀はわずかに先に進んでいる。そこにまでアキレスが到着すると、その時には亀はまたごくわずかながら先に進んでいる。以下、無限に同様……という議論。

＊6　矢（la Flèche）――今において動体（矢）は自分自身と等しい。ゆえに、矢は静止している、という議論。

＊7　競技場（le Stade）――解釈については議論があり、ベルクソンが特にこのあとの注で論じているのも、そのため。動体Aがあり、不動点があり、Aとは同速度で反対向きに動きながら、すれ違う動体Bがある。AとBが不動点の前ですれ違う場合、Aが不動点に対して1動いたとすると、それと同じ時間内にBに対しては2動いたと言える。ここから「ある持続は自分自身の二倍である」という背理が生じる、という議論であるが、問題は、そもそもなぜそこに背理が生じるのか、という点であった。物体間で相対速度に差がある以上、相対移動距離が例えば二倍になっても当たり前だと思われるからである。この問題を踏まえて、ベルクソンは続く注で、ゼノンは本当に文字どおり時間を空間と同一視していたから、同時に二つの異なる長さがあったということは、すなわち二つの異なる持続が同じ時間を占めたのだと考えるしかなかった、それでつまり「1＝2」という背理がそこに生じると判定しないわけにはいかなかった、という解釈を示しているわけである。

＊8　ウィリアム・ジェイムズが、シャルル・ルヌーヴィエ（Charles Renouvier）（一八一五―一九〇三

年）の雑誌『哲学的批判（*Critique philosophique*）』に発表した論文「努力の感覚（Le sentiment de l'effort）」（一八八〇年）を指している。

要約と結論

Ｉ――われわれが事実から引き出し、かつ推論によって確認した見解とは、われわれの身体は行為の道具であり、そして行為だけの道具だ、というものである。いかなる程度においても、いかなる意味においても、いかなる面からしても、身体は表象をいっさい準備しないし、いわんや表象を説明したりはしない。外的知覚についてはどうか。脳のいわゆる知覚能力と脊髄の反射機能のあいだにあるのは程度の差異だけであり、そこに本性の差異はない。受け取った振動を、脊髄は、多少の差はあれ必然的に行われる運動に変換するが、それに対して脳は、多少の差はあれ自由に選択される運動機構につなげていく。しかし、われわれの知覚のうち、脳によって説明されるのは、開始された行為、準備された行為、あるいは示唆された行為であって、知覚そのものではない。記憶についてはどうか。身体は、過去を改めて演じることのできる運動的習慣を保存する。また、身体は、過去がそこにはまり込めるような態度を再びとることができる。あるいはさらに過去の知覚をかつて引き延ばした一定の脳内現象を今また反復することで、身体は現勢的なものへの係留点を記憶に用意し、失われた影響力を目下の現実に対して取り戻す手段を与えるだろう。しかし、いずれの場合にせよ、脳は記憶やイマージュを蓄えてはいない。かくして、知覚においても、記憶力においても、そして精神のさらに高度な働きにおいてはなおのこと、身体が表象に直接寄与するところはない。この仮説をさまざまな側面から展開しつつ、二元論を極端にまで推し進めることによって、われわれは身体と精神のあいだに乗り越えがたい溝を掘ってしまったように見えた。だが実際には、両者を接近させ、結合させる唯一可能な手段を指示していたのである。

II――実際、この問題は、通俗的二元論においても、唯物論においても、観念論においても多くの困難を引き起こすのだが、それらの困難はすべて、知覚と記憶力の諸現象に関して、身体的なものと精神的なものを互いの複製と考えてしまうことから生じる。まず、意識を随伴現象とみなす唯物論の観点に立ってみよう。なぜ一定の脳内の現象は意識を伴うのか、最初に措定された物質的宇宙を意識として反復して、それが何の役に立つのか、そもそもそんな反復がどうして生じるのか、私にはまったく理解できない。そこで観念論に移ってみよう。私が前提とするのは今度は知覚だけであり、私の身体もそうした知覚の一つだということになる。だが、観察が示すことからすると、知覚されるイマージュは、私が私の身体と呼んでいるイマージュのごくわずかな変化のせいで、根本からひっくり返される（何しろ、目を閉じるだけで私の視覚的宇宙は消滅するのだから）のに対して、科学が確信させてくれることからすると、すべての現象は一定の秩序に従って継起し、条件づけ合っていて、そこでは結果は原因と厳密に釣り合っている。だから、私はどうしても、私が私の身体と呼び私にどこまでもついてくるこのイマージュの中に、私の身体の周囲で次々に生じるイマージュの等価物、ただし今度はきちんと法則に従い、お互いのあいだで厳密に釣り合った形での等価物を求めざるをえなくなる。かくして、私はまたもや脳内の運動に着目するようになり、今度もまた脳内運動が私の知覚の複製だということになっていくのだ。確かに、そうした脳内の運動自体も、知覚、つまり「可能的」知覚ではあるわけで、この第二の〔観念論の〕仮説は、先の仮説よりはまだ理解可能なものである。しかしその代わりに、こちらの仮説が想定せざるをえなくなるのは、事物についての現実の知覚と、それらの事物にいっさい似たところのない一定の脳内運動の可能的知覚とのあいだの、どうにも説明不可能な対応である。よく注意してもらうなら、あらゆる観念論の暗礁はここにあることが見て取れよう。すなわち、この暗礁は、知覚においてわれわれに現れている秩序から、科学においてわれわれに成功を与えている秩序への移行のうちに、あるいは特にカントの観念論に関して言えば、感性から悟性への移行のうちにあるのだ。——こうなると、残るのは通俗的二元論である。一方に物質を、他方に精神を置き、脳内の運動が諸対象の表象の原因である、あるいは機会であると想定するわけだ。しかし、仮に脳内の運動が表象の原因であり、それだけで表象を生み出せるのだとすると、私は次第に、随伴現象としての意識という唯物論的仮説にまたもや落ち込んでいくことになるだろう。あるいは、脳内の運動が表象の単なる機会にすぎないのだとすると、運動には表象と何ら類似したところがないことになる。そうなると、物質からは性質をすべて剝ぎとり、そうした諸性質はもともと私の側が自分の表象の中で物質に与えていたのだ、という話になるわけで、私はまたもや観念論に舞い戻っていくだろう。観念論と唯物論は、このように二つの極であり、この種の〔通俗的な〕二元論は常にそのあいだで揺れ動いているわけである。そしてこの二元論は、実体の二元性を維持するために両者を同列に置くことに決めた場合にも、両者は同じ一つの原文の二つの翻訳であるとか、同じ一つの原理の二つの展開、平行するようにあらかじめ調整された発展態であるといった考えに導かれ、そこからして両者の相互的影響を否定し、その避けがたい帰結として、自由を犠牲にするに至るのである。

ところで、以上三つの仮説を掘り下げてみると、それらには一つの共通する基盤があることが分かる。いずれも、精神の基本的な働き、すなわち知覚と記憶力を、純粋認識上の働きだとみなしているのだ。それらが意識の起源に置くのは、外的実在の無用の複製であったり、まったく利害を離れた知性的構築のための惰性的素材であったりするが、どの仮説でも常に見落とされているのは、知覚と行為の関係、記憶と行動の関係である。ところで、確かに理念的極限としてなら、利害を離れた記憶力と知覚を考えることも可能だろうが、実際のところは、知覚と記憶力が向けられる先は行為であり、身体が準備するのもこの行為である。知覚について言えば、神経系の複雑性が増大すると、受けた振動が関係づけられる運動装置はますます多様なものになり、そこから同時に素描される可能的行為の数も多くなる。また、記憶力に関して言えば、その第一の機能は、現在の知覚に似た過去の知覚すべてを喚起すること、かつてこのような知覚の前には何が起こり、そのあとには何が起こったかを想起させること、そしてそうすることで最も有用な決心をわれわれに示唆することである。だが、それだけではない。記憶力は、持続の多数の瞬間をただ一つの直観の中で把握させることによって、われわれを事物の流動、すなわち必然性のリズムから引き離してくれる。記憶力がそれらの瞬間をただ一つの瞬間に凝縮できるようになるのに比例して、記憶力が与えてくれる物質への影響力も、いっそう堅固なものになる。したがって、ある生物の記憶力が第一に示しているのは、事物に対してその生物がもつ行為能力の度合いなのである。記憶力は、この行為能力の、知性における反響にすぎないのだ。だから、この行為する力を真の原理として、そこから出発しよう。身体とは行為の中心〔＝行為の中枢〕であり、そしてただ行為の中心でしかないと仮定し、知覚や記憶力に関して、また身体と精神の関係について、そこからいかなる帰結が生じてくるのかを見ることにしよう。

Ⅲ――まず、知覚について。ここに私の身体と、合わせて、そのいわゆる「知覚中枢」があるとする。それらの中枢が振動させられると、私は事物の表象をもつ。だが他方、そうした振動は私の知覚を生み出せはしないし、知覚を翻訳することもできないというのが私の仮定だった。したがって、表象は振動の外にある。では、どこにあるのか。ためらいようはない。私の身体を措定することで私はある一つのイマージュを措定したが、それによって他のイマージュの全体をも措定したのである。なぜなら、物質的対象で、自分の諸性質、諸規定、さらには存在そのものを、宇宙全体の中で自分の占める場所から得ていないものはないからだ。だとすれば、私の知覚は、そうした物質的諸対象の何ものかである以外にない。知覚が諸対象の中にあるのであって、諸対象のほうが知覚の中にあるのではない。しかし、正確に言って、知覚は諸対象の何であるのか。私の知覚は、いわゆる感覚性の神経振動の細部をことごとく追っているのが目にされるが、他方で、それらの振動の役割は周囲の物体に対する私の身体からの反作用を準備し、私の潜在的な行為を素描することに尽きるということも、私には分かっている。したがって、知覚するということは、対象の総体から、それらに対する私の身体の可能的行為を浮かび上がらせるということなのだ。となれば、知覚とは選別でしかない。それは何も創造しない。逆に、知覚の役割とは、イマージュの総体から、私が影響を与えられないイマージュをすべて切り捨てた上で、さらに残ったイマージュのそれぞれについても、私が私の身体と呼ぶところのイマージュの欲求の関心を引かないものは排除するところにある。以上が、われわれが純粋知覚と呼んだものの非常に単純化された説明、その図式的な記述の最低限のところである。ここから、われわれが実在論と観念論のあいだでどういう位置をとることになるのかを、直ちに示しておこう。

いっさいの実在は意識に対して一定の類縁性、ある類比、結局は何らかの関係をもつ、という点については、まさに事物を「イマージュ」と呼ぶことからして、われわれは観念論に譲歩したのだった。またそもそも、いかなる哲学学説も、自分自身の言っていることを誤解しているのでもないかぎり、この結論を避けることはできない。しかし、仮にすべての意識的存在が有する意識状態を、過去のものも現在のものも可能なものも、すべてかき集めたとしても、われわれに言わせれば、物質的実在のごくわずかな部分を汲み上げたことにしかならない。イマージュは知覚をあらゆる点で超え出ているからである。科学も形而上学も、まさにそうしたイマージュそのものを構成し直したいと考えているわけで、それで両者は、われわれの知覚がいくつかの環しか与えていない鎖を、残りなく復元しようとするわけである。だが、そのように知覚と実在のあいだに部分と全体の関係を立てるためには、知覚にその本当の役割、行為を準備するという役割を委ねたままにしておかなければならない。観念論がしないのは、これである。ついさっき述べたように、観念論は、われわれの知覚に現れている秩序から、科学で成功を収めている秩序への移行、すなわち、われわれの諸感覚が次々に生じる際の偶然性から自然現象を結びつけている決定論への移行において失敗する。なぜか。それはまさに、観念論が、知覚において意識に思弁的役割を割り当ててしまうからである。そのために、例えば二つの感覚があるとして、そのあいだにある諸項を把握すれば、第一の感覚から第二の感覚が演繹できるのに、どういう利害関心があって意識はわざわざそれらを逃さねばならないのかは、いっさい理解できなくなる。そうして曖昧なものになるのは、こうした中間項ならびに、それらのあいだの厳密な秩序である。それら中間項をミルが言う「可能的感覚」にしたところで、あるいはその秩序をカントがしたように非人称的な悟性が築く土台にそなわったものとしたところで、事態は変わらない。しかし、私の意識的知覚は本来まったく実践的な役割をもつものであって、知覚は単に、事物の総体の中で、それらに対する私の可能的行為に関わるものを描いているだけだと考えてみよう。そうすれば、それ以外のものはすべて私を逃れること、しかしそれらも私が知覚するものと同じ本性をもつものであることも理解できる。そうなれば、物質についての私の認識は、イギリス観念論の考えとは異なってもはや主観的なものではないし、またカント的観念論が考えたように相対的なものでもない。主観的でないというのは、知覚は私の中ではなく、事物の中にあるからだ。相対的でないというのは、「現象」と「もの」のあいだにあるのは見かけと実在の関係ではなく、単に部分と全体の関係であるからだ。

こうなると、われわれは実在論に戻ったかに見える。だが実在論も、本質的な一点について訂正しなければ受け入れがたいのは観念論についてと同じであり、その理由もまた同じものである。先に述べたように、観念論は、知覚において現れる秩序から、科学において成功している秩序、つまり実在に移ることができない。これとは逆に、実在論は、実在から、われわれが実在についてもつ直接的認識を引き出すことができないのだ。実際、通俗的実在論の立場をとってみるなら、人が手にするのは、一方では多としての物質、すなわち空間に散らばる多かれ少なかれ相互に独立した部分から成る物質である。そしてもう一方に精神があるわけだが、これは物質との接触点をいっさいもちえないものであり、それをもとうとすれば、唯物論者が望むように、精神は物質の不可解な随伴現象になるほかない。あるいは特にカント的な実在論を考えてみても、もの自体、つまり実在と、われわれが認識を構成する素材となる感性的多様とのあいだには、いかなる関係も考えられないし、共通の尺度もいっさい見つからない。さて、ここで以上二つの極端な形での実在論を掘り下げて検討してみれば、両者は同じ一つの点に向けて収斂していくことが分かる。すなわち、いずれも等質的空間を立てて、知性と事物のあいだの障壁にしてしまっているのである。素朴実在論は、等質的空間を、事物がその中に浮かんでいるところの実在する場とみなす。カント的実在論は、空間を、多様な諸感覚がそこで秩序立てて並ぶところの理念的な場とみなす。だが、そのどちらにとっても、まず最初に当の場が与えられるのであり、これが、そのあとでそこに位置づけられるものの必然的条件だとされているのである。両者に共通するこの仮説そのものをさらに追求してみると、この仮説は等質的空間というものに対して、それが物質的実在を支えるという役割を担うにせよ、秩序立てて相並ぶ手段を諸感覚に与えるというこれまたひたすら思弁的な役割をもつにせよ、とにかく利害を離れた役割を割り当てるものだということが分かる。したがって、観念論の曖昧さと同様、実在論の曖昧さも、われわれの意識的知覚ならびにこの知覚の諸条件を、行為ではなく純粋認識のためのものと見ることから生じているのだ。——だが、ここで次のように仮定してみよう。この等質的空間というものは、物質的事物に対しても、またそれについてわれわれがもつことのできる認識に対しても、論理的に先行するのではなく、むしろ後続する。等質的空間は、われわれの行為に関わり、かつ行為にしか関わらない。それは、われわれが支配する主人となって自分の活動と欲求の向きに合わせて分解できるように物質の連続の下にわれわれのほうで張りめぐらす、限りなく目の細かい網だ。こんなふうに仮定すれば、そこから得られる利益として、われわれは科学に合流できることになる。いずれの事物もその影響力を他のあらゆる事物に及ぼしており、したがって、ある意味では延長の全体を占めている（この事物について、われわれはその中心しか捉えないし、自分の身体が影響をもたなくなるところで、その事物の限界を区切るのではあるが）というのが、科学が示していることだからだ。だがそれだけではない。以上の仮定は、形而上学においても、空間の分割可能性が引き起こすさまざまな矛盾を解決ないし緩和してくれる。先に示したように、そうした矛盾が生じてしまう原因は、いつも行為の観点と認識の観点の二つを分けないことにあるのだから。だがそれでもまだ利益のすべてではない。ここでとりわけ重要なのは、以上の仮定によって、延長した事物とそれについてわれわれがもつ知覚のあいだに実在論が立ててしまった乗り越えがたい障壁を崩すことができる、という点である。実際、これまでは一方に分割された多なる外的実在が立てられ、もう一方には延長とは無縁で、延長と接触しようもない諸感覚が立てられていたのだが、われわれが現に目にしているところでは、具体的延長は実際に分割されているわけではないし、直接的知覚も本当に拡がりをもっていないわけではない。われわれは、実在論から出発しながら、観念論が先にわれわれを導いたのと同じ点に戻る。知覚を事物の中に置くことになるのである。このように、実在論と観念論は、両者が自明のものとして受け入れ、両者に共通の限界となっていた要請を退けていくにつれて、ほとんど一致することになるのだ。

以上を要約すると、こうなる。延長する連続を仮定し、さらにこの連続そのものの中に、われわれの身体が示すような行為の中心を仮定すれば、この活動性は、物質の中でそのつど影響を与えうるすべての部分を自分の光で照らすように見えるだろう。われわれの身体を物質中に切り出したのと同じ欲求、同じ行為能力は、さらにわれわれを取り巻く場においても、はっきり区別された諸物体を限定していく。言ってみれば、われわれは外的事物からの現実的作用についてはフィルターを抜けさせて、その潜在的作用だけを引きとめ保持するといった具合なのだ。そして、事物からわれわれの身体のほうへの、またわれわれの身体から事物のほうへのこの潜在的作用こそ、まさにわれわれの知覚なのである。しかし、われわれの身体が周囲の物体から受ける振動は、この身体の実質の中で、生まれかけのさまざまな反作用を絶えず決定しており、かくして脳実質の内的運動は事物に対するわれわれの側の可能的行為の概略を常に与えているわけで、だから脳の状態は知覚に厳密に対応することになる。脳の状態は、知覚の原因でも結果でもなく、またいかなる意味においても複製ではない。脳の状態は、単に知覚を継続しているにすぎない。知覚とはまだ潜在的な行為であり、脳の状態はもう実際に開始された行為なのである。

Ⅳ　――しかし、以上の「純粋知覚」の理論は、二つの点に関して、緩和されると同時に補足されなければならなかった。実際、実在からそのまま取り出された断片であるような、この純粋知覚をもてるのは、自分以外の物体の知覚に自己の身体の知覚、つまり情感をいっさい混ぜることがなく、目下の瞬間の直観にそれ以外の瞬間の直観、つまり記憶を混ぜ込むことがないような存在だけだろう。言い換えればわれわれは、研究の便宜のために、生物体を空間における数学的な一点のように、そして意識的知覚を時間における数学的一瞬間のように、ひとまずは扱ったのだった。そのため、身体にはその延長を、知覚にはその持続を改めて回復させることが必要になった。かくして、意識に二つの主観的要素、すなわち情感性と記憶力を再び組み入れることになったわけである。

情感とは何か。すでに述べたように、われわれの知覚は、他の物体に対するわれわれの身体の側の可能的行為を描いている。だが、われわれの身体は延長を有するものなので、自分以外の物体だけでなく、自分自身に対しても作用することができる。とすれば、われわれの知覚には、われわれ自身の身体の何ものかが入り込んでいるわけである。しかしながら、周囲の物体に関するかぎり、それらは、そもそもの仮定からして、われわれ自身の身体からは何らか一定の空間で分かたれており、またこの空間は、それらが与える期待や脅威の時間的隔たりを示す尺度になっている。それゆえ、周囲の物体の知覚が描くのは、可能的作用でしかない。しかし、それらの物体とわれわれの身体のあいだの距離が減少するにつれて、可能的作用は現実的作用に変じていこうとする。距離が小さくなれば、それだけ作用は切迫したものになっていくからだ。そして、この距離がゼロになったとき、ということはつまり、知覚すべき対象がわれわれ自身の身体になったとき、知覚が描くのは現実的作用であって、もはや可能的作用ではない。痛みの本性は、まさにここにある。痛みとは、損傷を受けた身体部位が事態を修復しようとして行う現勢的努力、一部位だけの孤立した努力であり、もはや身体全体の事柄にしか対応できなくなっている有機体においては失敗に終わるしかない努力なのだ。かくして、痛みは、対象が知覚される場所に存在するのと同様、それが生じる場所に存在している。感受される情感と知覚されるイマージュのあいだには、情感がわれわれの身体内部にあるのに対して、イマージュのほうは身体の外にある、という差異がある。またそれゆえに、われわれの身体の表面、すなわちこの身体と他の物体との共通の境界は、われわれには同時に感覚ならびに知覚という姿で与えられるのである。

情感的感覚のこうした内部性こそは、その主観性をなすものであり、イマージュ一般のこうした外部性こそは、それらの客観性をなすものである。だがわれわれは、ここでもまた、本書全体でずっと追跡してきた際限なく甦ってくる誤りを発見することになる。人は、感覚や知覚はただそれ自体のために存在していると考え、それらにまったく思弁的な役割を割り当てようとするのだ。それらは現実的行為ならびに潜在的行為と一体であり、また現実的行為か潜在的行為かで感覚か知覚かに区別されるのに、この点を見落としたために、両者のあいだには程度の差異しか見出すことができなくなってしまうのである。その上で、人は情感的感覚が（それが含む努力が混乱したものであるせいで）漠然としか位置づけられないのを都合よく理由にして、それは拡がりをもたない、とすぐさま宣言する。そして、このような弱められた情感、すなわち拡がりをもたない感覚を、空間の中にあるイマージュを構成するための材料にしてしまう。かくして、人は絶対者として措定した意識要素、すなわち諸感覚がどこから来るのかも、拡がりをもっていないのにいかにして諸感覚が空間と再会してそこに立ち並ぶようになるのかも、また、なぜそれらが空間の中でとる秩序が別のものではなくまさにこれであるのかも、そして最後に言えば、いったいどんな手段のおかげで諸感覚がその空間内で万人に共有される一つの安定した経験を首尾よく構成するに至るのかも、すべてまったく説明できない羽目に自ら陥るのだ。出発点とすべきは、これとは反対に、われわれの活動性の必須の舞台であるそうした経験のほうである。だから、最初に用意すべきは、純粋知覚、つまりイマージュなのだ。そして諸感覚のほうは、イマージュを組み立てる材料などではなく、むしろ逆に、イマージュに混入した不純物として理解されることになるだろう。われわれが自分の身体から、それ以外のすべての物体に投げ込んでいるものだからである。

V　——だが、感覚や純粋知覚にとどまっているかぎり、精神を相手にしているとはほとんど言えまい。確かにわれわれは、意識は随伴現象だとする理論に反対して、脳のいかなる状態も知覚の等価物ではないことを示した。また、確かにイマージュ一般からの知覚の選別は、すでに精神を予告する一つの分別作用の結果ではある。そして最後に言えば、物質的宇宙そのものも、イマージュの全体として定義されるなら、一種の意識ではある。すなわち、そこではすべてが相殺し打ち消し合っている意識、存在しうる部分すべてが常に作用に等しい反作用によって互いに均衡を保ちながら、いずれも突出しないように妨害し合っている意識だと言えなくもないのだ。しかし、精神の実在性に直に触れようというのなら、個体的意識が過去を引き延ばしまた保存していきながら現在を豊かなものにし、それによって必然性の法則そのものから逃れていく地点に身を置かねばならない。必然性の法則に従うなら、過去は単に自分を別の形で繰り返すだけの現在へと絶えず自分を受け継がせるだけで、いっさいは常に流れ去るばかりだからである。純粋知覚から記憶力に移ることで、われわれは物質とはきっぱり別れ、精神に向かうことになる。

VI　――記憶力の理論は本書の中心をなすものだが、それはわれわれの純粋知覚理論の理論的な帰結であると同時に、その経験的な検証にもなるべきものであった。知覚に伴っている脳の諸状態は、知覚の原因でも複製でもないこと、知覚とその生理学的随伴事象のあいだに取り結ばれる関係とは、まだ潜在的な行為とすでに開始している行為の関係であること、これらを事実から立証することは不可能であった。われわれの仮説においても、あたかも知覚が脳の状態から帰結するかのようには見えるはずだからだ。実際、純粋知覚においては、知覚対象は現に存在している対象であり、われわれの身体に変様を与えている物体である。だから、この対象のイマージュは現に与えられているのであり、そうであるからには、われわれがいくら事実を論拠にしたところで、脳の変様はわれわれの身体の生まれつつある反作用を素描しているだけだとも、あるいは現にあるイマージュの意識的複製を生み出しているのだとも、どちらも言えてしまう（もちろん、どれほど納得できるかには、両者で大きな差があるけれども）。だが、記憶力については、事情はまったく異なる。記憶とは、もはや現に存在していない対象の表象だからである。この場合には、以上二つの仮説が与える帰結は正反対のものになる。もし現にある対象に関して、われわれの身体の状態だけで対象の表象を生み出すにはすでに十分であるのなら、なおさら、その対象がもう存在しなくなった場合でも、身体の状態だけでその表象を生み出せることだろう。だから、こちらの理論だと、記憶とは、かつて最初の知覚を引き起こした脳内現象の減弱した反復から生まれるものであり、つまりは弱まった知覚にすぎない、ということにならざるをえまい。ここから次の二つのテーゼが導かれる。記憶力は脳の一機能にすぎない。知覚と記憶のあいだには、強度の差異しか存在しない。——反対に、もし脳の状態は現にある対象の知覚を生むものでは決してなく、単にそれを継続していくだけのものだとすれば、脳の状態は、われわれが知覚に関して呼び起こす記憶を現在へと引き延ばしていくことも、最後には現在に至らしめることもできはしようが、記憶そのものを生まれさせることはできまい。しかも他方、現にある対象の知覚とは当の対象自体の何ものかであったわけだから、もはや存在しない対象の表象のほうは、知覚とはまったく別種の現象であることになるだろう。現前と不在のあいだには、どんな段階もどんな中間もありはしないからだ。ここから導かれてくるのは、先のものとは反対の、次のような二つのテーゼである。記憶力は脳の一機能とは別のものである。知覚と記憶のあいだにあるのは、程度の差異ではなく、本性の差異である。——こうなれば、二つの理論の対立は鋭い形をとることになり、そして今度は経験によって両者の決着をつけることができるようになる。

ここで、われわれが試みた検証作業の細部に立ち戻ることはしない。その本質的な点を思い起こすだけにする。記憶はおそらく脳実質内に蓄積されているという説のために持ち出される事実上の論拠は、いずれも記憶力の局所的疾患から引き出されるものだ。だが、もし記憶が本当に脳の中に貯められているのだとしたら、明確な忘却には脳の特定の部位の損傷が対応しているはずである。しかるに、例えば過去の生の一時期すべてが記憶力から突然根こそぎ奪われるような健忘においては、はっきりここだと限定できる脳の損傷は観察されない。また、それとは反対に、記憶力の障害の中でも脳における位置づけが明確かつ確実な場合、すなわち多様な失語症、そして視覚的あるいは聴覚的再認の疾患においては、あれこれの特定の記憶がいわば自分がいた場所から引き抜かれるといったことは見られない。程度に差はあれ、想起能力はその活力において減じられており、言ってみれば患者は、自分の記憶を現在の状況に接触させていくところでさまざまな困難を覚えているのだ。したがって、研究すべきはこの接触のメカニズムである。そこからして、脳の役割はこのメカニズムの機能を確かなものにすることであって記憶そのものを脳自身の細胞に閉じ込めることではない、というわれわれの主張の真偽も見えてくるはずである。かくしてわれわれは、過去と現在が触れ合うに至る前進的運動、つまり再認を、その展開全体にわたってたどるよう導かれた。そして、われわれが実際に見出したのは、現在の対象の再認は二つのまったく異なる仕方でなされうるにせよ、そのいずれにおいても脳はイマージュを貯めるタンクのようには機能していないということだった。実際、再認がまったく受動的で、思考されないままむしろ演じられているような場合、身体は再び現れた知覚に対して、すでに自動的になった行動を対応させている。この場合、習慣によって身体の中に組み上げられた運動装置ですべては説明できるのであって、記憶力のさまざまな損傷も、そうした機構の破壊から生じると考えられる。これとは反対に、再認が能動的に、現在の知覚の前に乗り出していく記憶イマージュによってなされる場合もある。だがこの場合には、記憶は、知覚に重なっていこうとする際、当の記憶が働けるように知覚のほうが通常脳の中で起動しているのと同じ装置を、記憶自身のほうからも作動させられる手段を見出さなければならない。さもないと、はじめから無力なものだと定められている以上、記憶は自分を現勢化する傾向をいっさいもてないことになる。脳の損傷が特定のカテゴリーの記憶だけを冒す症例のどれを見ても、冒されたそれらの記憶が互いに類似するのが、例えば同じ時期に属するとか、相互に論理的な類縁性がある、といった点においてではなく、ただ単に、それらがどれも聴覚的である、どれも視覚的である、あるいはいずれも運動的である、といった点においてであるのは、以上の理由による。したがって、損傷を受けたと見られるのは、感覚や運動に関わるあれこれの脳部位、あるいは、より多くの場合には、それらを当の脳皮質内部で作動させてくれる付属器官のほうであって、記憶そのものではないのである。われわれはさらに進んで、言葉の再認ならびに感覚性失語症の諸現象についての注意深い研究を通じて、再認は決して脳の中に眠る記憶が機械的に目覚めさせられて生じるのではないことの立証に努めた。再認が含んでいるのは、逆にさまざまな高さでの意識の緊張である。この意識が純粋記憶力の内に純粋記憶を探しに行き、それを次第に物質化しつつ、現在の知覚に接触するところにまで導くのである。

しかし、この純粋記憶力とは何であり、この純粋記憶とは何だろうか。この問いに答える中で、われわれは自説の証明をさらに補った。記憶力は脳の一機能とは別のものだという第一の点については、立証が済んだところである。「純粋記憶」の分析によってさらに示すべきは、記憶と知覚のあいだにあるのは単なる程度の差ではなく、本性上の根本的差異である、という点だった。

Ⅶ　――この最後の問題が有している、もはや単に心理学的ではなく形而上学的な射程を、直ちに指摘しておく。記憶は弱まった知覚だ、というのは確かに単なる心理学上のテーゼである。だが、間違ってはならない。記憶はいっそう弱い知覚にすぎないのであれば、逆に知覚は、より強い記憶のような何かであることになるだろう。ところで、イギリス観念論の萌芽は、まさにここにある。この観念論の本質は、知覚対象の実在性と思考対象の観念性のあいだに、本性の差異ではなく程度の差異しか見ない、というところにある。われわれは自分の内的状態でもって物質を構成するのだという発想も、知覚とは真なる幻覚であるという発想も、由来は同じくここにある。まさにそのような発想こそ、物質を論じながら、われわれが攻撃し続けたものであった。したがって、〔形而上学に属する〕われわれの物質の捉え方が誤っているのでなければ、〔心理学上でも〕記憶は根本的に知覚から区別されることになるのである。

こうして、われわれは形而上学的問題を、純然たる観察によって決着をつけうる心理学上の問題に一致させられるところにまでもってきた。では、観察はどのように決着をつけるのだろうか。仮に、ある知覚の記憶が当の知覚の弱まったものであるなら、例えば、かすかな音の知覚を強い物音の記憶と取り違える、ということも起きうるだろう。しかるに、そのような混同は決して生じない〔ゆえに、といった具合である〕。だが、もっと先に進んで、次の点を、やはり観察によって証明することもできる。ある記憶の意識とはまず最初により弱い目下の一状態であり、これが弱いことに気づくとわれわれは当の状態を過去に投げ返そうとするようになる、といったことは決して見られないのだ。そもそも、以前に経験した過去の表象をわれわれがすでにもっていなければ、いくら弱いものだといっても、心的状態を過去に追いやることなど、どうして可能だろう。より強い状態の横に並べて、より明晰な現在の経験の傍《かたわ》らにより混乱した現在の経験がある、ということにしたほうが、ずっと簡単なはずではないか。本当のところを言うなら、記憶力とは現在から過去への背進などでは決してない。反対に、それは過去から現在への前進なのである。まさしく過去に、われわれは一挙に身を置く。われわれの出発点は「潜在的状態」であり、これをわれわれは少しずつ導いて、一連の多様な意識の諸平面を経つつ、それが目下の現勢的な知覚の内に物質化していく終端に、すなわちそれが現在の作用する一状態となる点に、最後に言えば、われわれの意識の平面のうちでわれわれの身体が描かれている末端の平面に、至らせるのである。この潜在的状態というのが、純粋記憶なのだ。

どうして、ここで意識の証言が見誤られてしまうのか。どうして記憶はより弱い知覚にされてしまい、しかもそれに関しては、それをわれわれが過去に投げ返すのはなぜかも言えず、それに改めて日付を見出せるのはいかにしてかも言えず、それがほかでもないまさにある瞬間に再出現するのはいかなる権利によるのかも言えない、といったことになるのか。それはいつも、われわれの目下の現勢的な心的状態が本来実践的な役割を有しているのを忘れていることによる。知覚は利害を離れた精神の働き、ただひたすらに観照である、ということにされてしまうのである。そうなれば、純粋記憶というのは明らかにその種の何ものかでしかない（現在《プレザント》目の前の差し迫《プレッサント》った現実に応じるものではないから）というわけで、記憶と知覚は本性においては変わらない状態とされ、両者のあいだには、もはや強度の差異しか見出せなくなる。しかし実際には、われわれの現在は、より強いものと定義されてはならない。それは、われわれに働きかけるもの、われわれに行為を促すものである。それは感覚的であり、また運動的である。──つまり、われわれの現在とは、何よりもまず自分の身体の状態のことなのだ。反対に、われわれの過去とは、もはや働いていないが働くこともできるもの、現在の感覚にはまり込んでその活力を借りれば働けるものである。もちろん、そのように働きつつ自分を現勢化した場合には、記憶はもはや記憶であることをやめ、再び知覚になるのではあるが。

そうなると、記憶が脳の状態から生じえないのはなぜかも理解できる。脳の状態は、記憶を継続している。すなわち、記憶に物質性を与え、それによって記憶が現在に影響を与えられるようにしている、ということだ。しかし、純粋記憶自身のほうは、精神の一つの現れである。記憶力を論じることで、われわれは紛れもなく精神の領地に分け入っているのである。

Ⅷ　──この土地をつぶさに探索する必要はなかった。われわれは精神と物質の合流点に身を置いて、何よりもまず両者が互いのうちに流れ込んでいくさまを見ようと考えていたので、知性の自発性に関しては、それが身体機構と合流する点だけに注目すれば、それで足りたのである。そしてそうする中で、われわれは観念連合の現象、ならびに最も単純な一般観念の発生に立ち会うことができたのであった。

　連合主義のいちばんの誤りとは何か。それは、あらゆる記憶を同一平面上に置いてしまい、それぞれを現在の身体の状態、すなわち行為から隔てる距離には実際には大小の差があるのを見落としたことである。そのせいで、連合主義は、記憶が自分を呼び起こす知覚に結びつくのはいかにしてかを説明できないし、また連合がとりわけ類似と近接によって生じるのはなぜかも、また最後に言えば、目下の知覚に類似や近接で同じように結びつきうる記憶は無数にあるはずなのに、どんな気まぐれでこの特定の記憶が選ばれるのかについても、説明することができない。つまり、連合主義は、複数の異なる意識の諸平面をことごとくまぜ返して一緒くたにし、細部を欠いた記憶とはただ単にまだ構成要素が少ない記憶のことだ、といつまでも考え続けるのだ。しかし、実際には、それは夢見られる程度が少ない記憶、すなわち、行為により近く、またまさにそれゆえにいっそう月並みな記憶、現在の状況の新しさに対してもよりうまく形を合わせていける——ちょうど既製服のように——記憶なのである。なお付言すれば、連合主義の批判者たちも、以上の点に関しては、連合主義のあとを追っているにすぎない。彼らは、連合主義が精神の高度な働きを連合で説明することを非難はしても、連合それ自体の真の本性を見誤っているという批判はしない。しかし、その点にこそ、連合主義の根本的欠陥はあるのだ。

　以上とは反対に、われわれとしては、行為の平面——われわれの身体がその過去を運動的習慣に凝縮している平面——と、純粋記憶力の平面、つまりわれわれの精神がわれわれの流れ去った生の情景をあらゆる細部まで保存している平面とのあいだには、無数の異なる意識の諸平面があることを見届けたつもりである。それらは、われわれのこれまでの経験の全体の余すところなき、しかし各々異なる姿における反復態である。ある記憶をあれこれのより個人的な細部で補完するというのは、決して当の記憶に別の記憶を機械的に付け足していくことではない。それは、より広い意識の平面に身を移すこと、行為から遠ざかって夢の方向に向かうことなのである。ある記憶を位置づけるというのも、当の記憶を他の記憶のあいだに機械的にはめ込んでいくことではない。それは、全体としての記憶力が自分を拡張させていきながら、過去の当の細部がそこに姿を見せられるほど大きな円を描くことなのである。なお言っておけば、それらの平面は、すっかりできあがった物のように、互いに重なった形で与えられているわけではない。それらはむしろ潜在的な仕方、精神的なものに固有のあり方で、存在している。知性は、諸平面を相互に隔てる間隔に沿って絶えず動くことで、当の諸平面をそのつど発見する、というより改めて創造しているのである。知性の生とは、まさにこの運動のことだ。このように考えるなら、われわれには、なぜ連合の法則は類似と近接であってそれ以外のものではないのかも、なぜ記憶力は類似していたり近接していたりする数多くの記憶の中でも特定のイマージュを選んで他のイマージュは選ばないのかも、そして最後に言えば、いかにして身体と精神の共同作業から最初の一般観念が形成されるのかも、すべて理解できるようになる。ある生物の関心は、現在の状況の中に以前の状況と類似するところを把握し、その上でそこに、以前の場合にはその前に生じていたこと、またとりわけそのあとに続いて起こったことを結びつけて、自分の過去から利益を得られるようにするところにある。したがって、考えうるすべての連合の中で、何よりも類似と近接による連合こそが、生きていく上で有用な唯一の連合なのである。だが、それらの連合のメカニズム、とりわけ、さまざまな記憶のあいだでこれらの連合が行う一見気まぐれな選択を理解するには、行為の平面と夢の平面とわれわれが呼んだ両端となる二平面のそれぞれに、かわるがわる身を置いてみなければならない。第一の行為の平面で目にされるのは運動的習慣だけであり、それらは表象されるのではなく、むしろ演じられ生きられた連合だと言ってよい。そこでは、類似と近接は一つに溶け合ってしまっている。というのも、似たような外的状況がこれまで繰り返される中で、われわれの身体の一定の諸運動が互いに結びつくに至っているために、近接関係を結んだこれらの運動をわれわれが展開させる自動的反応はそのまま、当の反応を目下引き起こしている状況からかつての状況との類似点を抽出するものにもなっているはずだからである。だが、運動からイマージュに移り、また貧しいイマージュからより豊かなイマージュに移っていくにつれて、類似と近接は分離していく。そして、最後の、もはやいかなる行為もイマージュと結びつかない平面においては、両者は対立するに至る。したがって、多くの類似からある一つの類似を選ぶこと、他のさまざまな近接から一つの近接を選ぶことは、でたらめになされるのではない。それは、記憶力の絶えず変化する緊張の度合いに左右されている。記憶力は、現在の行為にいっそうはまり込もうとするか、そこから身を離そうとするかに応じて、そのつど別の音調へと自分全体を移動させているのだ。そしてまた、両極端のあいだでの記憶力のこうした運動こそは、先に示したように、最初の一般概念を描くものでもある。運動的習慣は互いに似通ったイマージュに遡って、それらの類似性を抽出し、それらの似通ったイマージュのほうは再び運動的習慣に下って、例えば自分たちを統一してくれる単語の自動的発音の中で一体となるのだ。だから、観念の一般性というのは、生まれかけの段階からして、すでに精神の能動的活動、行為と表象のあいだでの運動から成り立っているのである。そしてだからこそ、すでに述べたとおり、一般観念を以上の両端のいずれかに位置づけることも、ある種の哲学にとっては、いつも容易なことになる。一般観念を語に結晶化する、あるいはさまざまな記憶に蒸発させてしまう、というわけである。しかし、一般観念をなしているのは、実際にはそれら両極端のあいだを行き交う精神の動きなのだ。

IX——精神の基本的な活動を以上のように考え、そして自分の身体のことを今度は、それを取り巻くものすべてと合わせて、記憶力の最後のいちばん新しい平面であり、末端をなすイマージュであり、われわれの過去が絶えず未来に推し進めている動的尖端だと捉えることによって、われわれは身体の役割についてすでに述べたことの確認と解明を行ったわけだが、それと同時に、われわれは身体と精神を接近させる道を準備してもいた。

実際、純粋知覚と純粋記憶力を順に研究したあと、なお残っているのは、両者を互いに近づけるという作業だった。純粋記憶はすでに精神であり、純粋知覚はそれが純粋であるかぎりはいまだなお物質の一部であるのなら、われわれとしては、純粋知覚と純粋記憶の合流点に身を置いて、精神と物質の相互作用に何らかの光を投じるべきである。ところで、実際には、「純粋」な知覚、すなわち瞬間的な知覚とは、一つの理念、一つの極限にすぎない。どんな知覚も、一定の持続の厚みを占め、過去を現在に引き延ばしており、かくして記憶力に何かしら与《あずか》っている。であるなら、知覚を具体的な姿で取り上げ、それを純粋記憶と純粋知覚の総合、つまりは精神と物質の総合として扱うことで、われわれは魂と身体の結合の問題を、この上なく狭い枠内にまで絞り込んでいけるはずだ。本書の特に最終部でわれわれが試みた努力とは、このようなものである。

二元論一般において、二つの原理の対立は次の三つに帰着する。非延長と延長、質と量、自由と必然という対立である。身体の役割についてのわれわれの考え方、ならびに純粋知覚と純粋記憶についてのわれわれの分析が、身体と精神の相関関係に何らかの側面から光をあてるはずだとしても、これら三つの対立を解消ないし緩和するという必須条件を満たした上でこそそう言える。というわけで、それらを順に検討していこう。ここでは、われわれがこれまで心理学だけから引き出そうとしてきた諸結論を、より形而上学的な形で提示することになる。

(1)もし一方には現実に例えば微粒子に分割されている延長があり、他方にはそれら自身だけでは拡がりをもたないが、空間に投射されることになる諸感覚を有する意識がある、と考えてしまうなら、そんな物質とそんな意識のあいだには、そして身体と精神のあいだには、共通するところがいっさいなくなるのは当然である。しかし、知覚と物質のこうした対立は、自分の習慣ないし自分の法則に従って分解と再構成を行う悟性による人為的所産である。直接的直観には、そんなものは与えられていない。実際に与えられているのは、拡がりをもたない諸感覚ではない。そんなものが、いったいどうやって空間と再会し、それぞれが空間の中で一定の場所を選んで、最後にはまとめて秩序づけられつつ、万人に共通した経験を構成できるというのか。また、実在しているのも、独立した諸部分に分割された延長ではない。そんなものでは、われわれの意識といっさい関係できない以上、それが展開していく一連の変化の順序と諸関係が、われわれの表象の側での順序と諸関係に厳密に対応できるわけがどうしてあろうか。与えられているもの、実在であるものとは、分割された延長と純然たる非延長との中間にある何かである。われわれは、それを拡がりのあるもの〔l'*extensif*〕と名づけたのだった。拡がり〔extension〕とは、知覚がもつ最も明白な性質である。この拡がりを固体化し、行為の必要のためにその下に張りめぐらした抽象的空間を用いて次々に分割していくことで、われわれは際限なく分割可能な多としての延長を構成する。また反対に、この拡がりを精製にかけ、情感的感覚に分解したり、あるいは純粋観念に似せた偽造品に気化させたりすることで、拡がりをもたない感覚というものを手にして、その上でそこから何とかイマージュを再構成しようと虚しい努力を重ねることになる。われわれは、このような二重の作業を二つの対立する方向において追跡したわけだが、この二方向がわれわれに開かれるということ自体は、ごく自然な成り行きである。なぜなら、われわれの目には、延長が完全に独立した諸対象に分断される（そこから、延長をさらに分割せよ、という指示も与えられてくる）というのも、また情感から知覚への移行はそれと気づかれないほどなめらかに行われる（そこから、知覚を次第に拡がりのないものと想定したがる傾向も生まれてくる）というのも、ほかならぬ行為上の必要からの帰結であるからだ。しかし、われわれの悟性は論理的な区別を、ということははっきりした対立を立てることを、まさに自分の役割としているので、そうした二つの道のそれぞれに突進し、どちらでも道の果てまで進んでしまう。かくして悟性は、一方の果てでは限りなく分割可能な延長を、そして他方の果てでは拡がりをまったくもたない感覚を拵《こしら》えてしまうのである。そして、悟性はこうやって自分から対立を作り出しておいて、大仰に騒ぎ立てて見せるのだ。

(2)これに比べれば、質と量の対立、つまりは意識と運動の対立の人為性は、ずっと少ない。この第二の対立が、それでも根本的なものになってしまうとしたら、それは先の第一の対立をまず受け入れてしまうからである。実際、もし仮に事物の諸性質は実は意識を触発する拡がりなき感覚に還元されるもので、空間の中で生じている等質的で計算可能な変化を記号のように表しているだけだと考えてしまえば、これらの感覚と運動のあいだには不可解な対応があると想像するしかあるまい。だが、反対に両者のあいだにそういった作為的な対立をアプリオリに立てるのをやめてみれば、両者を分離するように見えていたすべての障壁が次々に崩れ落ちていくのが目にされるはずだ。まず最初に言えば、意識は身を丸めて自分の内部で拡がりをもたない知覚が列をなしているのに立ち会っている、というのは事実ではない。したがって、純粋知覚を置き直すべき先は知覚される事物そのものの中だということになり、そうして最初の障害は退けられるだろう。確かに、第二の障害が立ちはだかっている。科学が相手にする等質的で計算可能な変化は、例えば原子のような多数の独立した諸要素の側に、しかもその単なる偶有性として属しているように思われる。今度は、この多数性が知覚と知覚対象のあいだに割り込んでくる、というわけである。しかし、延長の分割は、延長に対するわれわれの可能的行為にまったく相対的なものにすぎないのであれば、相互に独立の微粒子といった発想は、なおさらいっそう図式的かつ暫定的なものなのだし、またそもそも科学自身が、そのような発想は退けてよいとの許可を与えてくれている。かくして、第二の障壁も崩れ落ちたわけである。最後にもう一つ、越えるべき隔たりが残されている。諸性質の異質性から延長内での諸運動の等質性までの隔たりである。だが、われわれは、そうした運動が自分の座にするとされる原子などの諸要素はもう取り除いたのであり、まさにそれゆえに、ある動体の偶有性であるような運動、力学の研究対象であり結局は具体的諸運動の共通の尺度にすぎないような運動は、ここではもはや問題にならない。基準点を変えれば不動にもなるそのような抽象的運動が、いったいいかにして現実の、つまり直に感じられる変化を基礎づけられるというのか。一連の瞬間的な位置からできているそのような運動が、いったいいかにして、その諸部分が互いの中に引き延ばされ継続されていく持続を満たせるというのか。こうなると、可能な仮説はただ一つだ。すなわち、具体的な運動は、意識と同様、その過去を現在に引き延ばすことができ、また反復によって感覚的諸性質を生み出すことができるものであって、それはすでにして意識の何ものか、すでにして感覚の何ものかである、という仮説である。運動とは、この同じ感覚が薄められて数限りない瞬間の上に繰り広げられたものであり、先に述べたように、そのサナギの中では実は振動しているこの同じ感覚である、ということだ。さて、そうなると、解明すべきは次の最後の点だけになる。確かに〔完全に〕等質的な運動をはっきりした性質に化するといったものではもはやないにせよ、異質性に乏しい変化をより異質的な変化にするような凝縮があるというのなら、ではそれはいかにして行われているのか。だが、この問いに対しては、具体的知覚についてのわれわれの分析が、もう答えを与えている。純粋知覚と純粋記憶力の生ける総合であるところのこの具体的な知覚は、必ずその外見上の単純さの中に膨大な数の瞬間を要約している。だから、われわれの表象において考察された感覚的性質と、計算可能な変化として扱われたその同じ性質とのあいだにあるのは、持続のリズムの差異、内的緊張の差異だけなのだ。かくして、われわれは、拡がり〔*extension*〕という観念によって非延長と延長の対立を取り除こうとしたのと同様に、緊張〔*tension*〕という観念によって質と量の対立を取り除こうとしたわけである。拡がりも緊張も、さまざまな、しかし常にある特定の度合いを容れる。だが、この拡がりと緊張という二つの類から両者の空虚な枠組み、すなわち等質的空間と純粋量だけを引き剝がしてくるのが悟性というものの機能であり、かくして、さまざまな度合いを含むしなやかな実在は、行為の必要由来のもう取るか捨てるかしかないような堅苦しい抽象物に置き換えられ、反省的思考にはさまざまなジレンマが立てられることになる。だが、そのようなジレンマのどちらの選択肢も、そもそも事物そのものから受け入れられていないのである。

(3)さて、延長と非延長、質と量の関係を以上のように考えるなら、最後となる第三の対立、すなわち自由と必然の対立を理解する困難も減じるはずである。絶対的必然というものは、持続の継起する諸瞬間相互の完全な等価性によって表されるだろう。物質的宇宙の持続とは、そのようなものだろうか。その持続の瞬間は、すべてそれに先立つ瞬間から数学的に導き出せるものだろうか。われわれは、研究の便宜のために、本研究ではずっとそのように仮定してきた。そして実際、われわれの持続のリズムと諸事物の流れの持続のあいだの距離は非常に大きなものであり、自然の過程の偶然性は近年の哲学によって非常に深く研究されてきたものではあるが、実際上はそれもわれわれにとっては結局必然性と変わらない、と言うべきである。だから、緩和できなくはないにしても、いちおうはこの仮説をそのまま保持しておく。だが、この場合でも、自由は自然の中で、帝国の中の帝国のように〔周囲から独立して、それだけで〕存在するわけではあるまい。すでに述べたように、この自然は、打ち消され、それゆえ潜在的なままになっている一つの意識だと考えることができる。さまざまな現出が可能でありながら、まさにそれらが現れようとする瞬間、互いを妨げて打ち消し合っているような意識ということだ。だから、個々の意識が自然へと投げる最初の曙光も、まったく思いがけない光で自然を照らすわけではない。この意識が行ったのは、ただ単に障害物を取り除き、現実的全体から潜在的部分を抽出し、自分の関心を引くものを選んで取り出したということにすぎない。そして、こうした巧みな選別を通じて、意識は自分の形式《フォルム》を精神から得ていることを確かに示しているにせよ、自分の素材《マチエール》のほうは、それをあくまで自然から引き出しているのだ。なお、こうした意識の出現に立ち会うのと同時に、どんなに単純な形であれ、自発的で予見不可能な運動を行う能力をもった生物体が姿を現すのを、われわれは目にする。生物が進歩するというのは諸機能が分化するということだが、それによって、多様な刺激に経路をつけて行為を組織しうる神経系がまず形成され、それはやがて次第に複雑化されていく。さらに高度な中枢が発達するにつれて、同じ一つの刺激が行為に選択させることのできる運動経路の数も増えていくだろう。空間において運動に許された余地は、ますます大きいものになる。実際、ふつう気づかれているのも、こうした点だ。ここで見逃されているのは、時間において意識の緊張もそれに合わせて高まっていく、という点である。意識は、もう過去のものになったあれこれの経験に関わる記憶力によって、過去をいっそうよく保持し、それを現在と有機的に組織して、さらに豊かで新しい決心を行えるわけだが、しかしそればかりではない。この意識は、より強度に満ちた生を生きながら、直近の経験の記憶力によって、外的な瞬間をいっそう多く自分の現在の持続へと凝縮しつつ、行為を創造する力をますますそなえていく。そして、この行為が含む非決定性は、物質においてはいくらでも望むだけ多くの瞬間の上に繰り広げられるはずだから、それに応じて、必然性の網をいっそう容易にくぐり抜けていくことだろう。こうして、自由は、時間において考えてみても、空間において考察してみても、常に必然性の中に深い根を下ろし、必然性と密接に組織されていると見られる。精神は物質から知覚を借り受けて、それを自分の糧《かて》とする。

そして、知覚を改めて運動の形で物質に与え返すのだが、そこにはもう精神の自由が刻まれているのである。

初版の序

われわれの研究の出発点は、本書の第三章に見られる分析であった。この章で、われわれは、記憶という正確に限定された事例に基づいて、同じ精神の現象が同時に多数の異なる意識の諸平面に関わっていることを示す。これらの平面は夢と行為のあいだにあるすべての段階を記しているが、身体が介入してくるのは、諸平面のうちの最後のものにおいてであり、またこの最後の平面に限られるのである。

しかし、精神の生における身体の役割をこのように考えると、あるいは科学的な、あるいは形而上学的な困難が非常に数多く生じてくるように思われた。それらの困難をそれぞれ改めて分析していく中で、本書のそれ以外の部分も生まれたのであった。

実際われわれは、一方では、記憶力を脳の一機能としか見ない諸理論を論駁しなければならなかったし、そのためには脳における局在に関わる非常に特殊な一定の諸事実について、可能なかぎり詳細な解釈を行う必要があった。これが部分的には本書第二章の目的である。だが、他方では、心的活動とその物質的開花のあいだに非常にきっぱりした分離を立てようとすると、二元論が必ず引き起こすさまざまな性質の反論が、目の前にこれまでになく差し迫ったものとして現れてくるのは避けがたいことだった。かくして、われわれとしては、どうしても身体の観念の根本的検討に手をつけ、物質についての実在論的理論と観念論的理論を突き合わせて、両者が共有する要請を抽出しないわけにはいかなかったし、そしてその上で、そうした要請をいっさい排除するなら、身体と精神の区別をより明晰な形で捉えると同時に、両者の結合のメカニズムのいっそう内側に入り込めないかどうかを探らなければならなかった。こうして、われわれは次第に形而上学のきわめて一般的な諸問題に導かれていったのだった。

だが、そうした形而上学的諸困難のあいだを進んでいく上では、われわれをそれらの困難のただなかに導いた当の心理学が導きの糸になってくれた。実際、われわれの知性は、その抑えがたい傾向として、自分の思いを物質化し自分の夢を演じようとするというのが事実だとすれば、そうやって行為において身についてしまったさまざまな習慣が思弁のほうにまで逆流して、自分の精神と身体、そして両者相互の影響についてわれわれがもっているはずの直接的認識を、まさにその源泉においてかき乱すに至るということも予想されてよい。だとすれば、おそらく、多くの形而上学的困難が生まれる由来は、われわれが思弁と実践を一緒くたにしてしまうこと、あるいは、ある観念について理論的に深めるつもりでそれを有用さの向きに押しやってしまうこと、あるいは最後に言えば、思考するために行為の諸形式を用いてしまうことなのだ。だとすれば、行為と認識の境目を注意深く限定することによって、多くの曖昧さが解明を受けるのが見られるはずである。首尾よく解決に至る問題もあるだろうし、もはや立てられる理由を失う問題もあるだろう。

以上は、かつて意識の問題に適用したことのある方法である。その際、われわれは内的生を、それを覆い隠している実践上有用な記号から引き離し、逃れやすいその独自の姿において捉えようとした。この同じ方法を、われわれは再び採用する。ただし、本書では、この方法は拡張され、単に精神内部だけでなく、精神と物質の接触点に身を置くために用いられる。以上のように定義されるなら、哲学とは、直観の所与への意識的かつ反省的な復帰にほかならない。この哲学は、事実の分析と学説の比較を通じて、常識の結論にわれわれを連れ戻してくれるに違いない。

訳者解説

本書の「難しさ」

『物質と記憶』は、ベルクソンの著作の中でもいちばん難解だ、と言われることが多い。いちばんかどうかは分からないが、確かに最初から読んでいくと、そのうち腑に落ちない点がだんだんたまっていって、最後には途方に暮れるような書物だとは思う。その理由は、ベルクソン自身の語り方にもある。彼は新奇な造語を次々ばらまくようなタイプの哲学者ではない。彼が使う言葉は、それ自体は見慣れたものである——「記憶」、「物質」、「イマージュ(心像)」……。しかし、困ったことに、彼が言いたい内容のほうは必ずしも見慣れたものではないし、彼はそれまでの哲学者にない新しいアイデアを数多くもっている。だから、かえって話は厄介になる。まあ、見慣れた言葉遣いだし、そう構えなくてもだいじょうぶ、と思って分け入ってみるのだが、気がつくと、あたかも密林の中で遭難するといった目に遭わされるわけだ。

というわけで、少しばかり「解説」をするべきだろう。まず何より本書そのものを理解するための案内、である。この私自身、遭難経験は少なくない。完全かつ安全なマップはいまだに入手していないが、「こちらは危険」、「大事な目印はこれ」といった話なら、それなりにできる。そうした限定的ガイドとして、もっぱら概略的な話をしておきたい。あえて雑な比喩も用いるが、そういうのはあくまでも「第一次近似」、もっとつめていくべき素描、大まかな方向指示としてお読みいただければと思う。

最初に捨てておくべき地図

最初に、『物質と記憶』を読む上で大きな邪魔になる先入見について述べておく。本書全体が「イマージュ一元論」なる主張をしている、というドグマである。

こんな地図では、必ず迷う。ジル・ドゥルーズの『シネマ』あたりのせいなのだろうか。『物質と記憶』によれば、万物はイマージュであり、世界も精神も結局、イマージュの戯れとして一元的に捉えられる、といった話のようだ。いっさいの超越的次元を排した内在平面を描こうとするドゥルーズの戦略的読解の評価はともかく（私自身は「まずまず面白い」と思っている）、ひとまず『物質と記憶』はそのような一元論ではない。物質界はイマージュとして規定されるが、それは切片のごとき映像たちのきらめく乱舞が世界を構成する、という意味ではない。「イマージュ」についてはすぐに説明するが、純粋記憶はいかなる意味においてもイマージュではないし、精神はイマージュの集積などではない。そんな一元論こそはヒューム以来の連合主義的心理学の主張であって、本書のベルクソンは、むしろ全力でそれを批判しているのである。

いくつかの基本的アイデア

その上で、本書が差し出してくるいくつかのアイデアを指摘しよう。基本的な主張、あるいは前提といった意味である。本人にとってあまりに基本的な論点は、かえってそのせいで、それとしてはもはや明確に語られないということは、しばしばある。本書でも同様だと思う。それらをはっきり取り出していこう。その中で、いくつかの概念や訳語についても説明を加えることにしたい。

⑴主観ないし意識とは、閉じたカプセルのようなものではない

知覚を扱う第一章では、「観念論」が執拗に批判されている。ベルクソンが「観念論」と呼んでいるのは、主観は閉じたカプセルのようなもので、私が認識（知覚）するのは、このカプセルの内部を漂う心的存在、すなわち広い意味での「観念」だけだ、という立場である。言い換えるなら、私の中にある「観念」だけが見えるものなのであって、このカプセルの「外」とは私からはいっさい手が届かないものなのだから、結局、そんなものは無であって、「外的」世界と言われるものも、いくつかの観念を通じて構成され想定される程度のもの、どんなに辻褄は合っていても結局はカプセルの内部で上映される夢にすぎない、という話だ。

そんな立場は馬鹿げている、と言う人がいても当然である。だが、「すべては脳が生むイメージにすぎない」といった言い方なら、けっこう通用してしまうのではないだろうか。結

局は「主観の中」を「脳の中」に置き換えただけなのだが、さっきと何が違うのかと言えば、今度はカプセルの外部に、脳を含めた客観的世界の実在が前提されている、という点だ。ベルクソンが「実在論」と呼ぶのは、こちらの立場である。実在は夢の外にちゃんと存在しているだろう、というわけで、ずっと健全な感じがする。だが、少し考えてみると、かなり変な主張である……そういう立場が本当に正しいのだとしたら、「すべては脳の中」、「外には世界が」といったこの前提も、それ自体が、そう考えている当人（当脳？）の内部だけにある主観的観念にすぎないはずだ。いや、科学的な証拠が無数にある、と言い立てても、それもまた自分の主観内部で上映中の夢でないとどうして言えよう。実際、自分の脳内映像と、その外にあるという客観的世界を同じ視野の中に並べて照合できる者など、誰もいないはずだ。何やら面倒な話になったが、仮に「観念論」が馬鹿げているとしても、それを単に否定するだけの「実在論」では、きちんとした対案にならないのである。

なぜこうなるのか。最初から「主観＝自閉的カプセル」という前提でものを考えているからである。もちろん、ベルクソンも私の「内部」を抹消したりはしない。情感的感覚（痛みなど）や私の個人的記憶は、私にしか直接アクセスできない。あるいは、私固有の時間経過の密度ないしリズムというものがあって（ここはやや難解だから、あとでもう少し説明する）、私はこの自分なりのスケールから出ることはできない。しかし、本書の第一章が言うのは、それでもやはり、私は「誰のものでもなく、誰のものでもある」世界に直にアクセスしている、ということだ。「純粋知覚」とは、私が世界に開かれる現場、あるいはむしろ、私がわざわざ自分を開くことなしに（最初から閉じてなどいないのだから）、すでにあちら側で開かれている世界にぴったり重なり合って存在している、その現場のことである。「内部」由来のものを排除するなら、あるいは排除したところで、広大な世界は直に現れ続けている。このことを言おうとして、第一章は「イマージュ」の語に独特な意味を与えるのである。

第二章と第三章では「イマージュ」がふつうの意味、すなわち主観的心像（特に記憶心像）の意味で用いられる場合がほとんどなので話は厄介になるが、とりわけ第一章に関するかぎり、「イマージュ」とは客観的実在そのもの、ただしそれ自体で見えている実在、という意味で用いられている。「第七版の序」でベルクソンが言っているとおり、この点はあまり理解されなかった。しかし、ベルクソン自身のせいでもある。《image》という語は、もともと「像、似像」という意味なのだから。

ある意味で、彼が言うのは簡単なことである。壁にかかっている時計が見えている。列車の窓から富士山が見える。誰も、時計や富士山の複写像を自分の閉じたカプセルの内部で眺めているとは思っていない。いや、そもそも、どうしてカプセルの内部に観念として置かれれば、それが意識に見えるのはもう当然ということにされるのか。なぜそんな内的な観念だけが見え、外の実在そのものは見えない、といったえこひいきをするのか。そんな根拠のない差別は忘れて、広大な外的世界もまずは直に現れている、と言うべきではないか。見えているのだから「イマージュ」と呼ぶが、それは主観内部の「心像」、複写物ではない。そして、客観的世界というのも、主観のカプセルの外の、だからそれ自体は決して誰にも見えないような「実在」なのではない。それは実在として見えている。時計は壁にかかっており、富士山はあそこに控えている。そして、「脳」という塊も、世界の一部としてここにあるし、それ以上のものではありえない。それらはすべて「イマージュ」、客観的実在としてのイマージュなのであり、それを知覚する私はもはや主観の内部で自分だけの夢を見ているわけではない。知覚意識は物質界に直接出向いて、対象が見えるまさにその場所で、対象の現出に直に立ち会っているのである。いや、単に眺めているばかりではない。険《けわ》しい山を登るとき、私は岩をつかんで身を支えている。岩の観念をつかんでいる（という観念をもっている?）わけではない。朝食にパンを食べるとき、私はあたたかいパンそのものを食べている。小麦の香りという感覚的観念とともに、ふんわり重くあたたかいという感覚的観念を伴う薄茶色の視覚的観念を相手にしているわけではない。岩もパンも、私が直につかみ、直に食べるものだ。それらをつかみ損ねたり、食べ損ねたりすれば、生命に関わる。ベルクソンが第一章で「イマージュ」と名づけているのは、われわれが日常生活に経験している、そうした事物のことである。心に浮かぶはかない映像などではない。それは重みをもった実在であり、科学者の問いかけに応じて、次々と予期しない内奥を開示しうるだけの奥行きをそれ自身にそなえた実在のことなのだ。

この« image »の語をどう訳すかには、以前からさまざまな意見がある。「像、象」の字を含んだ訳語を用いてしまうと、「複写物のことではない」という根本的な主張が反映できないだろう。避けるしかあるまい。また、「イメージ」という英語系の言葉は、日本語でもずいぶんなじんでおり、訳語の一候補にはなる。しかし、逆になじみすぎたところがあって、一般に「イメージ」と言うと、われわれの側で勝手に、あるいは創造的・芸術的に、いろいろ思い描けるもの、という方向に意味はシフトするように思われる。そうなってしまうと、「イマージュ＝知覚される客観的実在」という本書第一章の根本主張が見えにくくなろう。英訳で“image”、独訳なら“Bild”になるのは仕方がない。だが、それではスムーズすぎて、性急な誤解の可能性は変わらない。一定の違和感が残ったほうが、かえってよいのではないか。ここでは日本語とフランス語の距離をむしろ利用しよう……ということで、今回は「イマージュ」というカナ表記を用いることにした。

話を戻そう。こうした意味での実在＝「イマージュ」の広大な領野において、「脳」という一つの小さなイマージュは、やはりそれなりに特権的なものに見える。脳を包む身体が動けばイマージュ全体の現れ方は万華鏡のように大きく変化するし、脳に損傷を与えればイマージュの現れそのものも損なわれるからである。だからこそ、「そもそも脳が知覚イマージュを産出している。すべては脳の内部で上映される映像だ」といった主張もなされるのだが、ベルクソンはこの主張そのものを理解不能だとして却下する。ただの物質である神経細胞が、どうやって意識を生み出せるというのか。多くの科学者がそういった話をするにしても、これこそ非科学的な話ではないか。ここに橋の架けようはない。では、それとは別の仕方で、この相関をどう説明するべきか――本書第一章は、これに答えようとするものである。

ベルクソンの解決はラディカルである。もともとイマージュの総体としての宇宙は、それ自体で、すべて見える（聞こえる、触《さわ》れる……）ものである。事物の彩《いろど》り豊かな現前ないし表象それ自体は、説明しなくてもよいのだ。われわれの意識的知覚のほうが、この光に満ちた可視的世界を、むしろ制限し、その一部分だけを切り出したものなのだ。身体が行っているのは、この選別だと言うのである。意識的表象を新たに産出しているわけではない。最初に用意されている客観的イマージュの総体から引き算をしているだけなのだ。身体の変化は、この選別を変化させる。身体と知覚が相関するのは、身体が知覚を生むことからの帰結ではない。この相関は、最初から用意された可能的な意識的知覚の全体を、身体が実際の知覚へと縮減していることから理解されるべきだ、というわけである。

⑵主観と客観は、時間的スケールに関して区別される

カプセルの内外、といった話はもはや使いものにならないとして、そうすると主客の区別はどうなるのか。ベルクソンは、主客関係はむしろ「時間との関係において」考えられねばならない、と言う。「内／外」という空間的区別は失効する、ということだ。だが、これは単に、客観＝現在、主観＝過去という意味ではない（準備なしにそう割り振ってしまえば、「内／外」の排他的区別が繰り返されるだけである）。『物質と記憶』という書名の意味にも直結する点だから、この点にはよく注意しておきたい。

主観と客観は、あるいは精神と物質は、シンクロして生成中である。この生成のミクロな切片、いわば小刻みかつ小走りに進んでいく最前面が物質であり、それに対してマクロレベルでいわば大股で歩んでいるのが精神である。だから、生成のスケールないし「リズム」が異なるだけであって、精神は物質と隔絶した別の場所にあるわけではない。押し寄せる巨大な波とその尖端でずっと細かくはじけ続ける無数の泡が、あるいは冬を告げる寒冷前線の大きな移動と目の前に舞う無数の細かな雨粒が、互いに隔絶した二つのものではないようなものである。物質と精神とは、それぞれ別個に存在しているわけではない。両者は同じ場所に重なって存在し、生成しつつあるのだ。

ただし、これは一つの同じものを大づかみにすれば精神に見え、拡大して細部を見れば物質に見えるというような、結局「外」（どこ?）からの「見え方、描き方」の問題に尽くされる話ではない。ベルクソンの考えとしては、「リズム」の異なる生成は、各自、自らに固有の実在性をもっている。その上で、それらは同期し、共存しつつ、相互に実効的な因果的作用を及ぼし合っているのである。例えば、「手を挙げる」という私のごくささやかな動作は、「手」と言われる物体のミクロな動きの総和についての事後的かつ外的な省略的描写である以前に、当のミクロな物質的生成を実際に左右するだけの因果的実効性を有している。私にとってはさりげない一瞬の動作も、物質の側にしてみれば気の遠くなるほど延々と続けられる方向づけなのだ。本書の結論部の最後にならないとはっきり述べられない点だが、生成のリズムの差異があるからこそ、私という生成は、物質が含む微細な非決定性に対して、統計上の決定論に沈ませることなく、それらをすべて集めて一定の向きに傾けることができるというわけである。いろいろと言いたくなるところだが、こうした描像が可能なのも、まず物質も精神も重なりながら生成しつつあるという基本的観点のおかげであることは押さえておこう。

さて、このポリフォニックな生成の最前面が、「現在」と呼ばれる。物質はごく小刻みの存在しかもたないので、いつもこの最前面に位置している。精神ないし意識ははるかにずっと息の長い生成なのだが、物質と交渉し、行為を行っていくために、前哨のようにして、物質的な最前面をそれ自身に用意している。これが私の身体であり、常に現在に存在しつつ物質界の中で作用反作用を交わしている。感覚し、運動している、ということである。しかし、それは精神というマクロな生成の一部分、その尖端にすぎない。身体の背後には、ずっと以前から継続している生成の全体が控えている。これが、身体が位置する「現在」との対比で「過去」とされるものだ。注意すべきだが、主観である私の生成にとって、この区分は二次的なものである。あくまで「身体＝物質＝現在」を自分の先端部とし、しかも身体の周囲に拡がる物質をも自分の知覚として引き受けながら、その上で、より厚みをもったものとして生成しつつある全体が、「私」である。物質は、いつも「現在」にある。だが、精神としての「私」は、それ以上の内容でできている。つまり、それは「私の現在の（物質的な）知覚」＋それを尖端とした生成全体、なのである。円錐の図式が言わんとしているのは、まずはこういうことだ。

ただし、話はそこで終わらない。主観の側は、自分とはリズムの異なる物質客観の生成に自分を同期させているわけだが、やはり差異は残る。物質に合わせて「現在」という最前面ないし切っ先を自分に与えながらも、この「私の現在」のほうには、物質自身はもたない一定の厚みが残されるのだ。私は、物質の小刻みな歩調、生まれた途端に自分の存在を次の瞬間に渡すという限りなくミクロな生成に寄り添いながらも、それを自分なりのよりマクロなスケールにおいて把握するし、しないわけにはいかない。いくら譲歩しても、自分自身が完全な物質になるわけにはいかないからだ。こうして、私の意識にとっての現在は、私の側からはもうそれ以上細分化しようのない「瞬間」ではあるが、実はこの瞬間が、物質の側での膨大かつ微細な生成をまとめて凝縮している、という話になる。この厚みある現在において成立するのが、さまざまな感覚的性質である。

だが、それは物質を何か別のものに翻訳して成り立ったものではない。私の意識はカプセル内に閉じ込められることなく「イマージュ」としての物質界にそのまま重なっていた。だから、あそこに見える赤は、まさしくあの場所に実在しているのであって、世界とは別の場所に引きこもった意識の内部のみに漂う観念なのではない。主観的と言われる感覚的性質と客観的と言われる物質とを、矛盾なくその場で直ちに重ねること。重ね書きが可能であるようなものとして両者を再規定すること——本書第四章の主要な課題は、これである。この課題に応えるために、物質は運動そのものであり、運動とはそれ自体すでに質的なものである、という独特の物質観が提示されるとともに、いっさいの質を排除する無色透明の幾何学的空間性が物質そのものの本質だと言われるべきではない、という主張が繰り返されていくわけである。

(3)過去の実在論

以上の説明には違和感が残ることだろう。生成の内部に設けられた相対的区別として「現在」と「過去」を論じているからだ。ふつう理解されるところでは、「現在」だけが存在しているのであって、「過去」は文字どおり過ぎ去ってしまい、もはや存在しないはずではないか。

ベルクソンは、こうした時間把握を根底から覆《くつがえ》そうとする。現在と過去を定義し直す第三章の前半部は本書の中でもずいぶん難解な箇所ではないかと思うが、それも仕方のないことだ。相手にしている敵が、あまりに手強いのである。ベルクソンは、そこで次の二つの指摘を行う。まず、確固とした存在として優遇されている「現在」とは、よく目をこらすなら、何ら確固としたものではない、という指摘。「もうない」過去と「まだない」未来のあいだにあるのが「現在」だとすれば、そんなものは限りなく薄い膜のようなもの、しかも絶えず交替していくだけの、きわめて頼りないものとしてしか考えられない。「そんな現在の瞬間ほど、存在しないものはない」。特権的存在と見えたものは、実は、最もはかないものにすぎないのだ。そしてもう一つ、驚くべき指摘が与えられる。過去の「それ自体における存続」というテーゼである。これは、さしあたって「脳内での存続」という敵側の主張に応じて語られるものだが、その射程はきわめて長い。過去は存続するために現在によって保持される必要がない、という主張なのだ。

「現在」だけを確固とした存在とするなら、「過去」はこの「現在」から特別の恩恵を得て存在を分け与えられ、それでようやくつなぎ止められる、という話になる。だが、「現在」にそんな堅固さはない。もし仮にあるとしたら、今度はなぜこの「現在」自身は流れ去らずにずっと係留点のように存続できるのかを説明しなければならない。脳が過去を保存するのだとしたら、なぜ脳自身は自分を保存できるのか、つまりは自分だけは流れ去らずにずっと存続できるのかを言わなければならない。誤解のないようにしよう。しっかりした箱に宝石を入れておけば宝石は保存できるように見えたとしても、しかし箱の中にあるのはいつも現在の宝石であって、決して過去の宝石がそこに保存されているわけではない。当たり前の話である。「現在」に依拠するかぎり、どんな工夫を凝らしたところで、「過去」の存続について何かましな説明ができるわけではないのだ。だから、ベルクソンは最初に立ち戻り、まず「現在」という存在の特権視そのものを放棄したのだった。そうして下されるのが、「こうした過去のそれ自体における存続は、形はどうあれ、どうしても認めるほかない」という判定である。

現在こそが存在し、過去はもう存在しない、という常識的な観点は、こうして逆転される。だが、ある意味では、これはそれほど不可解な主張ではない。「一度起こったことは、起こらなかったことにはならない」という言い方は、そう奇矯なものではないだろう。いくら過ぎ去ったと言われても、完全な無になりはしないのだ。史料や証言から間接的に試みられるアクセスも、「過去」のそうした即自存在を自分の試みの前提としている。いかなる記憶も痕跡もないという意味で、認識論的には「無」に等しい、いわば「穴」とされる場合でも、その過去がなかったということにはならないし、現在の側からそこにどんなものでも詰め込んでいいということにもならない。これは「過去」についてのほとんど意味上のアプリオリであり、これを否定するなら、もはや問題になっているのは「過去」ではなくなる、といった事柄である。ベルクソンに言われなくとも、われわれは過去にその程度の堅固さを、そしてそれ自体の存在を認めている、ということだ。

本書の第二章は、心理学や生理学との対話を試みているため、おおよそ常識的な枠組みに沿って叙述が進められている。つまり、「過去」は文字どおり「もはや過ぎ去った」ものだし、過去の記憶ももっぱら心像としての「記憶イマージュ（image-souvenir）」（知覚ではなく記憶である心像）ないし「イマージュ記憶（souvenir-image）」（イマージュの形をとった記憶）の資格で扱われるのだ。さしあたり、それで構わなかった。というのも、そこでの当面の問題は、「現在」であり運動機構である「身体」ないし「脳」には還元しようのない過剰、「現在」ではなく物質的「運動」でもない何か、つまりは過去の「記憶」に、それ固有の存在を確保するという点にあったからである。そして、そう論じなければならなかった。この経路を通っておかなければ、いきなり過去の実在論を述べても、単なる論点先取とみなされてしまう。だが、存在論に関わるいっそう基底的なレベルでは、そうした枠組みはもう放棄されていると見るべきであろう。現在の身体に定位される運動は、当然、過去ではないが、ありありと想起された心像（「イマージュ記憶」）も、それ自体としてはもう過去ではなく、すでに想起されてしまった現在的存在である。しかし、その背後には、物質というイマージュでも想起像としてのイマージュでもない、過去そのものがある。かくして、第三章では、もはやイマージュではないものとして「純粋記憶（souvenir pur）」が提示される運びとなる。ここに至って、ついに過去は「それ自体で存続する」とされ、過去の実在論が主張されるに至るのである。

最近見られる「純粋想起」という翻訳は（この語自体がすでに意味不明であるけれども）、今説明したような本質的な論点をすべて見誤らせる。これはさすがに致命的だ。« se souvenir » が「想起する」と訳せるからといって、« souvenir » まで「想起」と訳していいわけではない。繰り返すが、本書のベルクソンは、想起＝イマージュ化＝現在化に先立つ、過去そのものの実在を語ろうとしているのである。

(4) 前進的生成、「記憶力」と「記憶」

こう見てくると、「記憶力（mémoire)」という語についても、かなり基本的なところから考え直さなければならないようだ。ざっくりした話にはなるが、いちばん本質的なところを確認しておこう。

先に「生成」という言葉を用いつつ、精神と物質の関係ないし差異を説明した。ベルクソンにおける「過去の実在論」について確認した今、この「生成」については、言うべきことがもう少しだけ残っている。ベルクソンの基本的な発想からすると、過去は流れ去りも消え去りもしない。とすれば、「生成」というのも、それまでの自分が消滅して別の新しい何かに取り替えられる、既成の存在の「外」から未来が到来する（どこからだろう？——ここには、さまざまな神秘主義、あるいは「他者、外部」への待機によって構成される黙示論的言説の発端がある）ことで現在が押しのけられて過去へと消えていく、といったイメージで考えてはならないことになる。つまり、ベルクソンの生成は、継続的かつ前進的なのだ。流れ去るのではなく、絶えず次へ次へと進んでいく、ということだ。物質というはかない生成ですら、最低限、続く瞬間に自分の存在をパスしていく。矢は飛んでいくし、アキレスは容赦なく亀を追い越していく。感覚的インプットは、神経系を通じて自分を運動的アウトプットへと引き延ばし、継続させていく。過去は存続するが、単に消えずにぽつねんと佇《たたず》んでいるわけではなく、同時に自分を先へ先へと続かせてもいるのだ。個別の想起、あるいは過去の個体的現勢化が可能なのも、こうした生成の継続性の上での話である。

「実在的運動は不可分だ」というベルクソンのテーゼも、この前進的な継続としての生成を指し示すものである。どんどん前に進み、先に続いていくかぎり、外から勝手に止めて切断するわけにはいかないのだ。そして、この生成は、何か特権的な係留点扱いされた「現在」には依拠せず、そんなものを必要としていない。それはむしろ、自分自身で存続する過去、そしてさらに自分を継続させていく過去——繰り返すが、それは「もはや過ぎ去ったもの」

などではない――の具体的なあり方以外のものではないのだ。

　では、ベルクソンが「記憶力（mémoire）」と呼んでいるのは何のことだろうか。日常的には、過去は放っておけば無になるものであるから、それを特別につなぎ止めて保持できる能力があるはずだということで、そういう保存能力に「記憶力」という語があてられている。だが、過去がそれ自体で存続するのであれば、もはやことさらに保存能力を用意する必要はない、ということになる。であれば、心理学的な能力として「記憶力」に委ねられるべきは、過去の具体的な使用だということになろう。過去の記憶を一定の単位で切り出したり、そうやって限定した記憶を現在に介入させたり、一定の類似性と近接関係のもとに諸記憶を組織化ないし「体系化」したり、といった作業が、「記憶力」が担う主要な機能となるのだ。こうした機能によって結果的に生み出されるのが、特定のイマージュへと現勢化された記憶なのである。

　自分の作業領域として、この「記憶力」は過去の全体を相手にしているから、言い方によっては、記憶力が過去全体を「含んで」いる、と言うこともできるし、実際、ベルクソンもしばしばそういう言い方をしている。だが、彼は「含む、含まれる」という空間的関係を時間的関係にスライドさせることはできない、とも強調していた。「記憶力」を保管場所としての袋や箱のように考えてはならないということだ。これは、彼の議論の中でも非常に重要な論点だと思う。これを切り捨ててはなるまい。

　こういうわけで、« souvenir »は、暫定的になら「記憶内容」とも訳せるが、やはり最終的には「保存する容器、その中に入れたおかげで保存されている中身」というイメージは避けたほうがよい。だが、それをはっきり避けられる日本語はない。それでもせめて、ということで、この翻訳では、先入見を与える程度が最も少ない選択を行うことにした。《 mémoire 》には「記憶力」、《 souvenir 》には「記憶」の訳語を割りあてたのは、こういった理由による。ともかく、これらの語の内容に関しては、以上の点を踏まえていただければと思う。

なお、そうなれば、書名は『物質と記憶力』となるべきだとも言えるし、岡部聰夫氏の翻訳では実際その選択がなされている。一つの見識だと思う。ただ、私としては、従来から広く受け入れられてきている書名そのものを変えることはためらわれたし、説明なしに「記憶力」を書名に用いると、「記憶力」についての日常的なイメージ、つまり「現在による、過去の、保持」というイメージが最初から強く持ち込まれてしまう危険があるとも思われた。解くべき誤解が一つ増えてしまうわけだ。かくして、結局、本書は『物質と記憶』である。

この「解説」で述べておきたかったことは、ひとまず以上である。これは本書の要約ではないし（そもそも本書にはベルクソン自身による要約がついている）、「純粋知覚」や「意識の諸平面」をはじめとする諸概念の直接の説明でもない。だが、ここまでの話を踏まえた上で本書を読んでいただければ、ベルクソンが思い描いていた全体的な構図はつかみやすくなると思うし、登山口あたりからもうあらぬ夢想に迷い込んで早々に遭難するようなことは避けられるのではないかと考える。もちろん、この先にこそ本当の難所が待っているわけだが、まずそこまでは安全に案内するというのがガイドの第一の役割だろう。

では、この先に何があるのか、とも言われよう。いろいろな答えがありうる。われわれの認識をいわば「生態学的」事象として再解釈しようとする本書の試みは、現代の脳科学や認知科学との豊かな連接にも開かれている（平井靖史氏らによって進められている近年の研究を参照されたい）。

また別方向の展望も可能だ。薄い「現在」にばかり自分を置いて、そこでどうしようもなく生の必要に翻弄される、というのは、それ自体、生の現実ではあるけれども、そうやって強いられる素早い反応ばかりを絶対視することを拒んで、そんな（結局は物質的な）現在のほうを連綿と続く膨大な生成の一切片へと差し戻し、本来もっと厚みがあるはずの実在にわれわれを立ち戻らせようとする本書には、さらに多様な意味を読み込むことができる。計量と比較が可能なのは、「物質的現在」に位置づけられた実在に限られる。だから、その存在自体がこの平面に尽くされる物質は、本質的に数学的取り扱いを受け入れるものであるのだし、われわれの存在についても、この現在的平面に置かれる部分については、生理学的な、あるいは実験心理学的な扱いが可能なのだ。また、生全体についても、例えば「どれくらい（今）満足していますか」という問いに答えさせつつ、現在における感覚的評価にそれを圧縮させ、無色な数段階の評価に落とし込ませることは可能だし、そうすれば公共的政策決定の基礎にすら使えるさまざまな一般的データを手に入れることもできる。確かに、できるのだ。そして、そうしたい理由もある――善意にすら基づいた理由が。しかし、私たちのもっと複雑で相互に比較しようもない存在すべてを、この「現在」という共通平面に切りつめること自体にもはや何の疑問ももたない思想、あるいは時間を考慮するにしても、単にそのつどの「現在」の算術的「総和」しか考えないような思想を、本書のベルクソンは知ってか知らずか、ともかくその根本のところで拒否している。いや、それどころか、ベルクソンはその著作の最初から最後に至るまで、場所を変えながら、ずっとこの拒否を貫いている、とすら言ってもよいのである。固有の時間論と存在論に基づくこうした拒否が有する倫理的含意、実践的含意――場合によっては政治的含意――については、もちろん批判や危険性の指摘も含め、もっとさまざまな考察がなされてよいと思う。だが、ここは「解説」なのであるから、訳者の安易な思いつきをこれ以上綴っても迷惑であろう。以上の示唆だけにとどめておく。

原書ならびに翻訳について

原著は、一八九六年にアルカン（Félix Alcan）社から出版された。一九一一年の第七版から序文が新しいものに差し替えられている。この翻訳の冒頭に置いた序が、それである。アルカン社が他の出版社とともにフランス大学出版局（Presses Universitaires de France＝ＰＵＦ）に統合されると、一九四一年に新版が刊行され、ここで頁づけの変更が生じた。その後、長く引き継がれるのは、この頁づけであり、一九五九年の生誕百周年著作集

(*Œuvres*, textes annotés par André Robinet, PUF, 1959)、そして長く流布してきたカドリージュ（Quadrige）版（一九八二年）も、これを引き継いでいる。いずれもＰＵＦのエディションである。

二〇〇七年以降、ベルクソンの主な著作については、フレデリック・ヴォルムス（Frédéric Worms）氏監修のもとで詳細な注や関連資料などが付されたエディションが、同じカドリージュの枠で新たに刊行されることになった。『物質と記憶』については、二〇〇八年にこの版が出版されている（*Matière et mémoire. Essai sur la relation du corps à l'esprit*, première édition critique de Bergson sous la direction de Frédéric Worms, PUF (Quadrige), 2008)。カミーユ・リキエ（Camille Riquier）氏による注その他を含む、優れたエディションである（従来の頁づけは保たれている）。また、その後、七〇年経ってＰＵＦの版の権利が切れたこともあり、フラマリオン（Flammarion）社その他の新たなエディションも現れている。

以上の経過を記す代表的なエディションについては、すべてを参照した。諸版のあいだで小さな誤植、イタリックの有無などについての差異が見られる。また、新しいＰＵＦ版にも新たな誤植が生じている。結果だけを言えば、翻訳の底本としては、古いほうのカドリージュ版ならびに生誕百周年著作集を用いるべきだと判断した。

なお、ベルクソン自身による注、とりわけ文献を参照する注は、表記法や省略法が独特であり、当該文献の題名や発行年などについての誤記も以前から指摘されている。最低限の措置として、意味のとりにくい省略記法は復元し、誤記についてはこちらで訂正・注記しておくことにした。それ以上の注記や補足も可能だが、いささか煩瑣だろうし、そもそもそこまで詳細な情報を必要とされるようなかたは研究者に限られるだろう。そんなかたがたなら、むしろ新しいPUF版などを直に参照されるに違いない。

本書の邦訳は少なくない。むしろ例外的なまでに多いと言うべきだろう。列挙する。


高橋里美訳『物質と記憶』星文館、一九一四年、のち、岩波書店（岩波文庫）、一九三六年。

北昤吉訳『時間と自由意志　附　物質と記憶』（『社会哲学新学説大系』第三巻）、新潮社、一九二五年。

田島節夫訳『物質と記憶』（『ベルグソン全集』第二巻）、白水社、一九六五年。

岡部聰夫訳『物質と記憶』駿河台出版社、一九九五年、のち、『心と身体　物質と記憶力』駿河台出版社、二〇一六年。

合田正人・松本力訳『物質と記憶』筑摩書房（ちくま学芸文庫）、二〇〇七年。

竹内信夫訳『物質と記憶』（『新訳ベルクソン全集』第二巻）、白水社、二〇一一年。

熊野純彦訳『物質と記憶』岩波書店（岩波文庫）、二〇一五年。


私がかつてベルクソンという哲学者に、そして本書に導かれたのも、先人のこうした訳業のおかげである。しかし、やはりいろいろと不満はあった。あとからやって来た者のくせに、どうにも傲慢な感じになって申し訳ないが、不満がなければ今回の翻訳もないわけだから、今さらそこを隠すのも何かいやらしい話である。どうかご寛恕いただきたい。本書の訳文そのものが、これまでの翻訳に対する私からの応答であり、返礼であると思っている。当然の義務として、これらすべての仕事を参照した上で、翻訳作業を行った。今さら明確なヴァージョンアップにならない翻訳を重ねても無意味だからである。

もはや読者のかたがたに判断していただくしかないことだが、私としては、それ自体の読みやすさを目指しながら、しかし例えば大学での（時にフランス語原典と並べての）演習などに使ってもだいじょうぶなものを作りたいと考えながら作業を進めた。個々の訳語の選択も重要だが、むしろそれ以上に、ベルクソンの議論や論証の流れをできるかぎり正確かつ明晰に写す、という点に最も気を配ったつもりである。時にかなり説明的な翻訳も行ったが、それも多くはこのためである。それでもまだ意味がとりにくい場合は、あえて文中に補足を加えた。また、ベルクソンは語彙を機械的に用いず、かなりの程度、そのつどの文脈にその意味内容を委ねている（彼自身、自分はそういう書き方をするのだ、と語っている）。ある意味で、翻訳者にとっては厳しい条件である。単語単位での一対一対応の翻訳は必ずしもベストではない、ということだからだ。あまり拡散しないようにはしたが、一見厳密な「一対一」は時にむしろ怠惰となると考え、当該の文脈に応じて、とりわけその箇所での他の語との対比関係の中で訳語を選択した場合も少なくない。

どうしても訳文に反映させられず、訳注にも収めようがなかった点があるので、ここで補足しておく。「緊張（tension）」につながる語群のことである。本書には、「拡がり（extension）」、「延長（étendue）」、「注意（attention）」、「……していく（傾向がある）（tendre à）」――読みようでは、さらに「待つ（attendre）」、「待ち構え（attente）」――といった語群が、それぞれに重要な場面で登場する。ベルクソンは怪しげな語呂合わせで話を進めるタイプの哲学者ではないが、それでも、こうしたいわば「動力学的」な語彙、機械論的かつ計算可能な外延量ではなく、むしろ内包量＝強度（intensité）のほうを原理として組織されうる語彙には、ベルクソン哲学の一つの根本性格を少なくとも暗示するという重要性があろう。しかし、それらのつながりを写せるような語彙は日本語には存在しないし、造語したところで、本文の読みやすさを損なうばかりだろう。本書の議論そのものをたどる上では致命的な欠陥にはならないということで、それぞれにありふれた訳語を割りあてはしたが、これはやはり今回の翻訳の一つの限界である。

その他、誤訳や欠落も必ずやあることだろう。形式的な社交辞令ではなく、どうぞその場合には遠慮なしにお知らせいただければと思う。

最後に

講談社編集部の互盛央氏からこの翻訳のお話をいただいたのは、もうかなり前のことになる。もともと仕事が速い私ではなく、ちょうどラヴェッソンの厄介な翻訳を進めていたこともあって、この翻訳の完成はずいぶん遅れることになってしまった。ずっと辛抱強く待っていただいた互氏には、本当に、感謝の言葉しかない。

もう一つ、この『物質と記憶』は、主に大学院の演習の題材として断続的に何度も取り上げてきたものである。合計すれば七、八年になろうか。読解の解像度を上げるべく「この文のポイントはどこだ」、「どこまでが理由節なのだ」、「ベルクソンはなぜこういう語順で書いているのだろう」などと延々やるものだから、一回に二、三時間かけても一段落すら進まない。実に粘着質なスタイルの精読演習なのだが、幸いなことに、自校に加えて、さまざまな大学からも優秀な大学院生のかたがたの参加を得てきた。何を言いたいかは、お分かりだろう。振り返ってみれば当たり前の話だが、そんな演習を続けながら、この私のほうが、翻訳のためのこの上ない訓練をずっとみなさんにさせてもらっていたわけだ。「そんなことをここで言われても」と笑って返されるだけのような気もするけれど、やはり改めてお礼を言わせてください。どうもありがとう。

二〇一八年一二月

杉山直樹

KODANSHA

＊本書は、講談社学術文庫のための新訳です。

アンリ・ベルクソン（Henri Bergson）

1859-1941年。フランスの哲学者。代表作は，本書（1896年）のほか，『創造的進化』（1907年），『道徳と宗教の二源泉』（1932年）など。

杉山直樹（すぎやま　なおき）

1964年生まれ。現在，学習院大学教授。専門は，フランス哲学。著書に，『ベルクソン　聴診する経験論』ほか。訳書に，ラヴェッソン『十九世紀フランス哲学』（共訳）ほか。

講談社学術文庫

定価はカバーに表示してあります。

物質《ぶつしつ》と記憶《きおく》

アンリ・ベルクソン

杉山直樹《すぎやまなおき》 訳

2019年5月9日　第1刷発行
2024年9月18日　第7刷発行

発行者　森田浩章
発行所　株式会社講談社
東京都文京区音羽 2-12-21 〒112-8001
電話　編集（03）5395-3512
販売（03）5395-5817
業務（03）5395-3615

装　幀　蟹江征治
印　刷　株式会社ＫＰＳプロダクツ
製　本　株式会社国宝社
本文データ制作　講談社デジタル製作

ISBN978-4-06-515637-7

「講談社学術文庫」の刊行に当たって

これは、学術をポケットに入れることをモットーとして生まれた文庫である。学術は少年の心を養い、成年の心を満たす。その学術がポケットにはいる形で、万人のものになることは、生涯教育をうたう現代の理想である。

こうした考え方は、学術を巨大な城のように見る世間の常識に反するかもしれない。また、一部の人たちからは、学術の権威をおとすものと非難されるかもしれない。しかし、それはいずれも学術の新しい在り方を解しないものといわざるをえない。

学術は、まず魔術への挑戦から始まった。やがて、いわゆる常識をつぎつぎに改めていった。学術の権威は、幾百年、幾千年にわたる、苦しい戦いの成果である。こうしてきずきあげられた城が、一見して近づきがたいものにうつるのは、そのためである。しかし、学術の権威を、その形の上だけで判断してはならない。その生成のあとをかえりみれば、その根は常に人々の生活の中にあった。学術が大きな力たりうるのはそのためであって、生活をはなれた学術は、どこにもない。

開かれた社会といわれる現代にとって、これはまったく自明である。生活と学術との間に、もし距離があるとすれば、何をおいてもこれを埋めねばならない。もしこの距離が形の上の迷信からきているとすれば、その迷信をうち破らねばならぬ。

学術文庫は、内外の迷信を打破し、学術のために新しい天地をひらく意図をもって生まれた。文庫という小さい形と、学術という壮大な城とが、完全に両立するためには、なおいくらかの時を必要とするであろう。しかし、学術をポケットにした社会が、人間の生活にとってより豊かな社会であることは、たしかである。そうした社会の実現のために、文庫の世界に新しいジャンルを加えることができれば幸いである。

一九七六年六月　　野間省一

西洋の古典

2750
ゴルギアス
プラトン著／三嶋輝夫訳

練達の訳者が初期対話篇の代表作をついに新訳。代表的なソフィストであるゴルギアスとの弁論術をめぐる対話が展開される中で、「正義」とは何か、「徳」とは何かが問われる。その果てに姿を現す理想の政治家像とは？

電P

2751
ツァラトゥストラはこう言った
フリードリヒ・ニーチェ著／森　一郎訳

ニーチェ畢生の書にして、ドイツ屈指の文学作品である本書は、永遠回帰、力への意志、そして超人思想に至る過程を克明に描き出す唯一無二の物語。「声に出して読める日本語」で第一人者が完成させた渾身の新訳！

電P

2752・2753
変身物語（上）（下）
オウィディウス著／大西英文訳

ウェルギリウス『アエネイス』と並ぶ古代ローマ黄金時代の頂点をなす不滅の金字塔。あらゆる領域で後世に決定的な影響を与え、今も素材として参照され続けている大著、最良の訳者による待望久しい文庫版新訳！

電P

2754
音楽教程
ボエティウス著／伊藤友計訳

音楽はいかに多大な影響を人間に与えるのか。音程と旋律、オクターヴ、協和と不協和など、音を数比の問題として捉えて分析・体系化した西洋音楽の理論的基盤。六世紀ローマで誕生した必須古典、ついに本邦初訳！

電P

2755
知性改善論
バールーフ・デ・スピノザ著／秋保　亘訳

本書をもって、青年は「哲学者」になった。デカルトやベーコンなど先人の思想と格闘し、独自の思想を提示した本書は、主著『エチカ』を予告している。気鋭の研究者が最新の研究成果を盛り込みつつ新訳を完成した。

電P

2777
天球回転論　付 レティクス『第一解説』
ニコラウス・コペルニクス著／高橋憲一訳

一四〇〇年続いた知を覆した地動説。ガリレオ、ニュートンに至る科学革命はここに始まる——。地動説を初めて世に知らしめた弟子レティクスの『第一解説』の本邦初訳を収録。文字通り世界を動かした書物の核心。

電P